まえがき

『ニュー連結バイブル』は，おかげ様で多くの国家試験受験生の皆様，さらには，連結会計に携わっている多くの実務家の皆様から，幅広いご支持をいただいている。まずこの点につき，深く感謝申し上げる次第である。

平成9年（1997年）6月6日付で『連結財務諸表原則』及び『同注解』が大改訂されたことを突破口として，今日まで，実に様々な実務指針等が数多く公表され続けている。連結決算重視の時代及び会計基準の国際的調和化の時代に突入した今，この流れを全く無視するわけにはいかないと思われる。

今回の改訂では，平成25年（2013年）9月に改正された「企業結合に関する会計基準」及び関連する他の改正基準等の内容を反映させている。なお，国家試験の出題可能性等に鑑み，受験生の皆さんに過度な負担を強いることのないよう，適度なボリューム＆レベルにおさえて編集させていただいたので，適切かつ適量なる情報提供ができているものと確信している。

最後に，本書が，すべての読者の皆様にとって少しでも役に立つものであるならば，これ以上の喜びはない。

平成28年（2016年）2月

資格の大原　公認会計士講座

本書の特徴と構成

平成25年（2013年）9月改正基準完全対応
・平成25年（2013年）9月に改正された「企業結合に関する会計基準」及び関連する他の改正基準等の内容を反映！

充実した設例
・基礎から応用まで100題を超える設例を掲載！

学習項目の難度を★印で掲載しています。

★　：基礎編
★★：上級編

理解しやすい簡単な数値例で会計処理を確認できます。

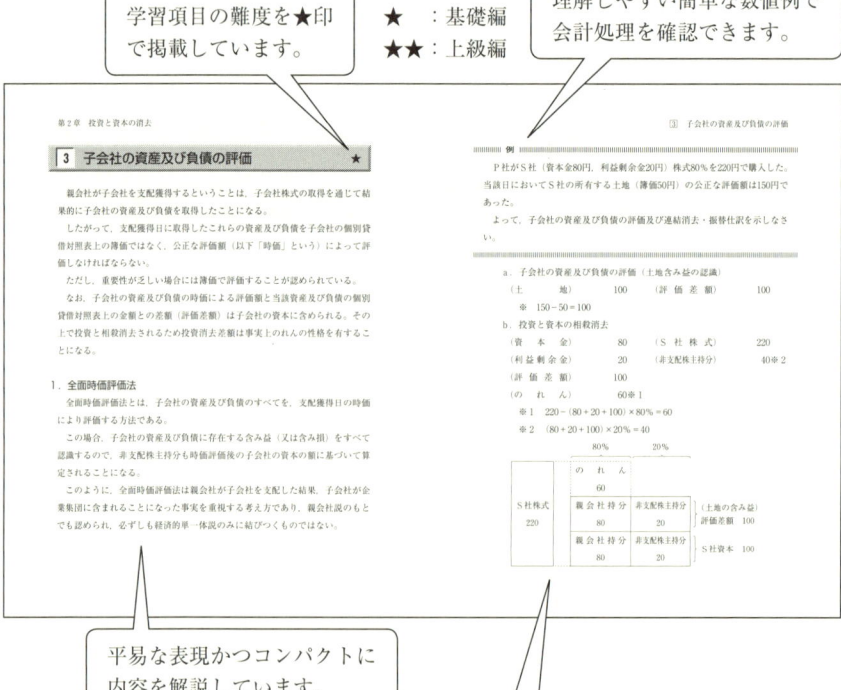

平易な表現かつコンパクトに内容を解説しています。

解説には図解を加えていますので、会計処理のイメージがつかめます。

本書の使い方

　本書は公認会計士試験のみならず，税理士試験，簿記検定等の各種資格試験において必要となる連結会計の基礎から応用論点までを網羅的に解説したものです。各種の資格試験の合格のためには問題演習が欠かせませんが，近年の資格試験は機械的に問題を解くだけでは合格を勝ち取ることは難しくなってきています。試験合格のためには，問題演習と並行して理解を深めることも重要な要素となっています。

　本書では，連結会計の理解を深めていただくため，〔基礎編★〕，〔上級編★★〕に分けて掲載しています。連結会計の基礎を固めたい方は〔基礎編★〕を学習してください。〔基礎編★〕を学習したのち，各種資格試験の本試験レベルの内容を掲載している〔上級編★★〕にチャレンジしましょう。

　＜本書の特徴と構成＞でもご紹介したとおり，各項目では平易な本文で内容を紹介したのち，簡単な数値例を用いて理解しやすいように工夫をしています。また，問題演習への橋渡しとして，100題以上の設例を掲載しています。本文を確認したのち，設例にチャレンジしてみましょう。設例をスムーズに解答できるようになっていれば，試験の合格はすぐそこまで来ています。

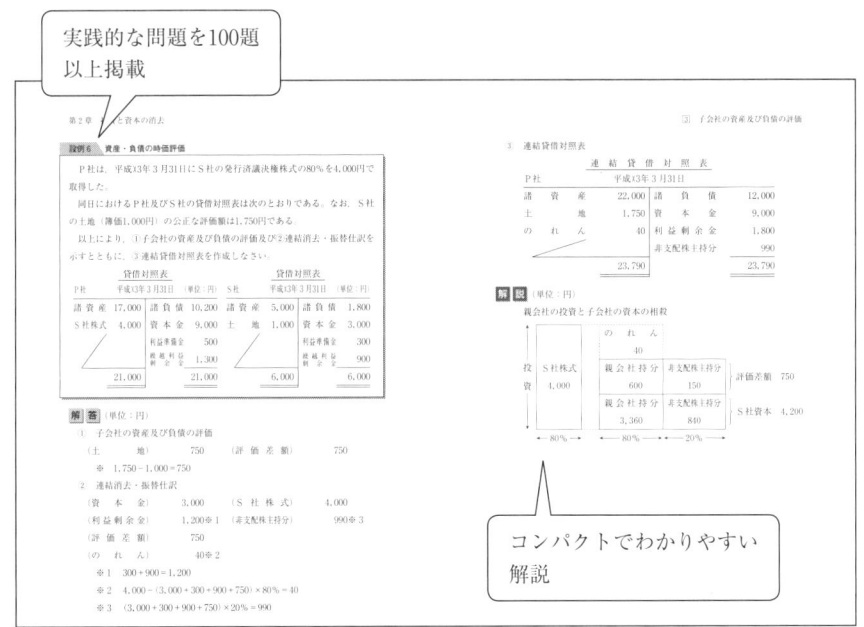

略 語 一 覧

法　令　等	略　語
連結財務諸表に関する会計基準	連結基準
企業結合に関する会計基準	企業結合基準
企業結合会計基準及び事業分離等会計基準に関する適用指針	指針
連結財務諸表の用語，様式及び作成方法に関する規則	連結財規
連結財務諸表の用語，様式及び作成方法に関する規則の取扱いに関する留意事項について	連結財規ガイドライン
外貨建取引等会計処理基準	外貨基準
財務諸表等の用語，様式及び作成方法に関する規則	財規
自己株式及び準備金の額の減少等に関する会計基準	自己株式等基準
貸借対照表(Balance Sheet)	B／S
損益計算書(Profit and Loss Statement)	P／L
財務諸表(Financial Statements)	F／S
株主資本等変動計算書(Statement of Stockholders' Equity)	S／S
キャッシュ・フロー計算書	C／F

目　次

第1章　連結財務諸表の基礎知識

- 1　連結財務諸表の意義 …………………………………………………………… 1
  - 1．連結財務諸表の必要性 ………………………………………………… 2
  - 2．連結財務諸表の種類 …………………………………………………… 3
- 2　連結の範囲 ……………………………………………………………………… 4
  - 1．連結の範囲を決定する基準 …………………………………………… 4
  - 2．支配力基準における「他の企業の意思決定機関を支配している」の意味… 5
  - 3．間接支配のケース ……………………………………………………… 6
- 3　連結財務諸表作成のための基本構造 ………………………………………… 9
- 4　連結財務諸表の表示（連結C/F・包括利益計算書を除く）……………… 10
  - 1．連結貸借対照表 ………………………………………………………… 10
  - 2．連結損益計算書 ………………………………………………………… 11
  - 3．連結株主資本等変動計算書 …………………………………………… 12
- 5　連結決算日 ……………………………………………………………………… 13
  - 1．連結財務諸表の作成期間と決算日 …………………………………… 13
  - 2．子会社の決算日が親会社の決算日と異なる場合 …………………… 13
- 6　親会社及び子会社の会計処理の原則及び手続 ……………………………… 14
- 7　連結財務諸表作成のための個別財務諸表の組替 …………………………… 15
  - 1．個別財務諸表の組替 …………………………………………………… 15
  - 2．各財務諸表間のつながり ……………………………………………… 16

第2章　投資と資本の消去

〔基礎編　★〕

- 1　株式取得日における連結貸借対照表の作成 ………………………………… 17
  - 1．総　説 …………………………………………………………………… 17

	2．連結貸借対照表の作成原則………………………………………………	17
②	投資勘定と資本勘定の相殺消去…………………………………………	19
	1．相殺消去仕訳の方法………………………………………………………	19
	2．資本連結の本質……………………………………………………………	21
	3．投資消去差額とのれん……………………………………………………	24
	4．非支配株主持分……………………………………………………………	26
③	子会社の資産及び負債の評価………………………………………………	32
	1．全面時価評価法……………………………………………………………	32
④	株式取得日後における連結財務諸表の作成………………………………	36
	1．連結第1年度における開始仕訳…………………………………………	36
	2．支配獲得日後増加剰余金の非支配株主持分への振替…………………	39
	3．剰余金の配当………………………………………………………………	44
⑤	のれんと非支配株主持分に関する表示……………………………………	51
	1．の れ ん…………………………………………………………………	51
	2．のれん償却額………………………………………………………………	51
	3．非支配株主持分……………………………………………………………	51
	4．非支配株主に帰属する当期純損益………………………………………	51
⑥	連結精算表の作成……………………………………………………………	52
⑦	連結クウィック・メソッド…………………………………………………	56
	1．クウィック・メソッドの考え方…………………………………………	56
	2．クウィック・メソッドの具体的アプローチ……………………………	57
⑧	持分の追加購入………………………………………………………………	60
	1．追加購入の形態……………………………………………………………	60
	2．追加購入による持分の変動………………………………………………	60
	3．支配獲得後の追加購入……………………………………………………	65

〔上級編　★★〕

⑨	期の途中での取得……………………………………………………………	69
	1．みなし取得日法……………………………………………………………	69
⑩	持分の一部売却………………………………………………………………	73
	1．持分の売却の意味…………………………………………………………	73

	2．株式売却の考え方	73
	3．追加購入がある場合	80
	4．子会社の資産及び負債に評価差額がある場合	84
11	増　　　資	88
	1．株主割当有償増資	88
	2．資本準備金の資本組入	90
	3．第三者割当増資	92
	4．公募発行増資	98
12	連結株主資本等変動計算書総論	99
	1．意　　　義	99
	2．作成手順	99
13	評価差額の実現時の処理	121
	1．概　　　要	121
	2．非償却性資産に係る評価差額の実現	121
	3．償却性資産に係る評価差額の実現	123
14	間接所有	126
	1．概　　　要	126
	2．株式保有比率と連結持分比率の意義	127
	3．資本連結	130
	4．未実現利益の消去	141

第3章　会社間取引の消去

〔基礎編 ★〕

1	会社間取引の消去仕訳	142
	1．内部取引の相殺消去	142
	2．債権・債務の相殺消去に伴う貸倒引当金の調整	143
2	手形取引の消去	147
	1．手形取引の分類	147
	2．手形債権者と手形債務者がいずれも連結集団内の会社である場合	148

3．手形債務者か手形債権者のいずれか一方が外部者である場合 ················ 154
〔上級編 ★★〕
3　未達商品がある場合の会社間取引の消去 ··· 159
4　連結会社を対象として引当てた引当金の調整 ··· 161

第4章　未実現利益の消去

〔基礎編 ★〕
1　連結上の未実現利益 ··· 163
　　1．未実現利益の消去理由 ··· 163
　　2．領　　域 ·· 163
2　棚卸資産に係る未実現利益の消去 ·· 164
　　1．期末棚卸資産に係る未実現利益の消去仕訳 ·· 164
　　2．前期末棚卸資産に係る開始仕訳と実現仕訳 ·· 167
　　3．未実現利益の消去方法と負担方法 ·· 170
3　非償却性資産（固定資産）に係る未実現利益の消去 ································ 176
4　償却性資産に係る未実現利益の消去 ··· 179
　　1．償却性資産に係る未実現利益の消去が必要な販売形態 ························ 179
　　2．固定資産から固定資産の場合（①のケース） ····································· 179
　　3．棚卸資産から固定資産の場合（②のケース） ····································· 183
　　4．耐用年数到来時と未実現利益の消去 ·· 186
　　5．償却性資産に係る未実現利益の消去とアップ・ストリーム ················· 189
〔上級編 ★★〕
5　固定資産の使用途中での売却と未実現利益の消去 ··································· 191
6　実質的な連結会社間取引と未実現利益の消去 ··· 195

第5章 持分法

〔基礎編 ★〕

1 持分法総論 …………………………………………………………… 202
1．意　義 ……………………………………………………………… 202
2．関連会社の具体的内容 …………………………………………… 202
3．持分法の考え方 …………………………………………………… 204

2 持分法の適用 ………………………………………………………… 210
1．必要となる仕訳 …………………………………………………… 210
2．持分法適用会社の評価差額相当額の取扱い …………………… 214
3．持分法におけるクウィック・メソッドの作成 ………………… 215

3 持分法と株式売却 …………………………………………………… 218
1．概　要 ……………………………………………………………… 218
2．例題による確認 …………………………………………………… 218

4 未実現利益の消去 …………………………………………………… 223
1．概　要 ……………………………………………………………… 223
2．取引形態と消去金額 ……………………………………………… 223
3．未実現利益の消去仕訳 …………………………………………… 224

5 持分法適用会社が保有する投資会社株式の取扱い ……………… 229
1．持分法適用会社が保有する投資会社株式の取扱い …………… 229
2．持分法適用会社が保有する投資会社株式の処分 ……………… 229

第6章 税効果会計

〔上級編 ★★〕

1 税効果会計の適用 …………………………………………………… 231
1．税効果会計の意義 ………………………………………………… 231
2．税効果会計の対象となる差異について ………………………… 231
3．税効果会計の方法 ………………………………………………… 235
4．表　示 ……………………………………………………………… 236

2	連結における未実現利益と税効果会計	238
3	貸倒引当金の調整に係る税効果会計	244
4	資産・負債の時価評価に係る税効果会計	246
5	持分法における未実現利益と税効果会計	249

第7章　連結キャッシュ・フロー計算書

〔基礎編 ★〕

1	キャッシュ・フロー計算書とは	251
	1．意　義	251
	2．必要性	251
2	キャッシュ・フロー計算書の概要	253
	1．概　要	253
	2．表示区分	253
3	営業活動によるキャッシュ・フローの表示方法	255
	1．直接法	255
	2．間接法	255
4	間接法によるキャッシュ・フロー計算書の作成	256

〔上級編 ★★〕

5	連結キャッシュ・フロー計算書	258
	1．連結キャッシュ・フロー計算書の作成方法	258
	2．連結キャッシュ・フロー計算書特有の内容	259
6	表示様式	277

第8章　特殊論点

〔上級編　★★〕

1	その他の包括利益累計額が生じている場合の資本連結 …………… 281

　　1．概　　要 …………………………………………………………… 281
　　2．意　　義 …………………………………………………………… 281
　　3．会計処理 …………………………………………………………… 282

2	配当権利落ち株式 ……………………………………………………… 287

　　1．意　　義 …………………………………………………………… 287
　　2．配当権利落ち株式の取得 ………………………………………… 287
　　3．配当権利落ち株式の一部売却 …………………………………… 291

3	自己株式 ………………………………………………………………… 293

　　1．連結子会社が保有する親会社株式 ……………………………… 293
　　2．子会社が保有する自己株式 ……………………………………… 295

4	支配獲得時の未実現利益 ……………………………………………… 300

5	未実現損失の消去 ……………………………………………………… 301

6	債務超過に係る連結処理 ……………………………………………… 302

　　1．連結子会社の債務超過 …………………………………………… 302
　　2．持分法適用会社（関連会社）の債務超過 ……………………… 309

7	連結範囲の変更 ………………………………………………………… 313

　　1．連結範囲の変更と連結対象財務諸表の範囲 …………………… 313
　　2．当期末に支配を獲得した場合の処理 …………………………… 315
　　3．当期末に支配を解消した場合の処理 …………………………… 319

8	在外子会社の連結 ……………………………………………………… 328

　　1．在外子会社の財務諸表項目の換算 ……………………………… 328
　　2．評価差額の換算 …………………………………………………… 331
　　3．在外子会社の連結 ………………………………………………… 335

9	包括利益 ………………………………………………………………… 342

　　1．包括利益の意義 …………………………………………………… 342
　　2．包括利益の表示 …………………………………………………… 342

3．連結財務諸表間の相互関係 …………………………………… 343
　　4．その他の包括利益累計額 ………………………………………… 343
　　5．連結財務諸表における表示例 …………………………………… 344
10　企業結合会計 ……………………………………………………… 349
　　1．企業結合取引の概要 ……………………………………………… 349
　　2．合　　併 …………………………………………………………… 351
　　3．株式交換 …………………………………………………………… 363
　　4．株式移転 …………………………………………………………… 369
　　5．共通支配下の取引等 ……………………………………………… 378
　　6．事業分離等 ………………………………………………………… 403
　　7．共同支配企業の形成 ……………………………………………… 429

索　　引 ………………………………………………………………… 440

第1章　連結財務諸表の基礎知識

1　連結財務諸表の意義

　連結財務諸表は，支配従属関係にある2つ以上の企業からなる集団（企業集団）を単一の組織体とみなして，親会社が当該企業集団の財政状態，経営成績及びキャッシュ・フローの状況を総合的に報告するために作成するものである。

　つまり，連結財務諸表とは，親会社が企業集団の財政状態，経営成績及びキャッシュ・フローの状況を報告するために作成する財務諸表である。

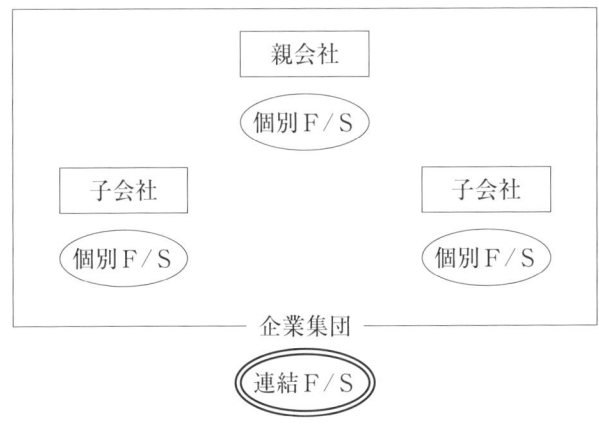

※　企業集団を一つの会計主体（会社）と考えて作成される財務諸表が連結財務諸表である。

　これに対し，個々の会社を会計主体と考えて作成される財務諸表は個別財務諸表と言われる。

1

第1章　連結財務諸表の基礎知識

1．連結財務諸表の必要性

(1) 親子会社間における経理操作の防止

　　親会社P社が商品640円を仕入れ，100％子会社S社に800円で販売し，S社は当該商品をすべて外部に600円で販売したとする。この場合，親会社P社の売上総利益は160円であり，子会社S社の売上総利益は△200円である。

```
                     企業集団
                ┌─────────────────────────┐
                │       売上    仕入        │
   外部仕入  ──→│ (P社) ────→ ────→ (S社) │──→ 外部売上
     640      │       800    800        │       600
                │ 利益 160円    損失 200円 │
                └─────────────────────────┘
```

　　親会社の個別財務諸表上の売上総利益は160円となっているが，連結企業集団の観点からは，売上高は600円，売上原価は640円，売上総利益は△40円とみなければならない。

　　したがって，親会社P社の売上総利益160円は，子会社S社を利用して計上したものであり，これは，「子会社が売れない商品を外部に安く販売する」という犠牲によって計上された"みせかけの利益"に過ぎない。

　　そこで，親会社P社と子会社S社の個別財務諸表を合算すると，売上総利益は△40円となる。ここに連結財務諸表の必要性が存在することになる。ただし，単純に合算すると売上高は1,400円，売上原価は1,440円となってしまうため，内部売上800円と内部仕入800円を相殺消去しなければならない。これについては後述する。

	P社	S社	合算	消去	連結
売上高	800	600	1,400	△ 800	600
売上原価	640	800	1,440	△ 800	640
売上総利益	160	△ 200	△ 40	0	△ 40

　　　　　　　　　　　└──みせかけの利益(実質的にP社の売上総利益は△40円である)

(2) 連結グループ全体を示すことにおける情報の有用性（分社化の例）

　　親会社P社は企業集団グループ製品の販売を担当し，製品の生産比率は企業集団グループ全体の半分以下であった場合，親会社の個別財務諸表では販

売会社としての情報が提供されてしまい，企業集団グループ全体がメーカーである情報が提供されなくなり，当該親会社の個別財務諸表は，もはや意味をなさなくなっている。

ここに，連結財務諸表の必要性が存在することになる。

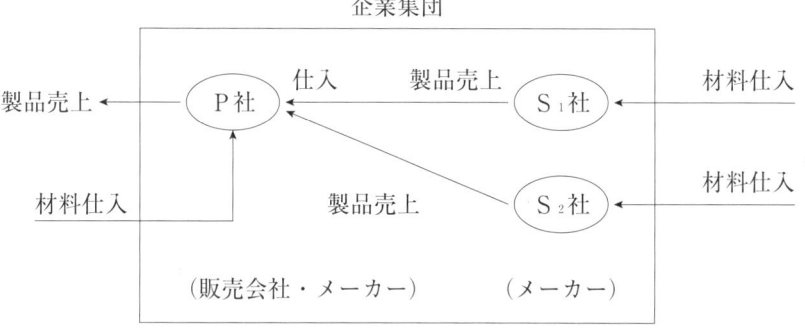

2．連結財務諸表の種類
(1) 連結貸借対照表（連結B/S）
(2) 連結損益計算書（連結P/L）
(3) 連結株主資本等変動計算書（連結S/S）
(4) 連結キャッシュ・フロー計算書（連結C/F）
(5) 連結包括利益計算書

なお，当面の間は(1)～(3)を中心に学習していく。

2 連結の範囲

連結の範囲とは，連結財務諸表に含まれる支配従属関係のある会社の範囲をいい，その判断基準には**持株基準（形式基準）**と**支配力基準（実質基準）**の2つの見解がある。

1．連結の範囲を決定する基準

(1) 持株基準（形式基準）

持株基準とは，ある会社が他の会社の議決権の過半数を所有し，また所有されているかどうかという基準である。

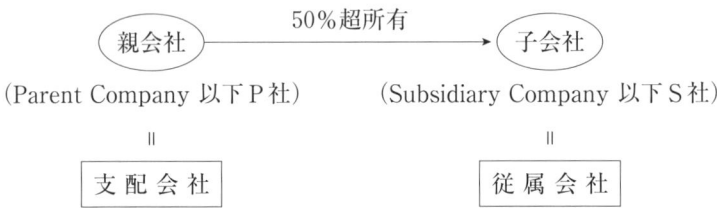

(2) 支配力基準（実質基準）——連結財務諸表に関する会計基準の立場

支配力基準とは，経営方針及び財務方針の決定に関して，ある会社が他の会社を実質的に支配する力を有し，また，支配されているかどうかという基準である。

親会社は，原則としてすべての子会社を連結の範囲に含める。

「親会社」とは，他の企業の財務及び営業又は事業の方針を決定する機関（株主総会その他これに準ずる機関をいう。以下「意思決定機関」という。）を支配している企業をいい，「子会社」とは，当該他の企業をいう。

２．支配力基準における「他の企業の意思決定機関を支配している」の意味

「他の企業の意思決定機関を支配している企業」とは，次の企業をいう。ただし，財務上又は営業上若しくは事業上の関係からみて他の企業の意思決定機関を支配していないことが明らかであると認められる企業は，この限りでない。

(1) 他の企業（更生会社，破産会社その他これらに準ずる企業であって，かつ，有効な支配従属関係が存在しないと認められる企業を除く。下記(2)及び(3)においても同じ。）の議決権の過半数を自己の計算において所有している企業

(2) 他の企業の議決権の100分の40以上，100分の50以下を自己の計算において所有している企業であって，かつ，次のいずれかの要件に該当する企業

① 自己の計算において所有している議決権と，自己と出資，人事，資金，技術，取引等において緊密な関係があることにより自己の意思と同一の内容の議決権を行使すると認められる者及び自己の意思と同一の内容の議決権を行使することに同意している者が所有している議決権とを合わせて，他の企業の議決権の過半数を占めていること。

② 役員若しくは使用人である者，又はこれらであった者で自己が他の企業の財務及び営業又は事業の方針の決定に関して影響を与えることができる者が，当該他の企業の取締役会その他これに準ずる機関の構成員の過半数を占めていること。

③ 他の企業の重要な財務及び営業又は事業の方針の決定を支配する契約等が存在すること。

④ 他の企業の資金調達額（貸借対照表の負債の部に計上されているもの）の総額の過半について融資（債務の保証及び担保の提供を含む。以下同じ。）を行っていること（自己と出資，人事，資金，技術，取引等において緊密な関係のある者が行う融資の額を合わせて資金調達額の総額の過半となる場合を含む。）。

⑤ その他他の企業の意思決定機関を支配していることが推測される事実が存在すること。

(3) 自己の計算において所有している議決権（当該議決権を所有していない場合を含む。）と，自己と出資，人事，資金，技術，取引等において緊密な関係があることにより自己の意思と同一の内容の議決権を行使すると認められる者及び自己の意思と同一の内容の議決権を行使することに同意している者が所有している議決権とを合わせて，他の企業の議決権の過半数を占めている企業であって，かつ，上記(2)の②から⑤までのいずれかの要件に該当する企業

3．間接支配のケース

親会社及び子会社又は子会社が，他の企業の意思決定機関を支配している場合における当該他の企業も，その親会社の子会社とみなす。

(1) 親会社及び子会社

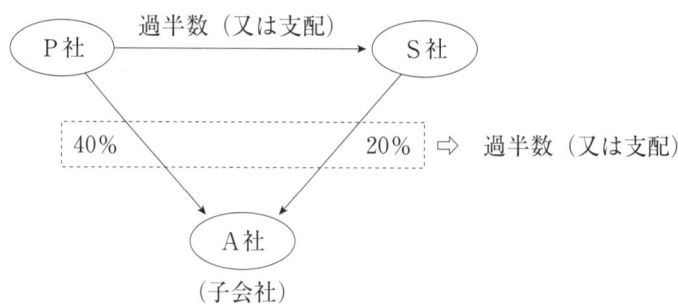

（注）　P社とS社との支配従属関係を一つの単位とみれば，それによってA社は株式の過半数を所有されている関係にある。したがって，A社はP社にとって間接支配の子会社となる。

(2) 子会社

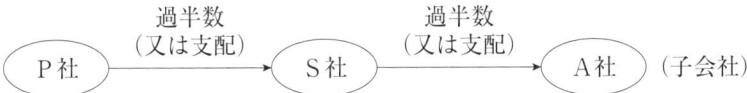

(注) P社とS社との関係は，P社がS社の株式を直接に過半数を所有している関係であるから，S社は直接支配の子会社である。

また，A社はS社を通じてP社によって支配されている関係にあるから，A社はP社にとって孫会社である。かかる孫会社はP社にとって間接支配の子会社となる。

設例1　連結の範囲

次のような株式所有関係が存在する場合に，P社の連結子会社となる会社を判定しなさい。

(1)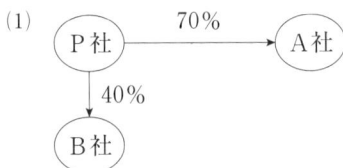

(注) P社の役員がB社の取締役会の構成員の過半数を継続して占めている。

(2)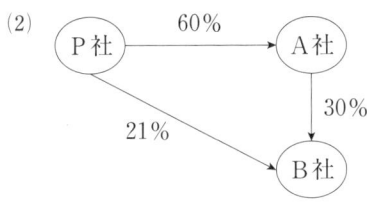

(3)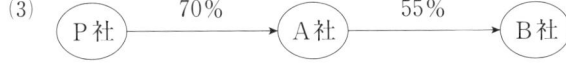

第1章　連結財務諸表の基礎知識

解 答

(1)	(2)	(3)
A・B社	A・B社	A・B社

解 説

(1) P社はB社の40％という高い比率の議決権を有しており，かつP社の役員がB社の取締役会の構成員の過半数を継続して占めている。したがって，B社の意思決定機関を支配している一定の事実が認められるため，B社は連結子会社となる。

(2) P社及びP社の子会社であるA社がB社の株式を51％所有しているため，B社はP社の連結子会社とみなされる。

(3) P社の子会社であるA社が，B社の株式を55％所有しているため，B社はP社の連結子会社（孫会社）とみなされる。

3 連結財務諸表作成のための基本構造

　連結財務諸表の目的は，支配従属関係にある企業集団を単一の組織体とみなし，当該企業集団の財政状態及び経営成績を総合的に報告することにある。
　したがって，**連結財務諸表は，まず，企業集団を構成する各社の個別財務諸表を合算し，次に，構成会社間の対照項目を消去することによって作成**される。

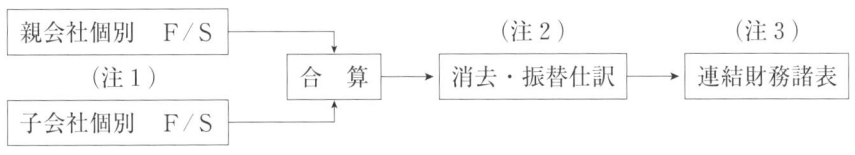

連結精算表（以下，連結W/Sとする）上で行う。

(注1)　（個別）貸借対照表
　　　　（個別）損益計算書
　　　　（個別）株主資本等変動計算書

(注2)　「連結（修正）仕訳」と総称することがあり，基本的に以下の4つに分類される。
　　　　a．投資と資本の相殺消去
　　　　b．債権・債務の相殺消去
　　　　c．内部取引の相殺消去
　　　　d．未実現利益の消去

(注3)　連結W/Sの連結財務諸表をもとにして，外部公表用の連結財務諸表を作成する。
　　　　　連結貸借対照表
　　　　　連結損益計算書
　　　　　連結株主資本等変動計算書

9

第1章　連結財務諸表の基礎知識

4　連結財務諸表の表示（連結C/F・包括利益計算書を除く）

1．連結貸借対照表

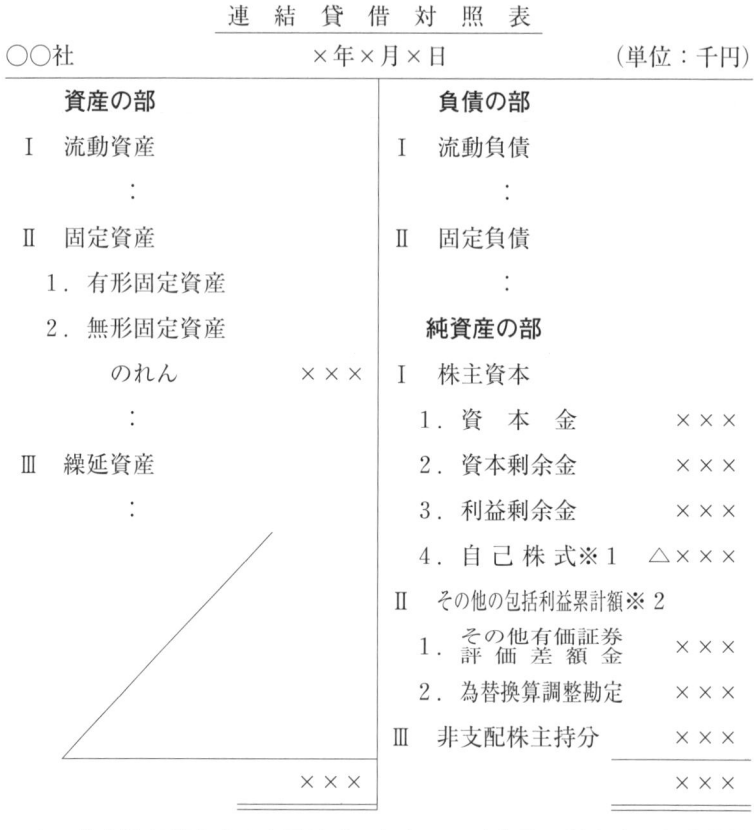

※1　親会社が保有する自己株式に加えて，子会社が保有する親会社株式のうち，親会社持分相当額及び持分法適用会社が保有する投資会社株式のうち，親会社等の持分相当額が表示される。

※2　親会社持分のみが計上，表示される。

4 連結財務諸表の表示（連結C/F・包括利益計算書を除く）

2．連結損益計算書

連結損益計算書

○○社　　　　　自○年○月○日　至×年×月×日　　　（単位：千円）

Ⅰ	売　　上　　高		×××
Ⅱ	売　上　原　価		×××
Ⅲ	販売費及び一般管理費		
	：		
	のれん償却額※1	×××	
	：		×××
	営　業　利　益		×××
Ⅳ	営　業　外　収　益		
	：		
	持分法による投資利益※2	×××	
	：		×××
Ⅴ	営　業　外　費　用		
	：		
	持分法による投資損失※2	×××	
	：		×××
	経　常　利　益		×××
Ⅵ	特　別　利　益		×××
Ⅶ	特　別　損　失		×××
	税金等調整前当期純利益		×××
	法　人　税　等	×××	
	法人税等調整額	×××	×××
	当　期　純　利　益		×××
	非支配株主に帰属する当期純利益		×××
	親会社株主に帰属する当期純利益		×××

※1　のれん償却額は販売費及び一般管理費の区分に表示する。

※2　持分法による投資損益は，営業外収益又は営業外費用の区分に表示する。

第1章 連結財務諸表の基礎知識

3．連結株主資本等変動計算書

	株主資本				その他の包括利益累計額				非支配株主持分	純資産合計
	資本金	資本剰余金	利益剰余金	自己株式	株主資本合計	その他有価証券評価差額金	繰延ヘッジ損益	為替換算調整勘定	その他の包括利益累計額合計	
当期首残高	×××	×××	×××	△×××	×××	×××	×××	×××	×××	×××	×××
当期変動額											
新株の発行	×××	×××			×××						×××
剰余金の配当			△×××		△×××						△×××
親会社株主に帰属する当期純利益			×××		×××						×××
×××××											
自己株式の処分		×××		×××	×××						×××
その他			×××		×××						×××
株主資本以外の項目の当期変動額（純額）						×××	×××	×××	×××	×××	×××
当期変動額合計	×××	×××	×××	×××	×××	×××	×××	×××	×××	×××	×××
当期末残高	×××	×××	×××	△×××	×××	×××	×××	×××	×××	×××	×××

5　連結決算日

1．連結財務諸表の作成期間と決算日
　連結財務諸表の作成に関する期間は1年とし，親会社の会計期間に基づき，年1回一定の日をもって連結決算日とする。

2．子会社の決算日が親会社の決算日と異なる場合
　この場合の取扱いは以下のとおりである。
(1) 決算日の差異が3カ月を超える場合
　　子会社が連結決算日に正規の決算に準ずる合理的な手続による決算で作成した財務諸表を連結する。
(2) 決算日の差異が3カ月を超えない場合
　① 原則としては，(1)と同様にすべきである。
　② 子会社の正規の決算を基礎として作成された財務諸表をそのまま連結することができる。いわゆる3カ月ルールとよばれている方法である。
　　ただし，この場合は決算日が異なることから生ずる連結会社間の取引に係る会計記録の重要な不一致については，必要な整理を行う。

6 親会社及び子会社の会計処理の原則及び手続

　同一環境下で行われた同一の性質の取引等について、親会社及び子会社が採用する会計処理の原則及び手続は、原則として統一しなければならない。

　これは、大別すると次の２つのことを述べている。(1)会計処理基準の統一と、(2)表示科目の統一である。

会計基準の統一 ｛ (1)会計処理基準の統一… ｛ ①必ずしも統一の必要がないもの / ②統一が必要なもの
(2)表示科目の統一……… ③統一が必要なもの ｝

① **会計処理基準の統一が必ずしも必要でないもの**

　会社の置かれている環境、事業の種類、棚卸資産の種類によって、会計処理基準が異なるという合理的な根拠がある限り、むしろ統一しないほうがよい。例えば、貸倒引当金の設定基準、棚卸資産の棚卸方法、減価償却方法等が考えられる。

② **会計処理基準の統一が必要なもの**

　例えば、同一棚卸資産における評価基準、繰延資産の処理基準、引当金の設定基準等は会計処理基準を異にする合理的な根拠がないのが通常である。したがって、統一することが必要である。

③ **表示科目の統一が必要なもの**

　例えば、親会社で商品として表示しているものを子会社で材料として表示している場合等は、表示を統一することが必要である。

　なお、会計処理の統一にあたっては、より合理的な会計処理の原則及び手続を選択すべきであるため、親会社の会計処理を子会社の会計処理に合わせるケースも考えられることになる。

7 連結財務諸表作成のための個別財務諸表の組替

1．個別財務諸表の組替

　連結財務諸表は，親会社と子会社の個別財務諸表を単純合算し，連結仕訳を行い作成する。

　ここで，個別の企業で作成する財務諸表（貸借対照表，損益計算書，株主資本等変動計算書）と若干の表示上の違いが出てくるため，個別財務諸表を組替える必要がある。

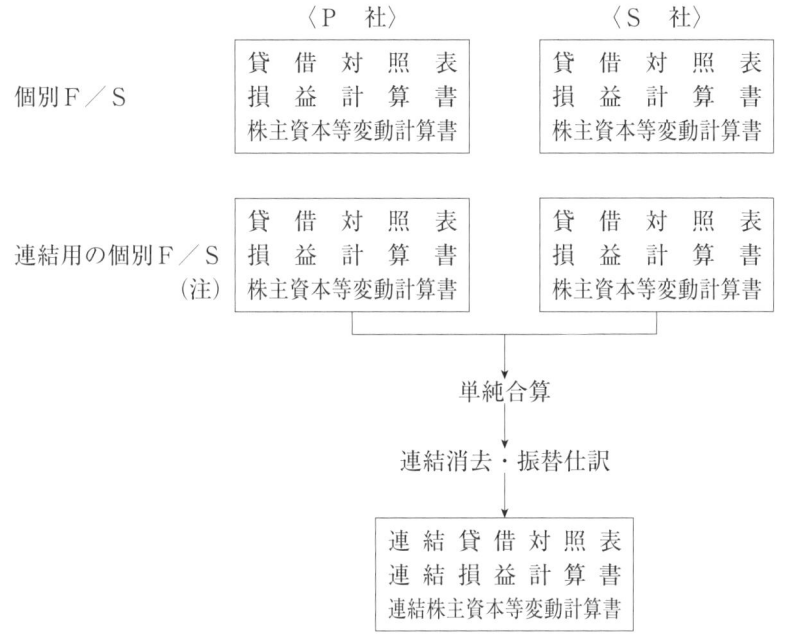

（注）　連結用の個別B／S

　　　　基本的に個別B／Sと同じである。

　　　　連結用の個別P／L

　　　　基本的に個別P／Lと同じである。

第1章　連結財務諸表の基礎知識

　　連結用の個別S／S
　　基本的に個別S／Sと同じである。ただし，非支配株主持分の記載がある。

2．各財務諸表間のつながり

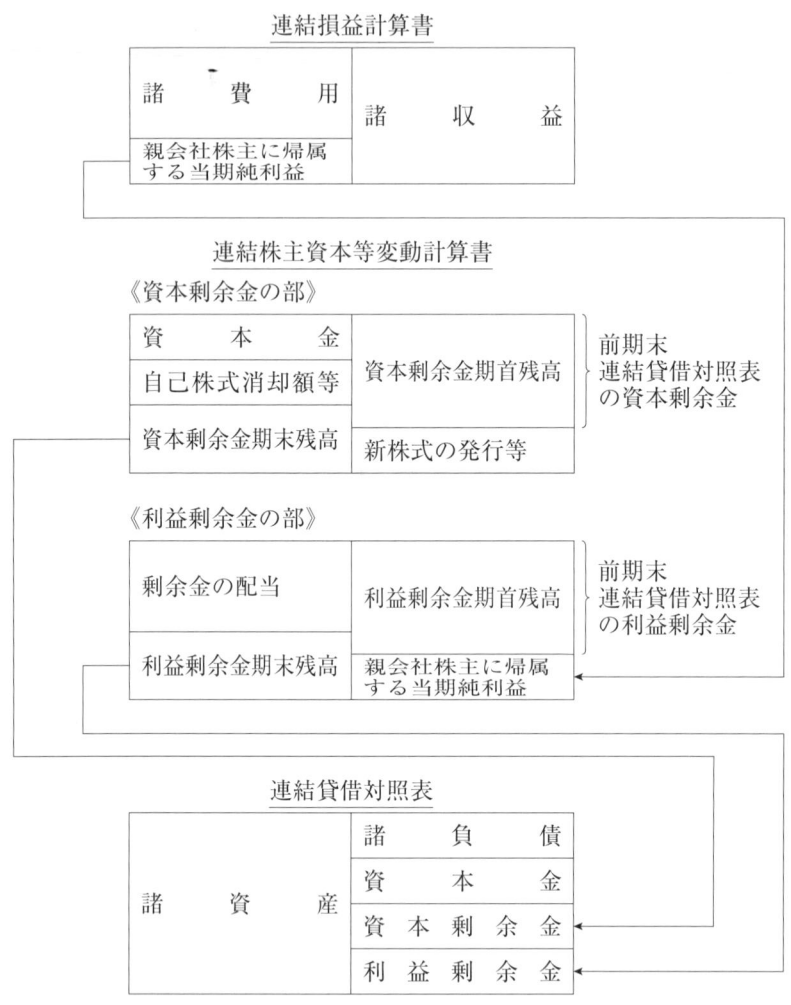

　　なお，連結株主資本等変動計算書の詳細については第2章12参照

第2章　投資と資本の消去

1 株式取得日における連結貸借対照表の作成　

1．総　　説

　連結貸借対照表は，支配従属の関係にある企業集団の一時点における財政状態を示す計算書である。この「一時点」は連結貸借対照表日と名づけることができるが，それは2つある。1つは親会社が子会社を取得した日であり，もう1つは取得日後の日すなわち，各年度の連結決算日である。

　取得日において作成するのは，連結貸借対照表だけであり，取得日後からの連結決算日においては，それ以外の連結財務諸表も作成する。

　その意味で連結財務諸表の説明は，取得日現在の連結貸借対照表から始める必要がある。「連結会計基準」が「企業会計原則」とは異なり，連結損益計算書の作成基準を連結貸借対照表の作成基準のあとに置いているのは，このような理由によるものである。

2．連結貸借対照表の作成原則

　連結貸借対照表は，親会社及び子会社の個別貸借対照表における資産，負債及び資本の金額を基礎とし，子会社の資産及び負債の評価，親会社及び連結される子会社（以下「連結会社」という）相互間の投資と資本及び債権と債務の相殺消去等の処理を行って作成する。

　ここでは連結貸借対照表の作成における柱ともいうべき3つの点が述べられている。

　第1　親会社及び子会社の個別貸借対照表を基礎とすること。

　　　　ただし，「基礎とする」とは，常に「そのまま結合する」ということではない。

第2章 投資と資本の消去

第2 子会社の資産及び負債を評価したあと連結会社相互間の投資と資本を相殺消去すること。これを資本連結手続という。
第3 連結会社相互間の債権と債務の相殺消去すること。

　以上にあげた3つのうち，第1は個別財務諸表への準拠ということで，連結損益計算書にも妥当する基本的要件である。したがって，連結貸借対照表に固有の基本原則は第2と第3である。
　親会社が子会社を取得した時点で作成されるのは，連結財務諸表のうち，連結貸借対照表のみである。

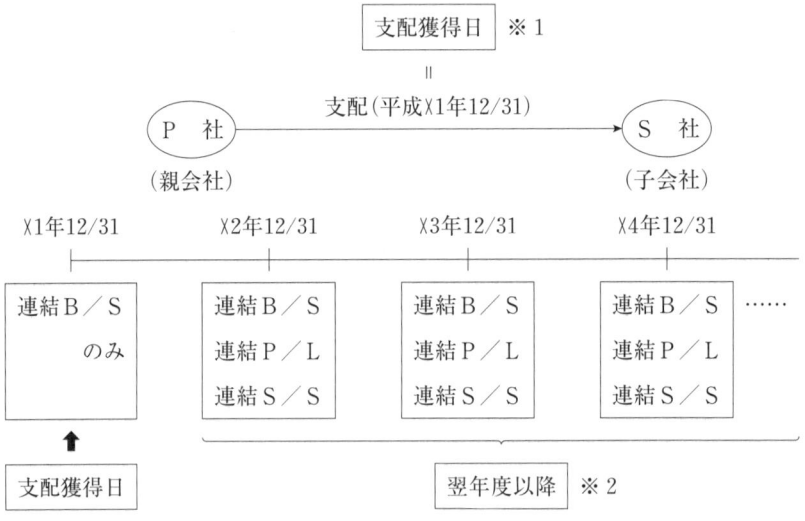

※1 支配獲得日とは，S社を支配することになった日。この場合が，いわゆる「株式取得日」となる。
※2 この場合が，いわゆる「株式取得日後」となる。

2 投資勘定と資本勘定の相殺消去

　親会社の子会社に対する投資とこれに対応する子会社の資本は，相殺消去しなければならない。

1．相殺消去仕訳の方法

　P社がS社を100％出資で設立した場合を簡単な数値を用いて考えてみる。

① S社設立前のP社B／S

② S社設立後のP社及びS社のB／S

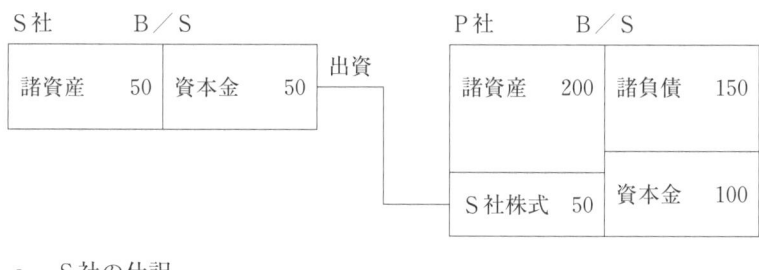

　a．S社の仕訳

　　（諸　資　産）　　　　50　　（資　本　金）　　　　50
　　　　－現金預金－

　b．P社の仕訳

　　（S　社　株　式）　　　50　　（諸　資　産）　　　　50
　　　　　　　　　　　　　　　　　　－現金預金－

第2章　投資と資本の消去

③　単純合算した場合の連結B／S

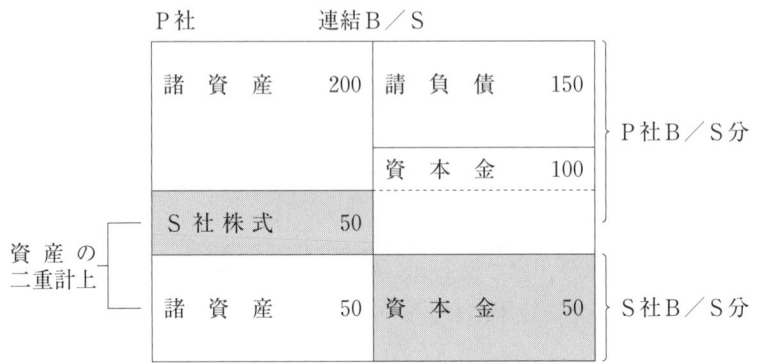

P社とS社のB／Sを単純合算しただけでは連結B／S上，S社株式に相当する金額50が二重計上になっているため，消去する必要がある。

④　投資と資本の相殺消去仕訳

（資　本　金）　　　　50　　（S　社　株　式）　　　　50

この仕訳を，「投資と資本の相殺消去仕訳」という。また，「資本連結（仕訳）」ともいう。

⑤　資本連結後の連結B／S

2．資本連結の本質

資本連結の本質は、「投資とそれに対応する資本を相殺消去することによって、具体的な持分の運用形態である資産・負債に"置換"すること」であるといわれている。

このことは、次のように考えれば理解できる。

P社がS社株式を取得することは、会計上は「企業結合」を意味し、その処理に「パーチェス法」がある。

これは、P社によるS社の「買収」として処理する方法である。つまり、①個別的にはP社のS社株式の取得取引にすぎないが、②経済的には、S社という財産（具体的には諸資産50、負債0）を購入したと考えるのである。

① 個別取引
P社：(S 社 株 式)　　　50　（諸　資　産）　　　50
② 経済的（あるべき連結）取引
P社：(諸　資　産)　　　50　（諸　負　債）　　　 0
　　　　　　　　　　　　　　（諸　資　産）　　　50

つまり、P社がS社株式を取得したということは、連結上はS社という財産（諸資産及び諸負債）を購入したという交換取引であり、そのために連結仕訳（この場合は資本連結）を行うことによって、"置換"されるのである。

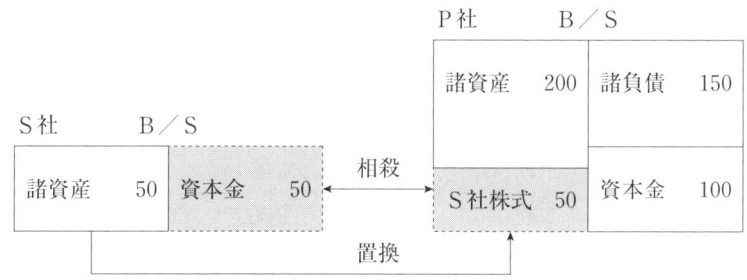

第2章　投資と資本の消去

設例2　全部所有の子会社の連結（純資産簿価での株式取得）

P社は，平成X1年12月31日にS社の発行済議決権株の100%を50,000円で取得した。同日におけるP社及びS社の貸借対照表は次のとおりである。
よって，以下の資料に基づいて，連結貸借対照表精算表を作成しなさい。

	貸借対照表 P社 平成X1年12月31日（単位：円）			貸借対照表 S社 平成X1年12月31日（単位：円）	
諸 資 産	310,000	諸 負 債	60,000	諸 資 産 70,000	諸 負 債 20,000
S 社株式	50,000	資 本 金	200,000		資 本 金 25,000
		利益剰余金	100,000		利益剰余金 25,000
	360,000		360,000	70,000	70,000

解答（単位：円）

連結貸借対照表精算表
平成X1年12月31日

科　　目	P 社	S 社	消去・振替仕訳 借　方	消去・振替仕訳 貸　方	連結貸借対照表
諸　資　産	310,000	70,000			380,000
S　社　株　式	50,000			50,000	0
資 産 合 計	360,000	70,000			380,000
諸　負　債	(60,000)	(20,000)			(80,000)
資　本　金	(200,000)	(25,000)	25,000		(200,000)
利 益 剰 余 金	(100,000)	(25,000)	25,000		(100,000)
負債・純資産合計	(360,000)	(70,000)	50,000	50,000	(380,000)

解説（単位：円）

投資勘定消去の本質は，S社株式50,000を，それに対応する持分の具体的な形（諸資産70,000及び諸負債20,000）に置換することである。

2 投資勘定と資本勘定の相殺消去

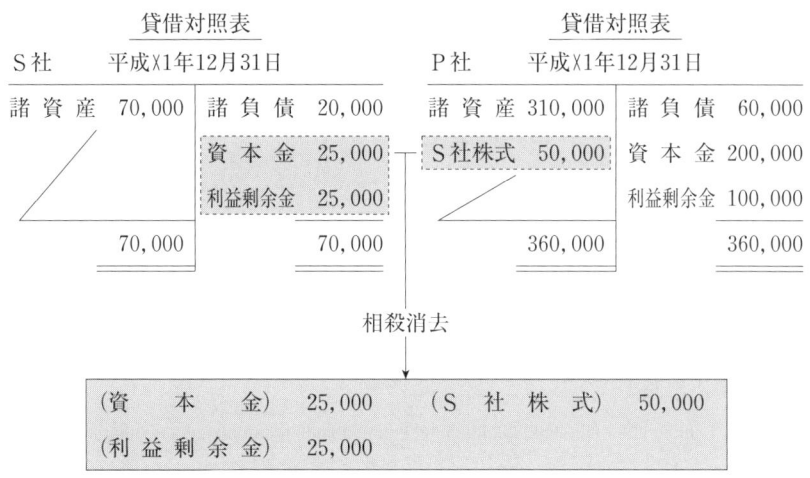

P社の貸借対照表上のS社株式50,000とS社の貸借対照表上の資本勘定50,000（資本金25,000，利益剰余金25,000）とは対応関係にあるから，連結上，これらを相殺消去しなければならない。

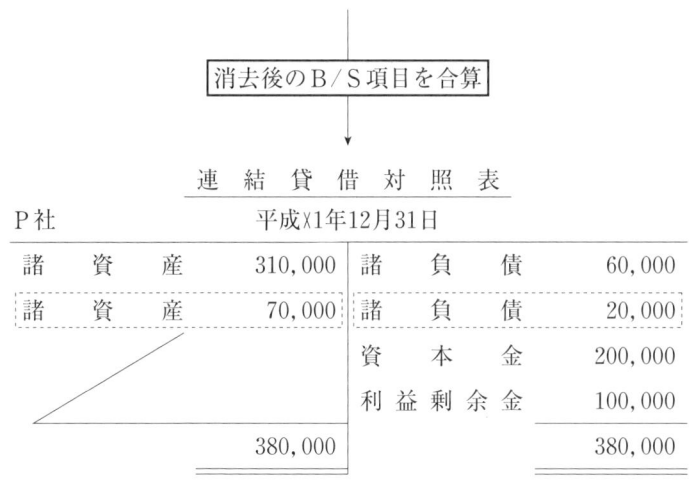

投資と資本の相殺消去により，S社株式50,000はそれに対応する持分の具体的な形（諸資産70,000及び諸負債20,000）に置換されることになる。

3．投資消去差額とのれん

親会社の子会社に対する投資とこれに対応する子会社の資本との相殺消去に当たり，借方差額が生ずる場合には，当該差額をのれんとする。

のれんは，無形固定資産の区分に表示するものとする。

|||||||| 例 ||||||||

Ｐ社がＳ社の発行済株式総数の100％を100円で取得したとする。株式取得日におけるＳ社の資本勘定は資本金70円，利益剰余金20円であった。

よって，連結消去・振替仕訳を示しなさい。

（資　本　金）	70※１	（Ｓ　社　株　式）	100
（利益剰余金）	20※１		
（の　れ　ん）	10※２		

※１　資本に占める親会社持分額
　　　（70＋20）×100％＝90

※２　投資(100)－親会社持分額(90)＝のれん(10)

設例３　投資消去差額とのれん

Ｐ社は，平成X1年12月31日にＳ社の発行済議決権株の100％を75,000円で取得した。同日におけるＰ社及びＳ社の貸借対照表は次のとおりである。

よって，以下の資料に基づいて，連結貸借対照表精算表を作成しなさい。

なお，投資消去差額はのれんとする。

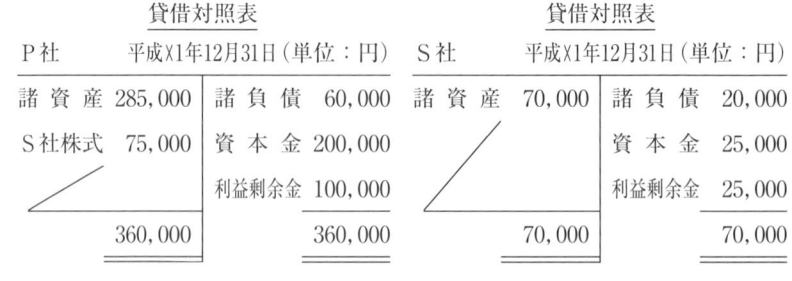

貸借対照表
Ｐ社　平成X1年12月31日（単位：円）

諸　資　産	285,000	諸　負　債	60,000
Ｓ社株式	75,000	資　本　金	200,000
		利益剰余金	100,000
	360,000		360,000

貸借対照表
Ｓ社　平成X1年12月31日（単位：円）

諸　資　産	70,000	諸　負　債	20,000
		資　本　金	25,000
		利益剰余金	25,000
	70,000		70,000

② 投資勘定と資本勘定の相殺消去

解答(単位:円)

連結貸借対照表精算表
平成X1年12月31日

科　　　目	P 社	S 社	消去・振替仕訳 借方	消去・振替仕訳 貸方	連結貸借対照表
諸　資　産	285,000	70,000			355,000
S 社 株 式	75,000			75,000	0
の　れ　ん			25,000		25,000
資 産 合 計	360,000	70,000			380,000
諸　負　債	(60,000)	(20,000)			(80,000)
資　本　金	(200,000)	(25,000)	25,000		(200,000)
利 益 剰 余 金	(100,000)	(25,000)	25,000		(100,000)
負債・純資産合計	(360,000)	(70,000)	75,000	75,000	(380,000)

解説(単位:円)

S社株式75,000と，S社の資本に占めるP社(親会社)の持分額50,000との差額は，のれんとして処理される。

(資　本　金)　25,000　　(S 社 株 式)　75,000
(利 益 剰 余 金)　25,000
(の　れ　ん)　25,000

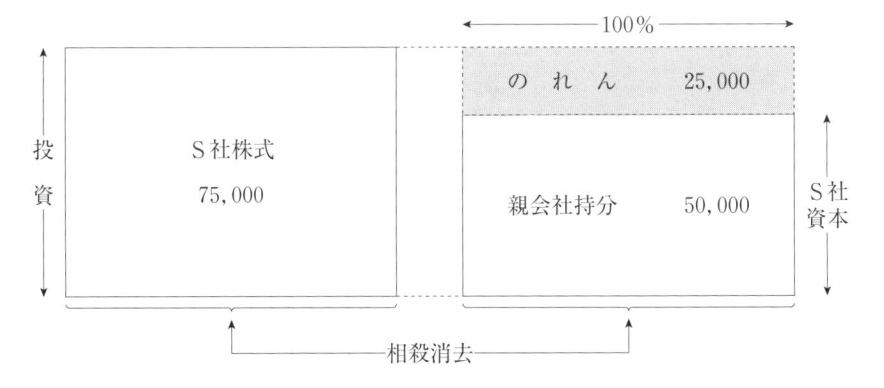

25

第2章 投資と資本の消去

4．非支配株主持分

　100％所有でない子会社を連結する場合，当該子会社の資本のうち親会社に属しない部分は，非支配株主持分とする。

　すなわち，株式取得の日又は支配獲得日の当該子会社の資本は，当該取得日又は支配獲得日において，親会社に帰属する部分と非支配株主に帰属する部分とに分け，前者は親会社の投資と相殺消去し，後者は非支配株主持分として処理するものとする。

|||||||||| 例 ||||||||||

　P社がS社の発行済株式総数の80％を85円で取得したとする。株式取得日におけるS社の資本勘定は資本金80円，利益剰余金20円であった。

　よって，連結消去・振替仕訳を示しなさい。

　a．消去仕訳

　　（資　本　金）　　　　64※1　（S　社　株　式）　　　85
　　（利 益 剰 余 金）　　　16※2
　　（の　れ　ん）　　　　5※3

　　　※1　$80 \times 80\% = 64$
　　　※2　$20 \times 80\% = 16$
　　　※3　$85 - (80 + 20) \times 80\% = 5$

　b．振替仕訳

　　（資　本　金）　　　　16※1　（非支配株主持分）　　20
　　（利 益 剰 余 金）　　　4※2

　　　※1　$80 \times 20\% = 16$
　　　※2　$20 \times 20\% = 4$

　以上a＋bより連結消去・振替仕訳（資本連結）が求められる。

　　（資　本　金）　　　　80　　（S　社　株　式）　　　85
　　（利 益 剰 余 金）　　　20　　（非支配株主持分）　　20
　　（の　れ　ん）　　　　5

2 投資勘定と資本勘定の相殺消去

上記の連結仕訳を「連結基準」に従って図解すると次のようになる。

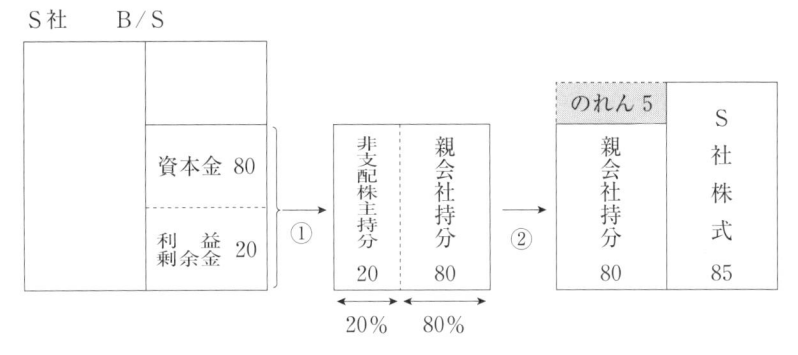

S社　B/S

資本金 80
利益剰余金 20

① 非支配株主持分 20 ／ 親会社持分 80
　20%　　80%

② のれん 5 ／ 親会社持分 80 ／ S社株式 85

① 取得日の資本金及び剰余金を親会社持分と非支配株主持分に分割

　(イ) （資　本　金）　　64　　（親会社持分）　　　80※1
　　　（利益剰余金）　　16
　(ロ) （資　本　金）　　16　　（非支配株主持分）　20※2
　　　（利益剰余金）　　 4

　　※1　(80+20)×80%＝80
　　※2　(80+20)×20%＝20

② 親会社持分は投資と相殺消去

　　　（親会社持分）　　80　　（S　社　株　式）　85
　　　（の　れ　ん）　　 5

この①の(イ)と②の合算仕訳が上記例のa「消去仕訳」であり，①の(ロ)が非支配株主持分への「振替仕訳」である。

設例4　非支配株主持分（投資消去差額なし）

P社は，平成X1年12月31日にS社の発行済議決権株の90%を45,000円で取得した。同日におけるP社及びS社の貸借対照表は次のとおりである。

よって，以下の資料に基づいて，連結貸借対照表精算表を作成しなさい。

第2章 投資と資本の消去

貸借対照表	
P社 平成X1年12月31日	(単位：円)
諸 資 産 315,000	諸 負 債 60,000
S 社株式 45,000	資 本 金 200,000
	利益剰余金 100,000
360,000	360,000

貸借対照表	
S社 平成X1年12月31日	(単位：円)
諸 資 産 70,000	諸 負 債 20,000
	資 本 金 25,000
	利益剰余金 25,000
70,000	70,000

解　答（単位：円）

連結貸借対照表精算表
平成X1年12月31日

科　　目	P　社	S　社	消去・振替仕訳		連結貸借対照表
			借　方	貸　方	
諸　資　産	315,000	70,000			385,000
S 社 株 式	45,000			45,000	0
資 産 合 計	360,000	70,000			385,000
諸　負　債	(60,000)	(20,000)			(80,000)
資　本　金	(200,000)	(25,000)	25,000		(200,000)
利 益 剰 余 金	(100,000)	(25,000)	25,000		(100,000)
非支配株主持分				5,000	(5,000)
負債・純資産合計	(360,000)	(70,000)	50,000	50,000	(385,000)

解　説（単位：円）

(1) 親会社持分と非支配株主持分

S社資本勘定		親会社持分(90％)	非支配株主持分(10％)
資　本　金	25,000	22,500	2,500
利益剰余金	25,000	22,500	2,500
	50,000	45,000	5,000

2　投資勘定と資本勘定の相殺消去

(2) 投資勘定と資本勘定の相殺消去
　① 消去仕訳
　　（資　本　金）　22,500　　（S 社 株 式）　45,000
　　（利 益 剰 余 金）　22,500
　② 振替仕訳
　　（資　本　金）　2,500　　（非支配株主持分）　5,000
　　（利 益 剰 余 金）　2,500

```
                          ←――― 90% ―――→←― 10% ―→
        ┌────────────┐   ┌────────────┐┌────────┐
  ↑     │            │   │            ││        │   ↑
  投    │  S 社株式   │   │  親会社持分  ││非支配株主持分│  S社
  資    │   45,000   │   │   45,000   ││  5,000 │  資本
  ↓     │            │   │            ││        │   ↓
        └────────────┘   └────────────┘└────────┘
              └─────相殺消去─────┘
```

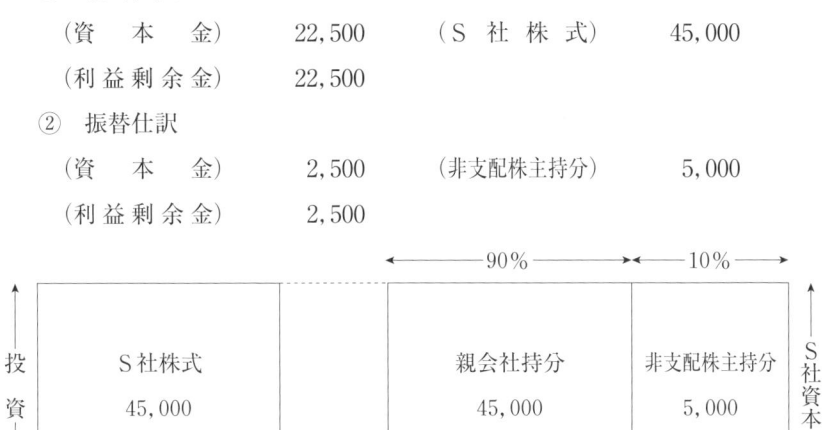

設例5　**非支配株主持分（投資消去差額有り）**

　P社は，平成X1年12月31日にS社の発行済議決権株の90％を65,000円で取得した。同日におけるP社及びS社の貸借対照表は次のとおりである。
　よって，以下の資料に基づいて，連結貸借対照表精算表を作成しなさい。
　なお，投資消去差額はのれんとする。

	貸借対照表				貸借対照表	
P社	平成X1年12月31日　（単位：円）			S社	平成X1年12月31日　（単位：円）	
諸 資 産	295,000	諸 負 債	60,000	諸 資 産　70,000	諸 負 債	20,000
S 社株式	65,000	資 本 金	200,000		資 本 金	25,000
		利益剰余金	100,000		利益剰余金	25,000
	360,000		360,000	70,000		70,000

第2章 投資と資本の消去

解答(単位:円)

連結貸借対照表精算表
平成X1年12月31日

科　　　目	P　社	S　社	消去・振替仕訳		連結貸借対照表
			借　方	貸　方	
諸　資　産	295,000	70,000			365,000
S　社　株　式	65,000			65,000	0
の　れ　ん			20,000		20,000
資　産　合　計	360,000	70,000			385,000
諸　負　債	(60,000)	(20,000)			(80,000)
資　本　金	(200,000)	(25,000)	25,000		(200,000)
利　益　剰　余　金	(100,000)	(25,000)	25,000		(100,000)
非支配株主持分				5,000	(5,000)
負債・純資産合計	(360,000)	(70,000)	70,000	70,000	(385,000)

解説(単位:円)

(1) 親会社持分と非支配株主持分

S社資本勘定		親会社持分(90%)	非支配持主持分(10%)
資　本　金	25,000	22,500	2,500
利　益　剰　余　金	25,000	22,500	2,500
	50,000	45,000	5,000

(2) 投資勘定と資本勘定の相殺消去

① 消去仕訳

(資　本　金) 22,500 　　(S　社　株　式) 65,000
(利　益　剰　余　金) 22,500
(の　れ　ん) 20,000

② 振替仕訳

(資　本　金) 2,500 　　(非支配株主持分) 5,000
(利　益　剰　余　金) 2,500

② 投資勘定と資本勘定の相殺消去

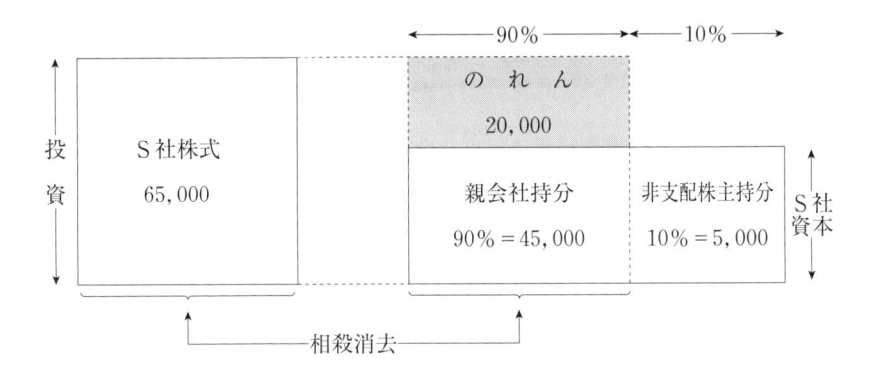

投資	S社株式 65,000	のれん 20,000	
		親会社持分 90%＝45,000	非支配株主持分 10%＝5,000

← 90% → ← 10% →

S社資本

──相殺消去──

31

3 子会社の資産及び負債の評価 ★

　親会社が子会社を支配獲得するということは，子会社株式の取得を通じて結果的に子会社の資産及び負債を取得したことになる。
　したがって，支配獲得日に取得したこれらの資産及び負債を子会社の個別貸借対照表上の簿価ではなく，公正な評価額（以下「時価」という）によって評価しなければならない。
　ただし，重要性が乏しい場合には簿価で評価することが認められている。
　なお，子会社の資産及び負債の時価による評価額と当該資産及び負債の個別貸借対照表上の金額との差額（評価差額）は子会社の資本に含められる。その上で投資と相殺消去されるため投資消去差額は事実上のれんの性格を有することになる。

1．全面時価評価法

　全面時価評価法とは，子会社の資産及び負債のすべてを，支配獲得日の時価により評価する方法である。
　この場合，子会社の資産及び負債に存在する含み益（又は含み損）をすべて認識するので，非支配株主持分も時価評価後の子会社の資本の額に基づいて算定されることになる。
　このように，全面時価評価法は親会社が子会社を支配した結果，子会社が企業集団に含まれることになった事実を重視する考え方であり，親会社説のもとでも認められ，必ずしも経済的単一体説のみに結びつくものではない。

3 子会社の資産及び負債の評価

||||||||||| **例** |||||||||||||||||||||||||||||||||||||||||||||||||||||||||||||||||||||||||||||||||||||

P社がS社(資本金80円,利益剰余金20円)株式80%を220円で購入した。当該日においてS社の所有する土地(簿価50円)の公正な評価額は150円であった。

よって,子会社の資産及び負債の評価及び連結消去・振替仕訳を示しなさい。

||||||||||||||||||||||||||||||||||||||||||||||||||||||||||||||||||||||||||||||||||||||||||||||||||

a.子会社の資産及び負債の評価(土地含み益の認識)
(土　　　地)　　100　　(評　価　差　額)　　100
　※　150－50＝100

b.投資と資本の相殺消去
(資　本　金)　　80　　(S　社　株　式)　　220
(利 益 剰 余 金)　20　　(非支配株主持分)　 40※2
(評 価 差 額)　 100
(の　れ　ん)　　60※1
　※1　220－(80＋20＋100)×80％＝60
　※2　(80＋20＋100)×20％＝40

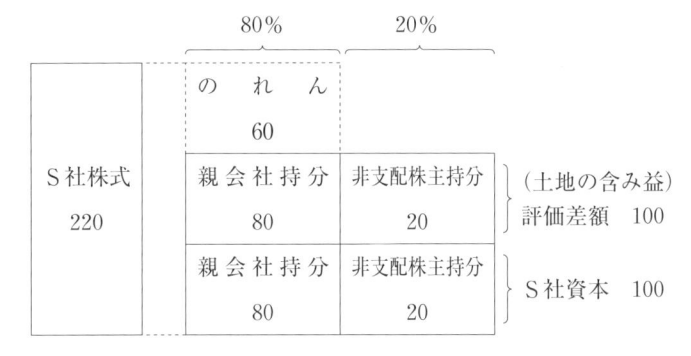

	80%	20%	
S社株式 220	のれん 60		
	親会社持分 80	非支配株主持分 20	(土地の含み益) 評価差額 100
	親会社持分 80	非支配株主持分 20	S社資本 100

第2章 投資と資本の消去

設例6 資産・負債の時価評価

P社は，平成X3年3月31日にS社の発行済議決権株式の80％を4,000円で取得した。

同日におけるP社及びS社の貸借対照表は次のとおりである。なお，S社の土地（簿価1,000円）の公正な評価額は1,750円である。

以上により，①子会社の資産及び負債の評価及び②連結消去・振替仕訳を示すとともに，③連結貸借対照表を作成しなさい。

貸借対照表
P社　平成X3年3月31日　（単位：円）

諸資産	17,000	諸負債	10,200
S社株式	4,000	資本金	9,000
		利益準備金	500
		繰越利益剰余金	1,300
	21,000		21,000

貸借対照表
S社　平成X3年3月31日　（単位：円）

諸資産	5,000	諸負債	1,800
土地	1,000	資本金	3,000
		利益準備金	300
		繰越利益剰余金	900
	6,000		6,000

解答（単位：円）

① 子会社の資産及び負債の評価

（土　　　地）　　750　　（評　価　差　額）　　750

※　$1,750 - 1,000 = 750$

② 連結消去・振替仕訳

（資　本　金）　　3,000　　（S　社　株　式）　　4,000
（利益剰余金）　　1,200※1　（非支配株主持分）　　990※3
（評　価　差　額）　　750
（の　れ　ん）　　40※2

※1　$300 + 900 = 1,200$

※2　$4,000 - (3,000 + 300 + 900 + 750) \times 80\% = 40$

※3　$(3,000 + 300 + 900 + 750) \times 20\% = 990$

3　子会社の資産及び負債の評価

③　連結貸借対照表

連 結 貸 借 対 照 表
P社　　　　　　　平成X3年3月31日

諸　資　産	22,000	諸　負　債	12,000
土　　　地	1,750	資　本　金	9,000
の れ ん	40	利 益 剰 余 金	1,800
		非支配株主持分	990
	23,790		23,790

解説（単位：円）

親会社の投資と子会社の資本の相殺

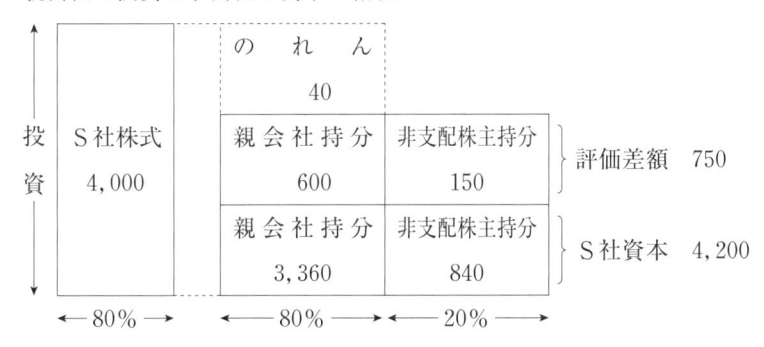

投資	S社株式 4,000 (80%)	のれん 40		
		親会社持分 600 (80%)	非支配株主持分 150 (20%)	評価差額 750
		親会社持分 3,360 (80%)	非支配株主持分 840 (20%)	S社資本 4,200

第2章 投資と資本の消去

4 株式取得日後における連結財務諸表の作成 ★

　株式取得日における連結財務諸表は，連結貸借対照表のみであった。これに対し，株式取得日後における連結財務諸表は，連結貸借対照表以外に，連結損益計算書，連結株主資本等変動計算書からなる。

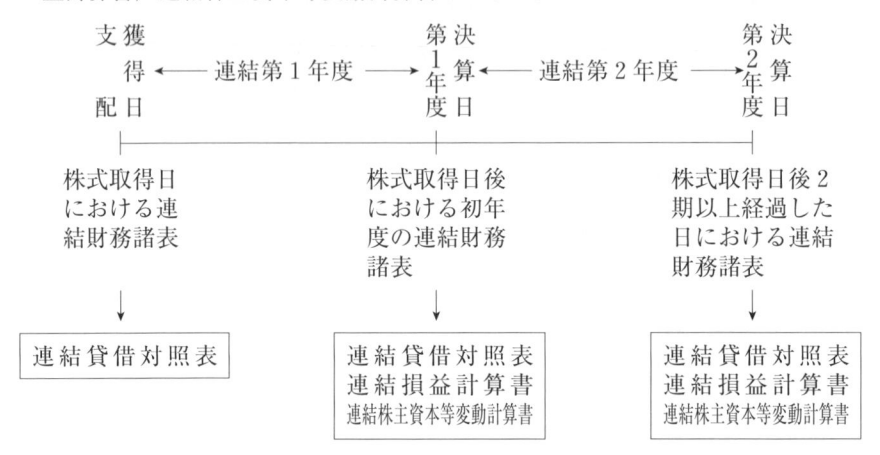

```
     支 獲              第 決              第 決
     　 得 ←連結第1年度→ 1 算 ←連結第2年度→ 2 算
     　 配              年 ↑              年 ↑
     　 日              度 日              度 日
     ↓                  ↓                  ↓
  株式取得日       株式取得日後      株式取得日後2
  における連      における初年      期以上経過し
  結財務諸表      度の連結財務      た日における連結
                  諸表              財務諸表
     ↓                  ↓                  ↓
  ┌─────────┐   ┌─────────┐   ┌─────────┐
  │連結貸借対照表│   │連結貸借対照表│   │連結貸借対照表│
  └─────────┘   │連結損益計算書│   │連結損益計算書│
                    │連結株主資本等変動計算書│ │連結株主資本等変動計算書│
                    └─────────┘   └─────────┘
```

1．連結第1年度における開始仕訳

　連結財務諸表は，まず個別財務諸表を合算し，次に必要な連結消去・振替仕訳を行うことによって作成される。このように連結手続は各会計年度（末）の個別財務諸表を合算して行われるのであるが，前年度の連結消去・振替仕訳は当年度の個別財務諸表には反映されていない（連結仕訳は，連結精算表のみで行っているため）。

　したがって，連結手続は親会社が子会社株式を取得してから，前年度末までに行った連結消去・振替仕訳の累積仕訳からスタートし，次に当年度の連結消去・振替仕訳を行うことになる。ここにおける前年度末までの累積仕訳を「開始仕訳」という。

4 株式取得日後における連結財務諸表の作成

開始仕訳を行うための基本的手続は，次の3つからなる。
(イ) 株式取得日における投資と資本の相殺消去仕訳
(ロ) 株式取得日から当年度期首までの剰余金の増加高（取得後剰余金）に対する非支配株主持分の認識に関する仕訳
(ハ) のれんの償却に関する仕訳

以上(イ)＋(ロ)＋(ハ)を累積した結果，開始仕訳が求められることになる。

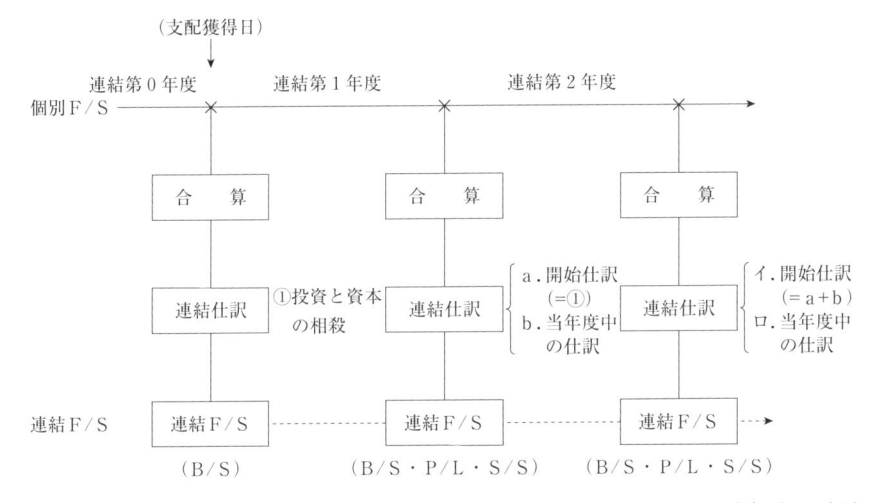

```
                (支配獲得日)
                    ↓
         連結第0年度   連結第1年度    連結第2年度
個別F/S ──────×──────────×──────────×──────→
              │          │          │
           ┌──┴──┐    ┌──┴──┐    ┌──┴──┐
           │合 算│    │合 算│    │合 算│
           └──┬──┘    └──┬──┘    └──┬──┘
              │          │          │
                      a.開始仕訳        イ.開始仕訳
           ┌──┴──┐  ┌─(=①)      ┌─(=a+b)
           │連結 │① │連結仕訳│   │連結仕訳│
           │仕訳 │投資と  b.当年度中    ロ.当年度中
           │    │資本の   の仕訳         の仕訳
           │    │相殺
           └──┬──┘    └──┬──┘    └──┬──┘
              │          │          │
連結F/S  ┌──┴──┐  ┌──┴──┐  ┌──┴──┐
         │連結F/S│--│連結F/S│--│連結F/S│-→
         └──────┘  └──────┘  └──────┘
          (B/S)    (B/S・P/L・S/S) (B/S・P/L・S/S)
```

開始仕訳は連結財務諸表作成のためのいわばスタートであり，前年度の連結消去・振替仕訳を累積したものとなる。したがって，開始仕訳は各会計年度における当年度中の連結消去・振替仕訳の分だけ増加していくことになる（注）。

(注)

	連結第0年度(株式取得日)	連結第1年度	連結第2年度
連結仕訳	当年度に係る仕訳 (①)	開 始 仕 訳 (a)	開 始 仕 訳 (イ)
		当年度に係る仕訳 (b)	
			当年度に係る仕訳 (ロ)

第2章　投資と資本の消去

||||||||||||| **例** |||||||||||||||||||||||||||||||||||||||||||||||||||||||||||||||||||||||
　P社がS社の発行済株式総数の80％を平成X1年12月31日に35,000円で取得した。平成X1年12月31日におけるS社の資本勘定は資本金12,000円，利益剰余金18,000円であった。
　よって，連結第1年度（平成X2年12月31日）における開始仕訳を示しなさい。

(1) 平成X1年12月31日において必要な投資と資本の相殺消去

（資　本　金）	12,000	（S　社　株　式）	35,000
（利　益　剰　余　金）	18,000	（非支配株主持分）	6,000
（の　れ　ん）	11,000		

(2) 平成X2年12月31日において必要な開始仕訳

　前期末において行われた連結消去・振替仕訳は個別会計上は一切行われていないため，まず，前期末に行われた連結消去・振替仕訳を当期に行う必要がある。これを開始仕訳という。

　(1)の仕訳における借方の「利益剰余金」は前期末の利益剰余金の減少を意味しており，当期からみれば「利益剰余金期首残高」の減少を意味することになる。

　したがって，平成X2年12月31日における開始仕訳は次のようになる。

（資　本　金）	12,000	（S　社　株　式）	35,000
（利益剰余金期首残高）	18,000	（非支配株主持分）	6,000
（の　れ　ん）	11,000		

2．支配獲得日後増加剰余金の非支配株主持分への振替

　支配獲得日における子会社の剰余金は当該支配獲得日において親会社に帰属する部分と非支配株主に帰属する部分とに分け，前者は親会社の投資と相殺消去され，後者は非支配株主持分として処理される。

　これに対して支配獲得日後に生じた子会社の剰余金のうち，非支配株主に帰属する部分は非支配株主持分として処理する。

（注１）　支配獲得日における子会社の剰余金（取得前剰余金という）

　　　　取得前剰余金は株式取得日において存在した子会社の剰余金（利益準備金及びその他の剰余金）であり，株式取得前において子会社が稼得した剰余金であるという意味を表わしている。これは，親会社持分と非支配株主持分とに配分され，前者は資本連結に際し相殺消去され，後者は非支配株主持分として処理される。

（注２）　支配獲得後に生じた子会社の剰余金（取得後剰余金という）

　　　　取得後剰余金は株式取得日後において子会社が稼得した剰余金である。これも親会社持分と非支配株主持分とに配分し，後者を非支配株主持分として処理し，前者は何ら処理を行わない（結果として，その部分が連結Ｂ／Ｓに残るため，連結上の利益剰余金になる）。

設例７　取得前剰余金と取得後剰余金

　Ｐ社は，Ｓ社株式の60％を取得してから，１年が経過した。Ｓ社の資本勘定は以下のとおりである。なお，Ｐ社の投資原価は，75,000円である。
　よって，当年度末における(1)取得前剰余金と(2)取得後剰余金を示しなさい。

	前年度末	当年度末
資　本　金	100,000円	100,000円
利 益 準 備 金	10,000	12,000
繰越利益剰余金	15,000	30,000
	125,000円	142,000円

第2章 投資と資本の消去

解　答（単位：円）
(1) 取得前剰余金
　　10,000 + 15,000 = 25,000
(2) 取得後剰余金
　　12,000 + 30,000 − 25,000 = 17,000

|||||||||| **例** ||||||||||||||||||||||||||||||||||||||||||||||||||||||||||||||||||

　P社は平成X1年12月31日にS社株式の80％を35,000円で取得した。S社の資本勘定の推移は以下のとおりであり、剰余金の配当は行っていない。

決　算　日	資　本　金	利益剰余金
平成X1年12月31日	12,000円	18,000円
平成X2年12月31日	12,000円	28,000円

　よって、平成X2年12月31日の連結消去・振替仕訳及び平成X3年12月31日における開始仕訳を示しなさい。なお、S社の資産及び負債の簿価は公正な価値に等しいものとする。

|||||||||||||||||||||||||||||||||||||||||||||||||||||||||||||||||||||||||||||||||

　この場合において、取得前剰余金及び取得後剰余金がどのように処理されていくかを考えてみる。

```
　　　　　┌─ 連結上，相殺消去 ─┐
┌─────────┬──────────┬──────────┐
│         │     のれん         │
│         │     11,000         │
│ S社株式  ├──────────┼──────────┤　資　本　金　12,000
│ 35,000  │ 親会社持分 │非支配株主持分│
│         │   9,600    │   2,400    │　取得前剰余金 18,000
│         │ Ⓐ14,400    │ Ⓑ 3,600    │　X1／末
│         ├──────────┼──────────┤
│         │ 親会社持分 │非支配株主持分│　取得後剰余金 10,000
│         │ Ⓓ 8,000    │ Ⓒ 2,000    │　X2／末
└─────────┴──────────┴──────────┘
                 │              │
          親会社の剰余金   取得日における
          と合算され連結   非支配株主持分
          剰余金となる     に加算される
```

40

④ 株式取得日後における連結財務諸表の作成

すなわち，子会社の剰余金は次のように整理することができる。

```
取得前剰余金 ─┬─ 親会社持分Ⓐ    ⇨  投資と相殺
              └─ 非支配株主持分Ⓑ ┐
                                  ├⇨ 非支配株主持分として表示
取得後剰余金 ─┬─ 非支配株主持分Ⓒ ┘
              └─ 親 会 社 持 分Ⓓ   ⇨  親会社の剰余金と合算されて
                                       連結上の利益剰余金となるた
                                       め消去仕訳は不要
```

以上について，連結消去・振替仕訳を考えてみる。

(1) 平成X2年12月期の連結消去・振替仕訳

① 開始仕訳(取得時の仕訳)

(資　本　金)	12,000	(S　社　株　式)	35,000
(利益剰余金 期首残高)	18,000※	(非支配株主持分)	6,000
(の　れ　ん)	11,000		

※　図Ⓐ＋Ⓑ＝取得前剰余金（Ⓐは相殺消去，Ⓑは振替えている）

② 当期純利益の按分(注)

S社の期末現在の利益剰余金は28,000円であり，期首の利益剰余金18,000円より10,000円増加している。これは，当期純利益が10,000円生じたことになるため，非支配株主の20%分は非支配株主持分に振替えなければならない。

よって，次の按分仕訳がなされる。

(非支配株主に帰属 する当期純損益)	2,000	(非支配株主持分)	2,000

※　(28,000 − 18,000)×20% ＝ 2,000（図のⒸであり，取得後剰余金10,000円のうち20%を振替えている）

(注)　この仕訳の内容は，取得後剰余金の非支配株主持分への振替であるが，この仕訳自体は，非支配株主に帰属する当期純損益からの振替ではないので，一般的には「按分」仕訳という表現を用いる。

③ のれんの償却

のれんは，原則としてその計上後20年以内に，定額法その他合理的な方法により償却しなければならない。

第2章 投資と資本の消去

仮に，のれんを発生年度の翌年から20年間均等償却を行うとすると，次の仕訳がなされる。

（のれん償却額）　　550　　（の　れ　ん）　　550

※　$11,000 \times \dfrac{1年}{20年} = 550$

(2) 平成X3年12月期の開始仕訳

開始仕訳は過年度の累積であるため(1)の①②③の仕訳を合算したものとなる。②と③の仕訳における「非支配株主に帰属する当期純損益」及び「のれん償却額」は前期の当期純利益の減少を意味しており，それは前期末の利益剰余金が減少することになり最終的には当期における「利益剰余金期首残高」の減少を意味することになる。

① 取得時の仕訳

（資　本　金）　　　　12,000　　（S　社　株　式）　　35,000
（利益剰余金期首残高）　18,000　　（非支配株主持分）　　6,000
（の　れ　ん）　　　　11,000

② 取得後剰余金の少数株主持分への振替

（利益剰余金期首残高）　2,000　　（非支配株主持分）　　2,000

③ のれんの償却

（利益剰余金期首残高）　550　　（の　れ　ん）　　550

上記の①②③を合算すると以下のような開始仕訳が求められる。

（資　本　金）　　　　12,000　　（S　社　株　式）　　35,000
（利益剰余金期首残高）　20,550　　（非支配株主持分）　　8,000
（の　れ　ん）　　　　10,450

4 株式取得日後における連結財務諸表の作成

設例8　連結第2年度における開始仕訳

親会社（P社）は，子会社（S社）の株式を80％所有している。よって，以下の資料に基づいて平成X3年3月31日（連結2年度末）において必要な開始仕訳を示しなさい。

【資料1】 P社のS社株式取得状況とS社資本勘定の推移（単位：円）

株式取得状況			S社の資本勘定		
取得日	取得原価	取得比率	決算日	資本金	利益剰余金
平成X1年3月31日	12,000	80％	平成X1年3月31日	10,000	4,000
			平成X2年3月31日	10,000	5,100
			平成X3年3月31日	10,000	6,200

【資料2】 連結会計方針
1．S社の資産及び負債の簿価は公正な価値に等しい。
2．S社株式の取得にあたり生じた投資消去差額は，のれんとして処理し，発生年度の翌年から，20年間均等償却を行うものとする。

解答（単位：円）

（資　本　金）	10,000	（S 社 株 式）	12,000
（利益剰余金期首残高）	4,260	（非支配株主持分）	3,020
（の　れ　ん）	760		

解説（単位：円）

(1) 連結第2年度開始仕訳のための連結消去・振替仕訳

① 原始取得時における投資と資本の相殺消去

（資　本　金）	10,000	（S 社 株 式）	12,000
（利益剰余金期首残高）	4,000	（非支配株主持分）	2,800 ※2
（の　れ　ん）	800 ※1		

※1　12,000 − (10,000 + 4,000) × 80％ = 800

※2　(10,000 + 4,000) × 20％ = 2,800

43

第2章　投資と資本の消去

② のれんの償却

（利益剰余金期首残高）　　　40　　（の れ ん）　　　40

※ $800 \times \dfrac{1年}{20年} = 40$

③ 取得後剰余金の少数株主持分への振替

（利益剰余金期首残高）　　　220　　（非支配株主持分）　　　220

※ $(5,100 - 4,000) \times 20\% = 220$

(2) 平成X2年3月31日における連結貸借対照表純資産の部の表示

親会社（P社）の資本金を50,000，利益剰余金を80,000とすると次のようになる。

	P 社	S 社	消 去	連 結
資 本 金	50,000	10,000	△10,000	50,000
利益剰余金	80,000	5,100	△ 4,260※	80,840

※ $4,000 + 40 + 220 = 4,260$

3．剰余金の配当

(1) 取得後剰余金の分析

今までは，子会社の取得後剰余金は当期純利益のみで把握されてきた。しかし，これからは子会社の剰余金の配当も考慮して，剰余金の減少について連結消去・振替仕訳を考える必要がある。

取得後剰余金の純増
- ① 剰余金の増加——当期純利益の増加による剰余金の増加
- ② 剰余金の減少——剰余金の配当による剰余金の減少（配当金）

(2) 取得後剰余金の増加と減少

たとえば，P社がX1年12月31日にS社の発行済株式総数の80%を1,024円で取得したとする。S社の資本勘定の推移は以下のとおりである。

④ 株式取得日後における連結財務諸表の作成

決算日	資本金	剰余金	
		利益準備金	繰越利益剰余金
平成X1年12月31日	1,000円	30円	250円
利益準備金		20	△ 20
配当金			△200
当期純利益			270
平成X2年12月31日	1,000円	50円	300円

(剰余金の減少 200、剰余金の増加)

この場合において、当期純利益の按分(非支配株主持分への振替)と剰余金の配当の振替(非支配株主持分への振替)に関して平成X2年12月期の連結消去・振替仕訳を考えてみる。

① 当期純利益の按分

子会社の当期純利益270円について、親会社持分と非支配株主持分との関係を示せば次のとおりである。

　　子会社の純利益270＝親会社持分216＋非支配株主持分54

親会社持分としての子会社の当期純利益は、親会社及び子会社の個別財務諸表を合算した際に消去されることなく、連結損益計算書上、親会社の当期純利益と合わせて親会社株主に帰属する当期純利益として表示され、連結貸借対照表上、親会社の剰余金と合わせて利益剰余金の一部として表示される。したがって、何ら消去仕訳は不要である。

これに対して、子会社の当期純利益中、非支配株主に属する分については、連結損益計算書上「非支配株主に帰属する当期純損益」として処理し、連結貸借対照表上、非支配株主持分として処理する。

よって、当期純利益の按分については次のように仕訳される。

(非支配株主に帰属する当期純損益)	54※1	(非支配株主持分)	54※2

※1　270×20％＝54

※2　非支配株主持分の増加を示す

いま仮に、P社の当期純利益を500円とする。連結財務諸表の作成は、まず個別財務諸表の合算からスタートするため、単純合算の当期純利益は

770円（＝500円＋270円）となる。

　しかし，S社の当期純利益270円のうち20％は非支配株主持分に属するものであるから，「非支配株主に帰属する当期純損益」という一種の損益計算書項目を設け，親会社株主に帰属する当期純利益を算定する。

連結損益計算書

当　　期　　純　　利　　益	770 ※1
非支配株主に帰属する当期純利益	54 ※2
親会社株主に帰属する当期純利益	716

　　※1　500円＋270円＝770円
　　　　　 P社　　S社
　　※2　270×20％＝54

② 剰余金の配当の振替

　剰余金の配当は取得後剰余金の減少である。したがって，連結消去・振替仕訳は，取得後剰余金の発生の場合とまったく逆である。すなわち，取得後剰余金の減少がある場合には，その減少額を株式の持分比率により親会社に属する分と非支配株主に属する分とに分割し，前者は利益剰余金の減少として処理し，後者は非支配株主持分の減少として処理する。

　親会社持分の減少としての取得後剰余金の減少額は，親会社及び子会社の個別財務諸表を合算した際に消去されることなく，連結株主資本等変動計算書上，親会社の剰余金の減少額と合わせて自動的に利益剰余金の減少として表示され，連結貸借対照表上，利益剰余金より除去されている。したがって，何ら消去仕訳は不要である（ただし，親会社が子会社より受取る配当金については，内部取引の相殺消去という観点より消去仕訳が必要である）。

　これに対して，子会社の取得後剰余金の減少額のうち，非支配株主に属する分については非支配株主持分の減少として処理する。

　剰余金の配当による剰余金200円の減少についての非支配株主持分への振替は次のように仕訳される。

4 株式取得日後における連結財務諸表の作成

| (非支配株主持分) | 40 | (配 当 金) | 40※ |

※ 200 ×20％＝40
　　配当金

③ 配当金の相殺消去

　S社の剰余金の配当における配当金のうち80％である160円はP社が受取配当金として処理している。しかし，これはP社とS社との間で行われた単なる資金の移動であるため，支払配当金と受取配当金の内部取引として相殺消去されなければならない。

| (受 取 配 当 金) | 160 | (配 当 金) | 160 |

次に平成X3年12月期における開始仕訳を求めると次のようになる。

a．原始取得時の投資と資本の相殺消去

| (資 本 金) | 1,000 | (S 社 株 式) | 1,024 |
| (利 益 剰 余 金)
(期 首 残 高) | 280 | (非支配株主持分) | 256 |

b．当期純利益の按分

| (利 益 剰 余 金)
(期 首 残 高) | 54 | (非支配株主持分) | 54 |

c．剰余金の配当の振替

| (非支配株主持分) | 40 | (利 益 剰 余 金)
(期 首 残 高) | 40 |

d．配当金の相殺消去

| (利 益 剰 余 金)
(期 首 残 高) | 160 | (利 益 剰 余 金)
(期 首 残 高) | 160 |

　よって，上記a～dを合算すると開始仕訳が求められる。

| (資 本 金) | 1,000 | (S 社 株 式) | 1,024 |
| (利 益 剰 余 金)
(期 首 残 高) | 294 | (非支配株主持分) | 270 |

　なお，上記仕訳のb＋cより取得後剰余金の非支配株主持分への振替仕訳ができることがわかる。

| (利 益 剰 余 金)
(期 首 残 高) | 14 | (非支配株主持分) | 14 |

※ ｛(300＋50)－(250＋30)｝×20％＝14

設例9　剰余金の配当の振替

P社とS社に関する以下の諸資料に基づき，連結第2年度（平成X2年12月31日）において必要な連結消去・振替仕訳を示しなさい。

【資料1】 S社個別財務諸表（単位：千円）

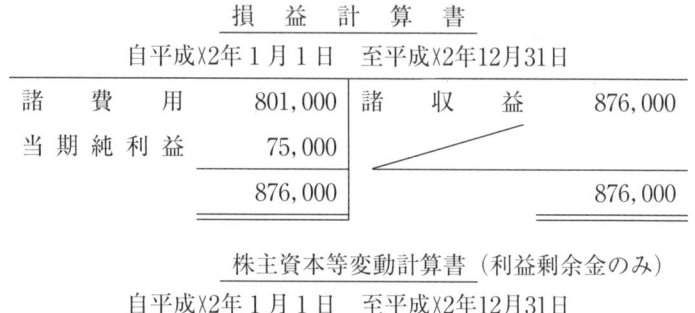

損　益　計　算　書
自平成X2年1月1日　至平成X2年12月31日

諸　費　用	801,000	諸　収　益	876,000
当 期 純 利 益	75,000		
	876,000		876,000

株主資本等変動計算書（利益剰余金のみ）
自平成X2年1月1日　至平成X2年12月31日

剰余金の配当	23,000	利益剰余金期首残高	223,000
利益剰余金期末残高	275,000	当 期 純 利 益	75,000
	298,000		298,000

【資料2】 P社のS社株式取得状況とS社資本勘定の推移（単位：千円）

株　式　取　得　状　況			S　社　の　資　本　勘　定			
取得年月日	取得割合	取得原価	決　算　日	資本金	利益準備金	繰越利益剰余金
平成X0年12月31日	80%	200,000	平成X0年12月31日	50,000	2,500	170,000
			平成X1年12月31日	50,000	3,000	220,000
			平成X2年12月31日	50,000	5,300	269,700

【資料3】 連結会計方針

S社株式の取得に当たり生じた投資消去差額は，のれんとして発生年度の翌年から20年間均等償却を行うものとする。なお，S社の資産及び負債の簿価は公正な価値と等しい。

4 株式取得日後における連結財務諸表の作成

解 答 (単位:千円)

(1) 開始仕訳

(資　本　金)	50,000	(S　社　株　式)	200,000
(利 益 剰 余 金) (期 首 残 高)	183,700	(非支配株主持分)	54,600
(の　れ　ん)	20,900		

(2) のれんの償却

(のれん償却額)	1,100	(の　れ　ん)	1,100

(3) 当期純利益の按分

(非支配株主に帰属) (する当期純損益)	15,000	(非支配株主持分)	15,000

※　75,000×20%＝15,000

　　S社の当期純利益のうち，非支配株主に帰属する金額は非支配株主持分に振替える。上記の仕訳によって，連結損益計算書に含まれているS社の当期純利益75,000から，非支配株主持分帰属額15,000が控除され，P社持分帰属額60,000のみが，連結上の当期純利益に含められることになる。

(4) 剰余金の配当の振替

(非支配株主持分)	4,600	(配　当　金)	4,600※

※　23,000×20%＝4,600

(5) 配当金の相殺消去

(受 取 配 当 金)	18,400	(配　当　金)	18,400

※　23,000×80%＝18,400

第2章 投資と資本の消去

解説（単位：千円）

連結第2年度の開始仕訳を求めるための仕訳

(1) 平成X0/12

① 投資と資本の相殺消去

（資　本　金）	50,000	（S　社　株　式）	200,000
（利益剰余金 期首残高）	172,500	（非支配株主持分）	44,500
（の　れ　ん）	22,000※		

※ $200,000 - (50,000 + 2,500 + 170,000) \times 80\% = 22,000$

(2) 平成X1/1～X1/12

② 取得後剰余金の非支配株主持分への振替

（利益剰余金 期首残高）	10,100	（非支配株主持分）	10,100

※ $\{(220,000 + 3,000) - (170,000 + 2,500)\} \times 20\% = 10,100$

③ のれんの償却

（利益剰余金 期首残高）	1,100	（の　れ　ん）	1,100

※ $22,000 \times \dfrac{1 年}{20 年} = 1,100$

5　のれんと非支配株主持分に関する表示　★

1．のれん

　子会社の資産及び負債を時価評価した後に，投資と資本の相殺消去を行うため，その結果生じた借方差額は，事実上のれんの性格を有している。

　のれんは貸借対照表上無形固定資産の区分表示される。

2．のれん償却額

　のれんは，原則としてその計上後20年以内に，定額法その他合理的な方法により償却しなければならないが，その金額に重要性が乏しい場合には当該勘定の生じた期の損益として処理することができる。

　のれんの当期償却額は損益計算書上販売費及び一般管理費の区分に表示される。

3．非支配株主持分

　非支配株主持分は，純資産の部に区分して記載する。

4．非支配株主に帰属する当期純損益

　非支配株主に帰属する当期純損益は，当期純利益のあとに加減表示される。

第2章 投資と資本の消去

6 連結精算表の作成 ★

　連結財務諸表は，連結会社（親会社及び子会社）の個別財務諸表を合算し連結会社間の対照項目を消去することによって作成される。これらの合算と消去の手続は連結精算表上で行われる。例えば，のれんを1,100円償却した場合には，

　　　（のれん償却額）　　　1,100　　（の　れ　ん）　　　1,100
　　　　　－P/L－　　　　　　　　　　　　－B/S－

と仕訳される。そこで連結精算表における消去仕訳欄の記入面を考えてみる。

　上記の仕訳を連結精算表に記入したのが，以下の□□□内の金額である。

　また，仕訳記入後の手順は次のとおりである。

① Ｐ／Ｌの仕訳金額を当期純利益欄に移記する。
② さらに，当該金額をＳ／Ｓの当期純利益欄に移記する。
③ 次に，当該金額を利益剰余金期末残高欄に移記する。
④ 最後に，当該金額をＢ／Ｓの利益剰余金欄に移記する。

連　結　精　算　表

自平成x2年1月1日　至平成x2年12月31日

科　　　目	個 別 財 務 諸 表		消去・振替仕訳
	Ｐ　　社	Ｓ　　社	のれんの償却
貸借対照表			
：			
の　れ　ん			（省） （ 1,100）
資　産　合　計	2,000,000	880,000	（ 1,100）
：			
利 益 剰 余 金	(1,152,300)	（ 275,000)	→ ④ 1,100
負債・純資産合計	(2,000,000)	（ 880,000)	1,100

損益計算書				
：				
のれん償却額			1,100	
当期純利益／親会社株主に帰属する当期純利益	(597,800)	(75,000)	① 1,100	
株主資本等変動計算書			略	
：				
当期純利益／親会社株主に帰属する当期純利益	(597,800)	(75,000)	② 1,100	
利益剰余金期末残高	(1,152,300)	(275,000)	1,100 ← ③	

(注) ( )は貸方を示す。

設例10 連結精算表の作成

以下に示す連結消去・振替仕訳に基づいて，連結第2年度末（平成X2年12月31日）の連結精算表を作成しなさい。なお，P社及びS社の個別財務諸表は連結精算表に示すとおりである（単位：千円）。

① 開始仕訳

　　（資　本　金）　　50,000　　（S　社　株　式）　200,000
　　（利益剰余金期首残高）　183,700　　（非支配株主持分）　54,600
　　（の　れ　ん）　　20,900

② のれんの償却

　　（のれん償却額）　1,100　　（の　れ　ん）　1,100

③ 当期純利益の按分

　　（非支配株主に帰属する当期純損益）　15,000　　（非支配株主持分）　15,000

④ 剰余金の配当の振替

　　（非支配株主持分）　4,600　　（配　当　金）　4,600

⑤ 配当金の相殺消去

　　（受取配当金）　18,400　　（配　当　金）　18,400

第 2 章　投資と資本の消去

解　答（単位：千円）

連　結　精　算　表

自平成X2年1月1日　至平成X2年12月31日

科　目	個別財務諸表 P 社	個別財務諸表 S 社	消去・振替仕訳 開始仕訳 ①	消去・振替仕訳 のれんの償却 ②	消去・振替仕訳 当期純利益の按分 ③	消去・振替仕訳 剰余金の配当の振替 ④	消去・振替仕訳 配当金の相殺 ⑤	連結財務諸表
貸借対照表								
諸　資　産	1,800,000	880,000						2,680,000
の　れ　ん			20,900	(1,100)				19,800
S 社 株 式	200,000		(200,000)					0
資 産 合 計	2,000,000	880,000	(179,100)	(1,100)				2,699,800
諸　負　債	(345,300)	(555,000)						(900,300)
資　本　金	(500,000)	(50,000)	50,000					(500,000)
利益剰余金	(1,154,700)	(275,000)	(2)183,700	(2) 1,100	(2) 15,000	(2) (4,600)		(1,234,500)
非支配株主持分			(54,600)		(15,000)	4,600		(65,000)
負債・純資産合計	(2,000,000)	(880,000)	179,100	1,100	0	0		(2,699,800)
損益計算書								
諸　収　益	(2,909,000)	(876,000)						(3,785,000)
受取配当金	(18,400)						18,400	0
諸　費　用	2,327,200	801,000						3,128,200
のれん償却額				1,100				1,100
非支配株主に帰属する当期純利益					15,000			15,000
当期純利益／親会社株主に帰属する当期純利益	(600,200)	(75,000)		(1) 1,100	(1) 15,000		(1) 18,400	(640,700)
株主資本等変動計算書								
利益剰余金期首残高	(589,000)	(223,000)	183,700					(628,300)
利益剰余金減少高								
剰余金の配当	34,500	23,000				(4,600)	(18,400)	34,500
当期純利益／親会社株主に帰属する当期純利益	(600,200)	(75,000)		(1) 1,100	(1) 15,000		(2) 18,400	(640,700)
利益剰余金期末残高	(1,154,700)	(275,000)	(2)183,700	(2) 1,100	(2) 15,000	(2) (4,600)	0	(1,234,500)

（注）（ ）は貸方を示す。

解説

連結精算表を完成するための手続
(1) 各消去・振替仕訳におけるＰ／Ｌの差引金額をそのままＰ／Ｌの当期純利益／親会社株主に帰属する当期純利益に移記すると同時に，Ｓ／Ｓの当期純利益／親会社株主に帰属する当期純利益にも移記する。
(2) 次に，各消去・振替仕訳におけるＳ／Ｓの差引金額をそのままＳ／Ｓの利益剰余金期末残高へ移記すると同時に，Ｂ／Ｓの利益剰余金へも移記する。
(3) 以上により，各勘定科目ごとに横列の金額を求めればよい。この金額の移記の作業は，次の考え方によって行われている。すなわち，株主資本等変動計算書の「当期純利益／親会社株主に帰属する当期純利益」の内訳変動明細が損益計算書の役割であるから，「損益計算書の当期純利益／親会社株主に帰属する当期純利益→株主資本等変動計算書の当期純利益／親会社株主に帰属する当期純利益」という流れが生じ，次に，貸借対照表上の「利益剰余金」（これは期末残高が示されている）の内訳変動明細を示すものが株主資本等変動計算書の役割であるから，株主資本等変動計算書の利益剰余金期末残高→貸借対照表の利益剰余金」というプロセスが理解される。

7 連結クウィック・メソッド ★

　連結の問題はきわめて難解であるとよくいわれる。その理由は，思うに，連結では通常の仕訳の逆仕訳（相殺消去仕訳）を行う手法がとられることによるものである。特に，投資と資本の相殺消去に係る開始仕訳に至るまでに相当の時間と労力を費やしているのではないかと思われる。

　開始仕訳は，連結財務諸表作成のためのいわばスタートであって，そこに時間を費やしていては連結の解法能力はいつまでも向上しない。解法能力向上のポイントは，開始仕訳をいかにスピーディーに行うかにあり，できるだけ資本連結以外の論点（未実現損益の消去及び債権債務の相殺消去）に時間をかける余裕を生むことである。

　そこで，ここでは連結クウィック・メソッド（大原方式）によるアプローチによって開始仕訳を迅速に行うことを学んでいく。

1．クウィック・メソッドの考え方

　大原方式によるクウィック・メソッドは，前年度までの連結消去・振替仕訳を行わずに開始仕訳を求める方法である。ただ，基本的には連結消去・振替仕訳を累積することと全く同じであるため，連結消去・振替仕訳のエキスともいうべきものである。したがって，クウィック・メソッドを完全に理解したならば開始仕訳に至るまでの連結消去・振替仕訳を口ずさむことができなくてはならない。よく，クウィック・メソッドを暗記してしまった方から「開始仕訳は簡単に行うことができるが消去仕訳ができなくなってしまった」ということを聞くが，これは誤った利用方法であるので注意してほしい。

　なお，クウィック・メソッドは持分変動がない場合には仕訳によるアプローチと大差がないが，持分変動の論点（追加購入・売却・増資等）がある場合には威力を発揮することになる。

2．クウィック・メソッドの具体的アプローチ

設例11 クウィック・メソッド

P社は平成X1年12月31日にS社株式の70％を15,000円で購入した。以下の資料により，平成X4年度における開始仕訳を示しなさい。

【資　料】　S社資本勘定の推移

決　算　日	資　本　金	利益準備金	繰越利益剰余金
平成X1年12月31日	15,000円	2,000円	3,000円
平成X2年12月31日	15,000	2,200	4,500
平成X3年12月31日	15,000	2,400	5,600

なお，のれんは発生年度の翌年から20年間で均等償却する。

解　答（単位：円）

（資　本　金）	15,000	（S　社　株　式）	15,000
（利益剰余金 期首残高）	6,000	（非支配株主持分）	6,900
（の　れ　ん）	900		

解　説（単位：円）

(1) S社の資本勘定を各年度末ごとに記入する。次にP社の持分比率とのれんを記入する。

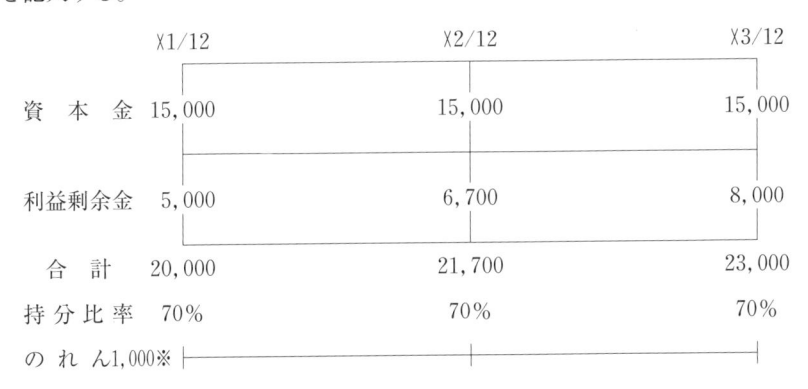

	X1/12	X2/12	X3/12
資　本　金	15,000	15,000	15,000
利益剰余金	5,000	6,700	8,000
合　　計	20,000	21,700	23,000
持分比率	70％	70％	70％
のれん	1,000※		

※　15,000（S社株式）－20,000×70％＝1,000

第2章 投資と資本の消去

(2) 取得後剰余金を親会社持分と非支配株式持分に按分する。次にのれんの償却額を記入する。

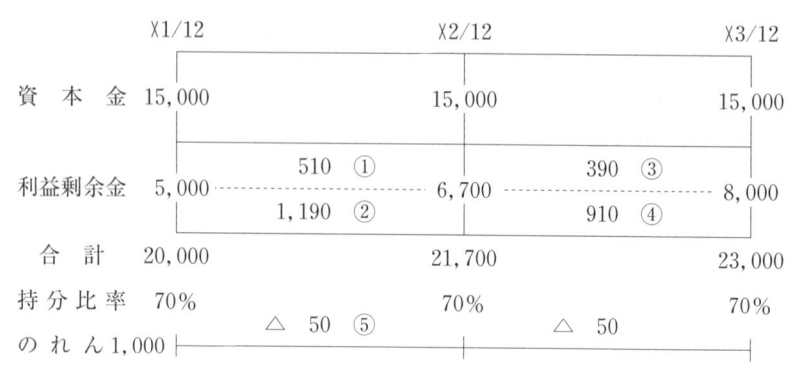

```
                    X1/12              X2/12              X3/12
資 本 金   15,000            15,000             15,000
                     510  ①           390  ③
利益剰余金  5,000 ┄┄┄┄┄┄┄ 6,700 ┄┄┄┄┄┄┄ 8,000
                    1,190  ②           910  ④
合  計    20,000            21,700             23,000
持分比率   70%               70%                70%
                     △50  ⑤           △50
のれん    1,000
```

① $(6,700 - 5,000) \times 30\% = 510$

② $(6,700 - 5,000) \times 70\% = 1,190$

③ $(8,000 - 6,700) \times 30\% = 390$

④ $(8,000 - 6,700) \times 70\% = 910$

⑤ $1,000 \times \dfrac{1\,年}{20\,年} = 50$

(3) 以上によりクウィック・メソッドが完成し，平成X4年度の開始仕訳を行うことができる。

(資 本 金)	15,000	（S 社 株 式）	15,000
(利益剰余金) (期首残高)	6,000 ※1	（非支配株主持分）	6,900 ※3
(の れ ん)	900 ※2		

※1 $5,000 + \underset{①}{510} + \underset{③}{390} + \underset{⑤}{50} \times 2\,年 = 6,000$

※2 $1,000 - \underset{⑤}{50} \times 2\,年 = 900$

※3 $23,000 \times 30\% = 6,900$

(4) 仮に，今までの方法で行うと次のようになる。

① X1.12.31

(資　本　金)	15,000	(S　社　株　式)	15,000
(利益剰余金) (期　首　残　高)	5,000	(非支配株主持分)	6,000※2
(の　れ　ん)	1,000※1		

※1　15,000 − 20,000 × 70% = 1,000

※2　20,000 × 30% = 6,000

② X2.1.1～X2.12.31

| (利益剰余金)
(期　首　残　高) | 510 | (非支配株主持分) | 510 |

※　(6,700 − 5,000) × 30% = 510

| (利益剰余金)
(期　首　残　高) | 50 | (の　れ　ん) | 50 |

※　$1,000 \times \dfrac{1年}{20年} = 50$

③ X3.1.1～X3.12.31

| (利益剰余金)
(期　首　残　高) | 390 | (非支配株主持分) | 390 |

※　(8,000 − 6,700) × 30% = 390

| (利益剰余金)
(期　首　残　高) | 50 | (の　れ　ん) | 50 |

※　$1,000 \times \dfrac{1年}{20年} = 50$

以上①+②+③により，開始仕訳が求められる。

(資　本　金)	15,000	(S　社　株　式)	15,000
(利益剰余金) (期　首　残　高)	6,000	(非支配株主持分)	6,900
(の　れ　ん)	900		

第2章　投資と資本の消去

8　持分の追加購入　★

　今までは親会社が1回だけの株式取得を通じて子会社株式の支配権を取得し（当該株式取得日を支配獲得日という），その後子会社株式を取得しないケースを扱ってきた。

　ここでは，すでに発行されている株式を追加取得する（購入取得という）ケースを扱うことにする。

1．追加購入の形態

(1)　支配獲得後の追加購入の場合

　　親会社が原始購入時に支配権を獲得し，その後追加購入する場合であり，子会社の資産及び負債の評価方法については全面時価評価法により処理を行う。

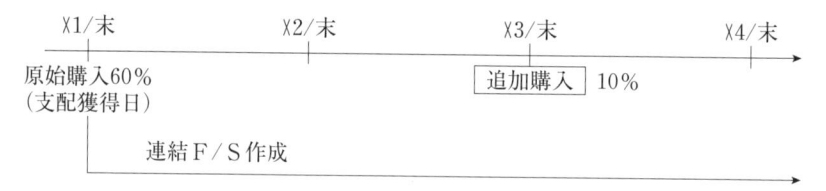

```
    X1/末           X2/末           X3/末           X4/末
     |               |               |               |
  原始購入60%                     追加購入 10%
  （支配獲得日）
            連結F/S作成
```

2．追加購入による持分の変動

　子会社株式の追加購入によって子会社の資本が増大するわけではない。したがって，追加購入により，非支配株主持分が減少し，それと同額だけ親会社持分が増加することになる。

8 持分の追加購入

|||||||||||| 例 ||||||||||||||||||||||||||||||||||||||||||||||||||||||||||||||||||||||||||||||||||||||||||||||||

P社がS社株式を600株保有している。そのときのS社の純資産額は50,000円，発行済株式総数は1,000株である。

ここで，P社が証券市場よりS社株式を200株11,000円で追加購入したときの連結消去・振替仕訳を示しなさい。なお，S社の資産及び負債の簿価は公正な価値に等しいものとする。

||||||||||||||||||||||||||||||||||||||||||||||||||||||||||||||||||||||||||||||||||||||||||||||||||||||||||||

この場合，親会社持分と非支配株主持分の変化を考えてみる。

〔追加購入直前〕　　　　　　　　〔追加購入直後〕

株　式　数　　　　　　　　　　　株　式　数

| 600株 | }P 社 持 分 |
| 400株 | }非支配株主持分 |

| 800株 | }P 社 持 分 |
| 200株 | }非支配株主持分 |

持　分　額　　　　　　　　　　　持　分　額

| 30,000円 | }P 社 持 分 |
| 20,000円 | }非支配株主持分 |

| 40,000円 | }P 社 持 分 |
| 10,000円 | }非支配株主持分 |

上記の図より非支配株主持分が10,000円減少した分だけ，親会社持分（P社持分）が10,000円増加することがわかる。

したがって，追加購入における連結消去・振替仕訳は次のように行われる。

(1) 非支配株主持分からP社持分への振替仕訳

　　（非支配株主持分）　　10,000　　（P　社　持　分）　　10,000

第2章　投資と資本の消去

(2) 投資とP社持分の相殺消去仕訳

　　（P 社 持 分）　　10,000　　（S 社 株 式）　　11,000
　　（資 本 剰 余 金）　 1,000

よって，(1)と(2)の仕訳を合算して示すと次のようになる。

| （非支配株主持分）　10,000　　（S 社 株 式）　　11,000 |
| （資 本 剰 余 金）　 1,000 |

設例12　支配獲得後の追加購入による持分の変動

　P社は，平成X1年3月31日にS社の発行済議決権株式総数の80％に当たる株式を14,000円で取得し，平成X1年4月1日に始まる事業年度より連結財務諸表を作成することになった。P社とS社は共に年1回決算で，4月1日より3月31日までを会計期間としている。

　P社は，平成X2年3月31日にS社の発行済議決権株式総数の10％相当分を非支配株主より1,750円で追加購入した。

　よって，下記資料に基づき，連結第3年度（平成X3年4月1日～平成X4年3月31日）の開始仕訳を示しなさい。なお，各年度末においてS社の資産及び負債の簿価は公正な価値に等しいものとする。

S社資本勘定変動表

	資本金	利益準備金	繰越利益剰余金	合　計
平成X1年3月31日	10,000円	2,000円	3,000円	15,000円
平成X2年3月31日	10,000	2,150	3,150	15,300
平成X3年3月31日	10,000	2,380	3,420	15,800

　（注）　のれんは，発生年度の翌年から20年間にわたって均等償却を行う。

解　答（単位：円）

　　（資　本　金）　　　　10,000　　（S 社 株 式）　　　15,750
　　（資 本 剰 余 金）　　　　220　　（非支配株主持分）　　1,580
　　（利 益 剰 余 金
　　　期 首 残 高）　　　 5,310
　　（の　れ　ん）　　　　 1,800

解説（単位：円）

(1) 平成X1/3

① 原始取得時における投資と資本の相殺消去

（資　本　金）	10,000	（S　社　株　式）	14,000
（利益剰余金 期首残高）	5,000	（非支配株主持分）	3,000 ※2
（の　れ　ん）	2,000 ※1		

※1　14,000 −(10,000 + 2,000 + 3,000)× 80% = 2,000

※2　(10,000 + 2,000 + 3,000)× 20% = 3,000

(2) 平成X1/4 〜 X2/3

② 過年度のれんの償却

（利益剰余金 期首残高）	100	（の　れ　ん）	100

※　$2,000 \times \dfrac{1年}{20年} = 100$

③ 取得後剰余金の非支配株主持分への振替

（利益剰余金 期首残高）	60	（非支配株主持分）	60

※　{(2,150 + 3,150) −(2,000 + 3,000)}× 20% = 60

④ 追加取得

（非支配株主持分）	1,530 ※	（S　社　株　式）	1,750
（資本剰余金）	220		

※　(10,000 + 2,150 + 3,150)× 10% = 1,530

(3) 平成X2/4 〜 X3/3

⑤ のれんの償却

（利益剰余金 期首残高）	100	（の　れ　ん）	100

⑥ 取得後剰余金の非支配株主持分への振替

（利益剰余金 期首残高）	50	（非支配株主持分）	50

※　{(2,380 + 3,420) −(2,150 + 3,150)}× 10% = 50

上記①〜⑥を合算すると開始仕訳が求められる。

第 2 章　投資と資本の消去

(4)　クウィック・メソッドの作成

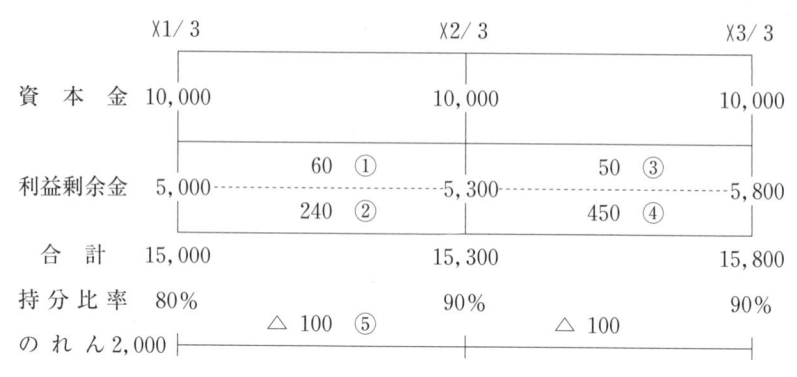

```
                 X1/3              X2/3              X3/3
資 本 金  10,000           10,000            10,000
                     60  ①            50  ③
利益剰余金  5,000 ············· 5,300 ············· 5,800
                    240  ②           450  ④
合　計    15,000           15,300            15,800
持分比率    80%            90%               90%
                  △100  ⑤         △100
のれん 2,000 ├─────────────────────────────┤

              資本剰余金 △220
```

① $(5,300 - 5,000) \times 20\% = 60$

② $(5,300 - 5,000) \times 80\% = 240$

③ $(5,800 - 5,300) \times 10\% = 50$

④ $(5,800 - 5,300) \times 90\% = 450$

⑤ $2,000 \times \dfrac{1 \text{年}}{20 \text{年}} = 100$

　以上によりクウィック・メソッドが完成し，平成X3年度（平成X3/4～平成X4/3）の開始仕訳を行うことができる。

（資　本　金）	10,000	（Ｓ 社 株 式）	15,750
（資 本 剰 余 金）	220	（非支配株主持分）	1,580※3
（利益剰余金） （期 首 残 高）	5,310※1		
（の　れ　ん）	1,800※2		

※1　$5,000 + \underset{①}{60} + \underset{③}{50} + \underset{⑤}{100} \times 2 \text{年} = 5,310$

※2　$2,000 - \underset{⑤}{100} \times 2 \text{年} = 1,800$

※3　$15,800 \times 10\% = 1,580$

3．支配獲得後の追加購入

追加取得持分及び減額する非支配株主持分は，追加取得日における非支配株主持分の額により計算するものとする。

追加取得時の仕訳を示すと以下のようになる。

（非支配株主持分）　×××※1　（Ｓ　社　株　式）　×××※3
（資　本　剰　余　金）　×××※2

※1　追加取得直前の資本合計×追加取得割合
※2　貸借差額
※3　取得原価

設例13　全面時価評価法

Ｐ社は，平成X1年3月31日にＳ社の発行済議決権株式総数の80％に当たる株式を14,000円で取得し，平成X1年4月1日に始まる事業年度より連結財務諸表を作成することになった。Ｐ社とＳ社は共に年1回決算で，4月1日より3月31日までを会計期間としている。

Ｐ社は，平成X2年3月31日にＳ社の発行済議決権株式総数の10％相当分を非支配株主より1,750円で追加購入した。なお，平成X1年3月31日及びX2年3月31日においてＳ社の土地の含み益はそれぞれ1,000円，2,000円であった。

よって，下記資料に基づき，連結第3年度（平成X3年4月1日～平成X4年3月31日）の開始仕訳を示しなさい。

Ｓ社資本勘定変動表

	資本金	利益準備金	繰越利益剰余金	合　計
平成X1年3月31日	10,000円	2,000円	3,000円	15,000円
平成X2年3月31日	10,000	2,150	3,150	15,300
平成X3年3月31日	10,000	2,380	3,420	15,800

（注）　のれんは発生年度の翌年から20年間均等償却を行う。

第2章 投資と資本の消去

解答（単位：円）

（資　本　金）	10,000	（S　社　株　式）	15,750
（資本剰余金）	120	（非支配株主持分）	1,680
（利益剰余金 期首残高）	5,230		
（評　価　差　額）	1,000		
（の　れ　ん）	1,080		

解説（単位：円）

(1) S社の資産及び負債の評価

① 原始取得

（土　　　地）	1,000	（評　価　差　額）	1,000

※　$1,000 \times 100\% = 1,000$

② 追加取得

仕訳なし

(2) 連結消去・振替仕訳

Ⅰ）平成X1/3

① 原始取得時における投資と資本の相殺消去

（資　本　金）	10,000	（S　社　株　式）	14,000
（利益剰余金 期首残高）	5,000	（非支配株主持分）	3,200※2
（評　価　差　額）	1,000		
（の　れ　ん）	1,200※1		

※1　$14,000 - (10,000 + 5,000 + 1,000) \times 80\% = 1,200$

※2　$(10,000 + 5,000 + 1,000) \times 20\% = 3,200$

Ⅱ）平成X1/4～X2/3

② 過年度のれんの償却

（利益剰余金 期首残高）	60	（の　れ　ん）	60

※　$1,200 \times \dfrac{1年}{20年} = 60$

③ 取得後剰余金の非支配株主持分への振替

（利益剰余金 期首残高）	60	（非支配株主持分）	60

※　$\{(2,150 + 3,150) - (2,000 + 3,000)\} \times 20\% = 60$

⑧ 持分の追加購入

④ 追加取得
（非支配株主持分）　　1,630※1　（S 社 株 式）　　1,750
（資 本 剰 余 金）　　120※2
※1　（10,000＋2,150＋3,150＋1,000）×10％＝1,630
※2　貸借差額

Ⅲ）平成X2/4～X3/3
⑤ のれんの償却
（利 益 剰 余 金 期 首 残 高）　　60　　（の れ ん）　　60
⑥ 取得後剰余金の非支配株主持分への振替
（利 益 剰 余 金 期 首 残 高）　　50　　（非支配株主持分）　　50
※　｛（2,380＋3,420）－（2,150＋3,150）｝×10％＝50

上記①～⑥を合算すると連結第3年度の開始仕訳が求められる。

(3) クウィック・メソッドの作成

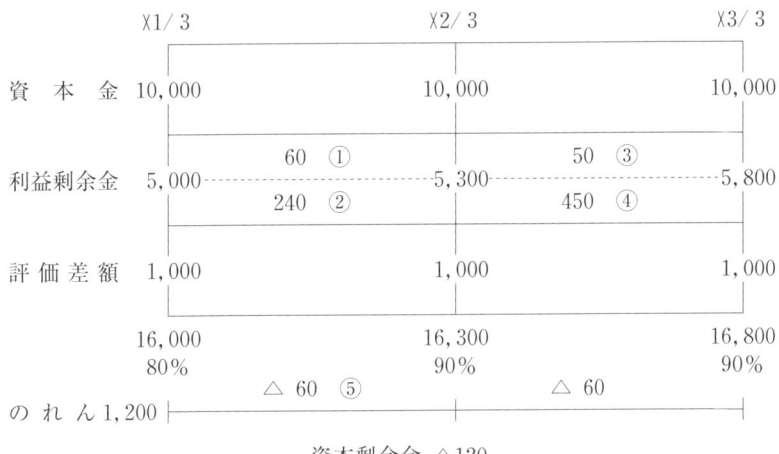

```
                 X1/3              X2/3              X3/3
資 本 金   10,000            10,000            10,000
                        60  ①             50  ③
利益剰余金  5,000 ------------ 5,300 ------------ 5,800
                       240  ②            450  ④
評 価 差 額  1,000             1,000             1,000
          16,000            16,300            16,800
           80％              90％              90％
                    △60  ⑤         △60
のれん 1,200 ├─────────────┼─────────────┤

              資本剰余金 △120
```

67

第2章 投資と資本の消去

以上によりクウィック・メソッドが完成し，次の開始仕訳が求められる。

(資　本　金)	10,000	(S　社　株　式)	15,750
(資　本　剰　余　金)	120	(非支配株主持分)	1,680 ※4
(利益剰余金 期首残高)	5,230 ※1		
(評　価　差　額)	1,000 ※2		
(の　　れ　　ん)	1,080 ※3		

※1　$5,000 + \underset{①}{60} + \underset{③}{50} + \underset{⑤}{60} \times 2 \text{年} = 5,230$

※2　原始取得時の評価益

※3　$1,200 - \underset{⑤}{60} \times 2 \text{年} = 1,080$

※4　$15,800 \times 10\% + \underset{土地}{1,000} \times 10\% = 1,680$

9　期の途中での取得　★★

　親会社による子会社株式の取得が，子会社の決算日以外の日に行われた場合には，当該日における子会社の資本をどのように決定して投資と資本の相殺消去を行うかについてみなし取得日法がある。

1．みなし取得日法

　支配獲得日，株の取得日又は売却日等が子会社の決算日以外の日である場合には，当該日の前後いずれかの決算日に支配獲得，株式の取得又は売却等が行われたものとみなして処理することができる。

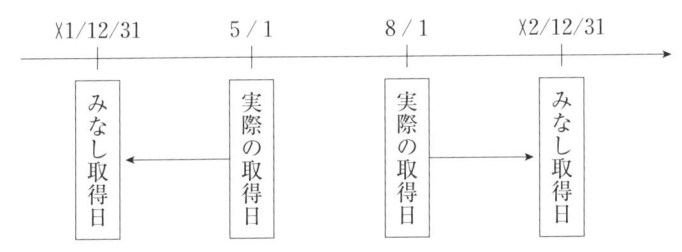

```
   X1/12/31    5/1        8/1      X2/12/31
      |─────────|──────────|──────────|
      みなし    実際の     実際の     みなし
      取得日 ← 取得日      取得日 →  取得日
```

　支配獲得日，株式取得日又は売却日の連結修正仕訳を行うためには，子会社の資本の金額を把握する必要がある。しかし，決算日以外の日に支配獲得や株式取得等が行われた場合，通常，子会社の貸借対照表がないため，これを作成しないと子会社の資本の金額が把握できない。

　そこで，実務上の便宜を図るため，貸借対照表を作成する決算日の資本の金額を使って，投資と資本の相殺消去等を行うことができるよう，前後いずれかの決算日に支配獲得や株式取得等が行われたとみなして処理することが許容されている。

第2章 投資と資本の消去

設例14 持分の追加購入（みなし取得日法）

P社によるS社株式取得状況と各株式取得日におけるS社資本勘定の推移は以下に示したとおりである。よって、X3年度の開始仕訳を示しなさい。

【資料1】 P社のS社株式取得状況とS社資本勘定の推移（単位：千円）

取得日	取得価額	取得比率	資本金	利益準備金	繰越利益剰余金
X0年12月31日	168,460	80%	100,000	8,000	93,625
X1年12月31日	—	—	100,000	10,000	95,000
X2年11月30日	24,000	10%	—	—	—
X2年12月31日	—	—	100,000	12,690	124,810

【資料2】 連結上の条件
1. S社の資産及び負債の時価は全て帳簿価額と等しいものとする。なお、のれんは、発生の翌年度から20年間にわたって均等償却を行うものとする。
2. X2年11月30日の追加購入については、みなし取得日法によって処理する。

解答（単位：千円）

（資 本 金）	100,000	（S 社 株 式）	192,460
（資 本 剰 余 金）	250	（非支配株主持分）	23,750
（利益剰余金期首残高）	109,516		
（の れ ん）	6,444		

解説（単位：千円）

(1) X0/12

① 原始取得時における投資と資本の相殺消去

（資 本 金）	100,000	（S 社 株 式）	168,460
（利益剰余金期首残高）	101,625	（非支配株主持分）	40,325 ※2
（の れ ん）	7,160 ※1		

※1　168,460 − (100,000 + 8,000 + 93,625) × 80% = 7,160

※2　(100,000 + 8,000 + 93,625) × 20% = 40,325

9　期の途中での取得

(2)　X1/1～X1/12
　② のれんの償却
　　（利益剰余金期首残高）　　358　　（の　れ　ん）　　358
　　※ $7,160 \times \dfrac{1年}{20年} = 358$
　③ 取得後利益剰余金の非支配株主持分への振替
　　（利益剰余金期首残高）　　675　　（非支配株主持分）　　675
　　※ $\{(10,000 + 95,000) - (8,000 + 93,625)\} \times 20\% = 675$

(3)　X2/1～X2/12
　④ のれんの償却
　　（利益剰余金期首残高）　　358　　（の　れ　ん）　　358
　⑤ 取得後利益剰余金の非支配株主持分への振替
　　（利益剰余金期首残高）　　6,500　　（非支配株主持分）　　6,500
　　※ $\{(12,690 + 124,810) - (10,000 + 95,000)\} \times 20\% = 6,500$
　⑥ 追加取得
　　（非支配株主持分）　　23,750※1　　（S　社　株　式）　　24,000
　　（資本剰余金）　　250※2
　　※1　$(100,000 + 12,690 + 124,810) \times 10\% = 23,750$
　　※2　貸借差額
　　　　　X2年12月31日をみなし取得日として処理する。したがって，X2年12月31日現在のS社資本勘定に対する親会社持分と投資勘定を相殺消去することになる。上記①～⑥を合算すると開始仕訳が求められる。

71

第2章 投資と資本の消去

(4) クウィック・メソッド

	X0/12		X1/12		X2/12
資 本 金	100,000		100,000		100,000
利益剰余金	101,625	675 / 2,700	105,000	6,500 / 26,000	137,500
合 計	201,625		205,000		237,500
持 分 比 率	80%		80%		90%
の れ ん	7,160	△358		△358	

資本剰余金 △250

10 持分の一部売却 ★★

1．持分の売却の意味

親会社が子会社の株式を一部売却するということは，売却時における子会社純資産に対する親会社持分が減少し，非支配株主持分が増加することを意味している（つまり持分の売却）。

ここで，子会社株式を売却した場合に①子会社でなくなる場合（連結除外）及び②子会社として存続する場合（連結継続）の2つがある。

① 連結除外

親会社が子会社株式の一部売却により，支配の状態がなくなる場合をいう。

② 連結継続

親会社が子会社株式の一部を売却した後においても，なお支配の状態が維持されているため，当該子会社を従来どおり連結の範囲に含めることにより連結財務諸表を作成する場合をいう。

本書では，後者の②（つまり持分の一部売却）を学習する。

2．株式売却の考え方

株式の売却は，株式の追加購入と全く逆に考えればよい。

子会社株式を一部売却した場合には，売却した株式に対応する持分を親会社の持分から減額し，非支配株主持分を増額する。売却による親会社の持分額（以下，「売却持分」という。）と投資の減少額との間に生じた差額は，資本剰余金として処理する。

・個別会計上，実際に行った会計処理

（現　金　預　金）	×××※1	（子 会 社 株 式）	×××※2
		（子会社株式売却益）	×××※3

※1　売却価額
※2　帳簿価額
※3　貸借差額

第2章　投資と資本の消去

・連結会計上のあるべき会計処理

(現 金 預 金)	×××※1	(非支配株主持分)	×××※2
		(資本剰余金)	×××※3

※1　売却価額
※2　売却持分：子会社の資本×減少持分比率
※3　貸借差額

・連結修正仕訳

(子 会 社 株 式)	×××	(非支配株主持分)	×××
(子会社株式売却益)	×××	(資本剰余金)	×××

個別会計上の捉え方

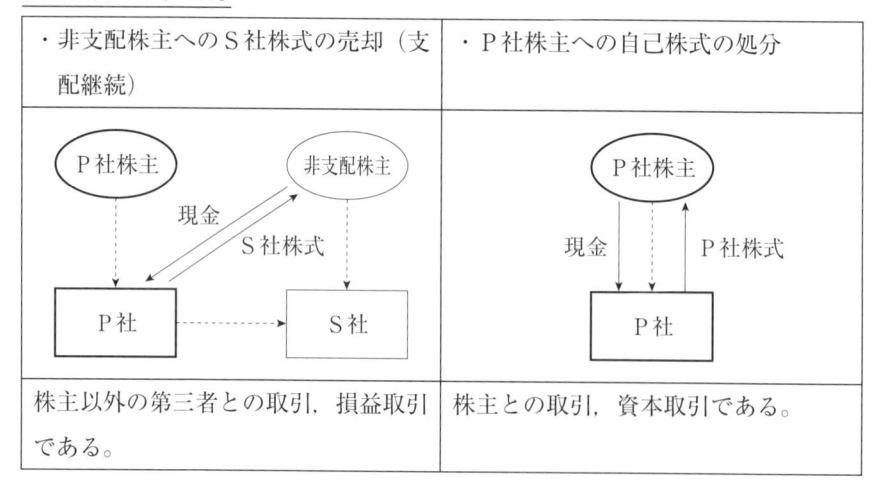

・非支配株主へのS社株式の売却（支配継続）	・P社株主への自己株式の処分
P社株主　　　非支配株主 　　↓現金　↑S社株式 　P社　→　S社	P社株主 ↓現金　↑P社株式 P社
株主以外の第三者との取引，損益取引である。	株主との取引，資本取引である。

連結会計上の捉え方

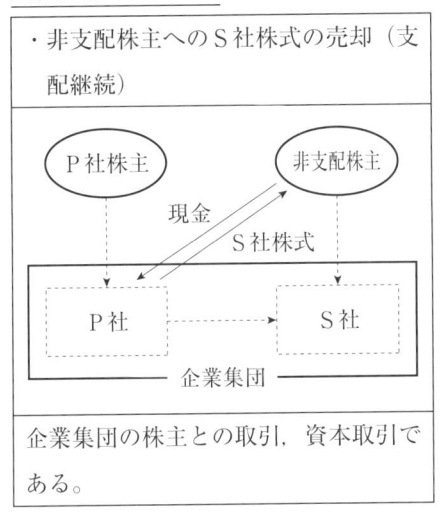

- 非支配株主へのS社株式の売却（支配継続）

```
 P社株主        非支配株主
      現金 ↓  ↑
         S社株式
   P社  ────→  S社
   ──── 企業集団 ────
```

企業集団の株主との取引，資本取引である。

──────── 例 ────────

P社は平成X1年末にS社株式の80％を160円で購入した。その後，P社は平成X2年末にS社株式の20％を50円で売却した。なお，S社の剰余金の増加は当期純利益によるものである。また，S社の資産及び負債の簿価は公正な価値に等しいものとする。

購入(売却)時	資　本　金	利益剰余金
平成X1年末	50円	50円
平成X2年末	50	100

なお，投資消去差額はのれんとして，発生年度の翌年から20年間均等償却する。

よって，平成X2年度の連結消去・振替仕訳を示しなさい。

────────────────────

① 開始仕訳

（資　本　金）	50	（S　社　株　式）	160
（利益剰余金 期首残高）	50	（非支配株主持分）	20
（の　れ　ん）	80		

75

第2章 投資と資本の消去

② のれんの償却

(のれん償却額) 　4　　(の れ ん) 　4

③ 取得後剰余金の非支配株主持分への振替

(非支配株主に帰属する当期純損益) 　10　　(非支配株主持分) 　10

※ $(100-50) \times 20\% = 10$

④ 売却仕訳

(S 社 株 式) 　40※1　　(非支配株主持分) 　30※3
(S社株式売却益) 　10※2　　(資 本 剰 余 金) 　20※4

※1 　$160 \times \dfrac{20\%}{80\%} = 40$

※2 　$50 - 40 = 10$

※3 　$(50 + 100) \times 20\% = 30$

※4 　貸借差額

この場合，クウィック・メソッドを示してみる。

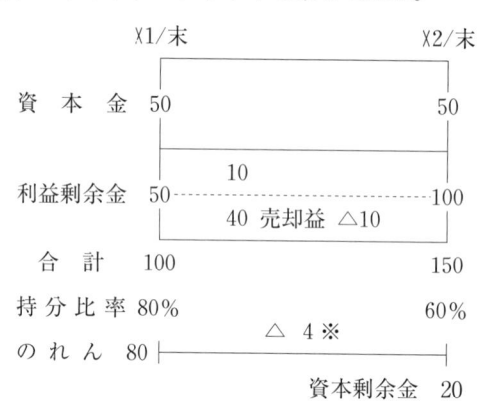

```
                    X1/末                    X2/末
資 本 金   50                          50
                         10
利益剰余金  50 ---------------------- 100
                   40 売却益 △10
合 計     100                         150
持 分 比 率 80%                        60%
                      △ 4 ※
のれん 80 ├─────────────┤
                         資本剰余金 20
```

※ 　$80 \times \dfrac{1 \text{年}}{20 \text{年}} = 4$

10 持分の一部売却

設例15　持分の一部売却①（原始購入のみの場合）

P社のS社株式取得（売却）状況と，その取得（売却）日におけるS社資本勘定は次のとおりである。

よって，平成X3年度の連結消去・振替仕訳を示しなさい。

P社によるS社株式の取得（売却）状況

取得日	取得(売却)価額	取得(売却)比率
平成X1年12月31日	25,600千円	80％
平成X2年12月31日	――	――
平成X3年12月31日	(9,500)	(20)

S社資本勘定

資本金	利益剰余金	合計
20,000千円	10,000千円	30,000千円
20,000	15,000	35,000
20,000	25,000	45,000

S社の利益剰余金の増加は当期純利益によるもののみとし，また，投資消去差額はのれんとして処理し，発生年度の翌年から20年間均等償却する。

なお，S社の資産及び負債の簿価は公正な価値に等しいものとする。

解　答（単位：千円）

① 開始仕訳

（資　本　金）	20,000	（S　社　株　式）	25,600
（利益剰余金期首残高）	11,080	（非支配株主持分）	7,000
（の　れ　ん）	1,520		

② のれんの償却

（のれん償却額）	80	（の　れ　ん）	80

③ 当期純利益の按分

（非支配株主に帰属する当期純損益）	2,000	（非支配株主持分）	2,000

④ 持分の一部売却

（S　社　株　式）	6,400	（非支配株主持分）	9,000
（S社株式売却益）	3,100	（資本剰余金）	500

77

第 2 章　投資と資本の消去

解説（単位：千円）

(1) 連結消去・振替仕訳

Ⅰ) 平成X1/12

　a．原始取得時における投資と資本の相殺消去

　（資　本　金）　　20,000　　（S　社　株　式）　25,600
　（利益剰余金 期首残高）　10,000　　（非支配株主持分）　6,000※2
　（の　れ　ん）　　1,600※1

　※1　25,600 − (20,000 + 10,000) × 80% = 1,600

　※2　(20,000 + 10,000) × 20% = 6,000

Ⅱ) 平成X2/1～X2/12

　b．のれんの償却

　（利益剰余金 期首残高）　80　　（の　れ　ん）　80

　※　$1,600 \times \dfrac{1年}{20年} = 80$

　c．取得後剰余金の非支配株主持分への振替

　（利益剰余金 期首残高）　1,000　　（非支配株主持分）　1,000

　※　(15,000 − 10,000) × 20% = 1,000

Ⅲ) 平成X3/1～X3/12

　① 開始仕訳（上記a～cまでを累積すると求められる）

　（資　本　金）　　20,000　　（S　社　株　式）　25,600
　（利益剰余金 期首残高）　11,080　　（非支配株主持分）　7,000
　（の　れ　ん）　　1,520

　② のれんの償却

　（のれん償却額）　80　　（の　れ　ん）　80

　③ 当期純利益の按分

　（非支配株主に帰属する当期純損益）　2,000　　（非支配株主持分）　2,000

　※　(25,000 − 15,000) × 20% = 2,000

10 持分の一部売却

④ 持分の一部売却

| (S 社 株 式) | 6,400※1 | (非支配株主持分) | 9,000※3 |
| (S社株式売却益) | 3,100※2 | (資 本 剰 余 金) | 500※4 |

※1　$25,600 \times \dfrac{20\%}{80\%} = 6,400$

※2　$9,500 - 6,400 = 3,100$

※3　$(20,000 + 25,000) \times 20\% = 9,000$

※4　貸借差額

(2) クウィック・メソッドの作成

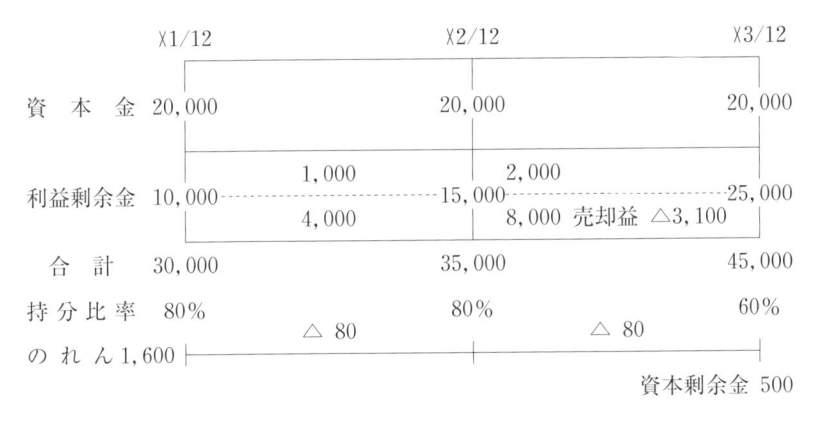

```
                    X1/12              X2/12              X3/12
資 本 金  20,000              20,000              20,000
                        1,000              2,000
利益剰余金 10,000 ------------ 15,000 ------------ 25,000
                        4,000              8,000  売却益 △3,100
合   計   30,000              35,000              45,000
持 分 比 率  80%      △80      80%      △80      60%
のれん 1,600 ├─────────────────────────────────┤
                                                     資本剰余金 500
```

3．追加購入がある場合

設例16　持分の一部売却②（追加購入がある場合）

P社のS社株式取得（売却）状況とその取得（売却）日におけるS社資本勘定の推移は次のとおりである。

よって，平成X2年度の連結消去・振替仕訳及び平成X3年度の開始仕訳を示しなさい。なお，S社の資産及び負債の簿価は公正な価値に等しいものとする。

P社によるS社株式の取得（売却）状況			S社資本勘定		
取得(売却)日	取得(売却)価額	取得(売却)比率	資本金	利益準備金	繰越利益剰余金
平成X0年12月31日	10,200千円	60％	10,000千円	2,000千円	3,000千円
平成X1年12月31日	4,200	20	10,000	2,200	4,800
平成X2年12月31日	(2,200)	(10)	10,000	2,420	6,580

【条　件】

(1) 投資消去差額はのれんとして処理し，発生年度の翌年から20年間均等償却する。

(2) 売却株式の払出は平均法によっている。

(3) S社の平成X2年3月25日における剰余金の配当に関する資料は次のとおりである。

　　　利益準備金　　220千円
　　　配　当　金　2,200千円

(4) S社の平成X2年度の当期純利益は4,200千円である。

解　答（単位：千円）

(1) 平成X2年度の連結消去・振替仕訳

① 開始仕訳

（資　本　金）	10,000	（S　社　株　式）	14,400
（資本剰余金）	800	（非支配株主持分）	3,400
（利益剰余金期首残高）	5,860		
（の　れ　ん）	1,140		

② のれんの償却

| （のれん償却額） | 60 | （の れ ん） | 60 |

③ 当期純利益の按分

| （非支配株主に帰属する当期純損益） | 840 | （非支配株主持分） | 840 |

④ 剰余金の配当の振替

| （非支配株主持分） | 440 | （配 当 金） | 440 |

⑤ 配当金の相殺

| （受 取 配 当 金） | 1,760 | （配 当 金） | 1,760 |

⑥ 持分の一部売却

| （S 社 株 式） | 1,800 | （非支配株主持分） | 1,900 |
| （S社株式売却益） | 400 | （資 本 剰 余 金） | 300 |

(2) 平成X3年度の開始仕訳

（資 本 金）	10,000	（S 社 株 式）	12,600
（資 本 剰 余 金）	500	（非支配株主持分）	5,700
（利 益 剰 余 金 期 首 残 高）	6,720		
（の れ ん）	1,080		

解 説 （単位：千円）

(1) 連結消去・振替仕訳

Ⅰ) 平成X0/12

　a．原始取得時における投資と資本の相殺消去

（資 本 金）	10,000	（S 社 株 式）	10,200
（利 益 剰 余 金 期 首 残 高）	5,000	（非支配株主持分）	6,000※2
（の れ ん）	1,200※1		

　　※1　$10,200 - (10,000 + 2,000 + 3,000) \times 60\% = 1,200$

　　※2　$(10,000 + 2,000 + 3,000) \times 40\% = 6,000$

Ⅱ) 平成X1/1～X1/12

　b．のれんの償却

| （利 益 剰 余 金 期 首 残 高） | 60 | （の れ ん） | 60 |

第2章　投資と資本の消去

　　　※　$1,200 \times \dfrac{1\text{年}}{20\text{年}} = 60$

　ｃ．取得後剰余金の非支配株主持分への振替

　　（利益剰余金期首残高）　　800　　（非支配株主持分）　　800

　　　※　$\{(2,200+4,800)-(2,000+3,000)\} \times 40\% = 800$

　ｄ．追加取得

　　（非支配株主持分）　　3,400※1　　（Ｓ　社　株　式）　　4,200
　　（資　本　剰　余　金）　　800※2

　　　※1　$(10,000+2,200+4,800) \times 20\% = 3,400$
　　　※2　$4,200 - 3,400 = 800$

Ⅲ）平成X2/1〜X2/12

　①　開始仕訳（上記ａ〜ｄまでを累積すると求められる）

　　（資　本　金）　　10,000　　（Ｓ　社　株　式）　　14,400
　　（資　本　剰　余　金）　　800　　（非支配株主持分）　　3,400
　　（利益剰余金期首残高）　　5,860
　　（の　れ　ん）　　1,140

　②　のれんの償却

　　（のれん償却額）　　60　　（の　れ　ん）　　60

　③　当期純利益の按分

　　（非支配株主に帰属する当期純損益）　　840　　（非支配株主持分）　　840

　　　※　$4,200 \times 20\% = 840$

　④　剰余金の配当の振替

　　（非支配株主持分）　　440　　（配　当　金）　　440※

　　　※　$2,200 \times 20\% = 440$

　⑤　配当金の相殺

　　（受　取　配　当　金）　　1,760　　（配　当　金）　　1,760

　　　※　$2,200 \times 80\% = 1,760$

⑥ 持分の一部売却

（S　社　株　式）　　1,800※1　（非支配株主持分）　　1,900※3
（S社株式売却益）　　 400※2　（資　本　剰　余　金）　　 300※4

※1　平均法により $(10,200+4,200) \times \dfrac{10\%}{80\%} = 1,800$

※2　$2,200 - 1,800 = 400$

※3　$(10,000 + 2,420 + 6,580) \times 10\% = 1,900$

※4　貸借差額

(2) クウィック・メソッドの作成

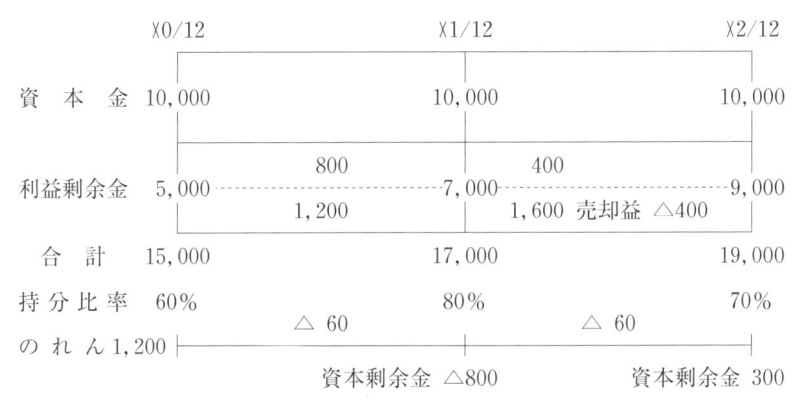

```
            X0/12              X1/12              X2/12
資 本 金   10,000             10,000             10,000
                     800                400
利益剰余金  5,000 ---------- 7,000 ---------- 9,000
                    1,200             1,600  売却益 △400
合　　計   15,000             17,000             19,000
持分比率    60%                80%                70%
                     △60                △60
のれん 1,200├─────────────────┼─────────────────┤
                  資本剰余金 △800       資本剰余金 300
```

(3) 平成X3年度の開始仕訳

（資　　本　　金）　10,000　　（S　社　株　式）　12,600※3
（資　本　剰　余　金）　　 500※1　（非支配株主持分）　　5,700※4
（利益剰余金）
（期　首　残　高）　 6,720※2
（の　れ　ん）　 1,080※5

※1　$\triangle 800 + 300 = \triangle 500$

※2　$5,000 + 800 + 400 + 400 + 60 \times 2 = 6,720$

※3　$(10,200 + 4,200) \times \dfrac{70\%}{80\%} = 12,600$

※4　$19,000 \times 30\% = 5,700$

※5　$1,200 - 60 \times 2 = 1,080$

第2章 投資と資本の消去

4．子会社の資産及び負債に評価差額がある場合

子会社株式を一部売却した場合には，売却した株式に対応する部分を親会社持分から減額し，非支配株主持分を増額する。

|||||||||||| 例 ||||||||||||||||||||||||||||||||||||||||||||||||||||||||||||||||||||||||||

平成X1年12月31日，P社はS社の発行株式総数の60％を9,000円で取得し，子会社とした。その後，P社は平成X2年12月31日にS社の発行株式総数の10％を2,100円で売却した。

購入(売却)時	資 本 金	利益剰余金
平成X1年12月31日	5,000円	3,000円
平成X2年12月31日	5,000	4,000

平成X1年12月31日においてS社の所有する土地（簿価8,000円）の公正な価値は12,000円であった。

のれんは発生年度の翌年から20年間均等償却し，利益剰余金の増加は当期純利益のみによるものである。なお，S社は持分の一部売却後も連結子会社である。

よって，以下の資料に基づいて，平成X2年度のS社の土地の評価替及び連結消去・振替仕訳を示しなさい。

|||||||||||||||||||||||||||||||||||||||||||||||||||||||||||||||||||||||||||||||||||||||

① S社の土地の評価替

　（土　　　地）　4,000　　（評 価 差 額）　4,000

　※　12,000－8,000＝4,000

② 連結消去・振替仕訳

　a．開始仕訳

　（資　本　金）　5,000　　（S 社 株 式）　9,000
　（利益剰余金
　　期首残高）　3,000　　（非支配株主持分）　4,800※2
　（評 価 差 額）　4,000
　（の　れ　ん）　1,800※1

　※1　9,000－(5,000＋3,000＋4,000)×60％＝1,800

※2 　(5,000＋3,000＋4,000)×40％＝4,800

b．当期純利益の按分

| （非支配株主に帰属する当期純損益） | 400 | （非支配株主持分） | 400 |

c．のれんの償却

| （のれん償却額） | 90 | （の れ ん） | 90 |

d．持分の一部売却

| （Ｓ 社 株 式） | 1,500 | （非支配株主持分） | 1,300※ |
| （Ｓ社株式売却益） | 600 | （資 本 剰 余 金） | 800 |

※　(5,000＋4,000＋4,000)×10％＝1,300

設例17　持分の一部売却③

Ｐ社のＳ社株式取得（売却）状況とその取得（売却）日におけるＳ社資本勘定の推移は次のとおりである。

平成X2年度の開始仕訳及び売却仕訳を示しなさい。

P社によるS社株式の取得（売却）状況			S社資本勘定		
取得(売却)日	取得(売却)価額	取得(売却)比率	資本金	利益準備金	繰越利益剰余金
平成X0年12月31日	25,760千円	80％	20,000千円	2,000千円	8,000千円
平成X1年12月31日	—	—	20,000	2,200	12,800
平成X2年12月31日	(9,500)	(20)	20,000	2,510	22,490

（注）１．Ｓ社の平成X2年3月25日における剰余金の配当に関する資料は次のとおりである。

　　　　利益準備金　　310千円

　　　　配　当　金　3,100千円

２．Ｓ社の平成X2年度の当期純利益は13,100千円である。

３．Ｓ社の資産のうち，土地は800千円（簿価）であり，平成X0年12月31日の時価は1,000千円であった。

４．投資消去差額はのれんとして処理し，発生年度の翌年から20年間均等償却する。

第 2 章　投資と資本の消去

解答（単位：千円）

① 開始仕訳

（資　本　金）	20,000	（Ｓ　社　株　式）	25,760
（利益剰余金 期首残高）	11,080	（非支配株主持分）	7,040
（評　価　差　額）	200		
（の　れ　ん）	1,520		

② 持分の一部売却

（Ｓ　社　株　式）	6,440	（非支配株主持分）	9,040
（Ｓ社株式売却益）	3,060	（資　本　剰　余　金）	460

解説（単位：千円）

(1) Ｓ社の土地の評価替

（土　　　地）	200	（評　価　差　額）	200

※　$1,000 - 800 = 200$

(2) 連結消去・振替仕訳

Ⅰ）平成X0/12

　a．原始取得時における投資と資本の相殺消去

（資　本　金）	20,000	（Ｓ　社　株　式）	25,760
（利益剰余金 期首残高）	10,000	（非支配株主持分）	6,040※2
（評　価　差　額）	200		
（の　れ　ん）	1,600※1		

※1　$25,760 - (20,000 + 2,000 + 8,000 + \underset{\text{土地の含み益}}{200}) \times 80\% = 1,600$

※2　$(20,000 + 2,000 + 8,000 + 200) \times 20\% = 6,040$

Ⅱ）平成X1/1〜X1/12

　b．のれんの償却

（利益剰余金 期首残高）	80	（の　れ　ん）	80

　c．取得後剰余金の少数株主持分への振替

（利益剰余金 期首残高）	1,000	（非支配株主持分）	1,000

※　$\{(2,200 + 12,800) - (2,000 + 8,000)\} \times 20\% = 1,000$

Ⅲ) 平成X2/1～X2/12
① 開始仕訳（上記a～cまでを累積すると求められる）

（資　本　金）　　20,000　　（S　社　株　式）　　25,760
（利益剰余金
　期首残高）　　11,080　　（非支配株主持分）　　7,040
（評　価　差　額）　　200
（の　れ　ん）　　1,520

② 持分の一部売却

（S　社　株　式）　　6,440※1　（非支配株主持分）　　9,040※3
（S社株式売却益）　　3,060※2　（資本剰余金）　　460※4

※1　$25,760 \times \frac{20\%}{80\%} = 6,440$

※2　$9,500 - 6,440 = 3,060$

※3　$(20,000 + 2,510 + 22,490 + 200) \times 20\% = 9,040$

※4　貸借差額

(3) クウィック・メソッドの作成

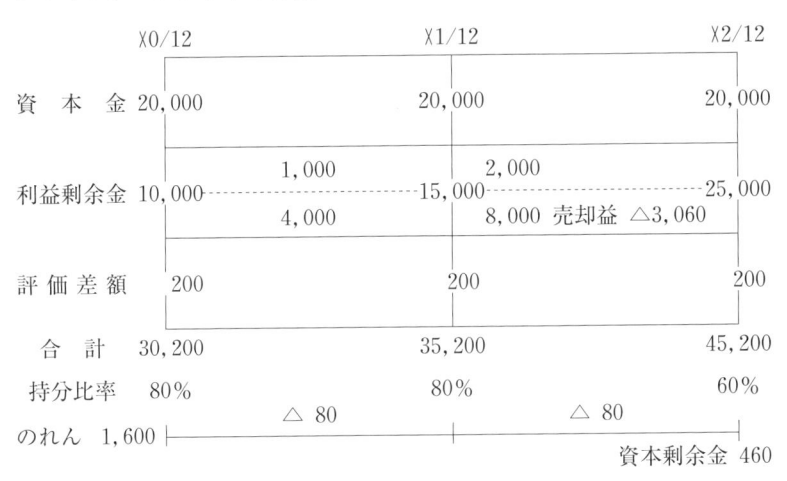

```
              X0/12              X1/12              X2/12
資　本　金  20,000             20,000             20,000
                      1,000              2,000
利益剰余金  10,000 ------------ 15,000 ------------ 25,000
                      4,000              8,000  売却益 △3,060
評　価　差　額  200                200                200
合　計     30,200             35,200             45,200
持分比率     80%                80%                60%
のれん 1,600├──────── △80 ──────── △80 ────────┤
                                           資本剰余金 460
```

11 増　資　★★

　株式取得の形態は，すでに発行されている株式を取得するか，新たに発行された株式を取得するかによって，購入取得と出資取得に大別される。ここでは出資取得について考えてみる。

　出資取得において連結上重要なことは，親会社の子会社に対する持分比率が変動するかどうかという点にある。第三者割当増資の場合は，持株に比例した割当がないのであるから，親会社の子会社に対する持分比率は当然に変化し，当該増資により変化した子会社資本勘定に対する持分額も変化することとなる。よって，連結上，持分額の変化を調整する手続が必要となってくるのである。

出資取得の形態		持分比率の変化の有無
有償増資	①株主割当有償増資	無
	②第三者割当増資	有
	③公募発行増資	有
④資本準備金の資本組入		無

1．株主割当有償増資

　株主割当有償増資とは，新株引受権を全株主に対しその持株に比例して割当てる有償の増資である。

　したがって，増資後の持分比率は増資前のそれと変わらないため，持分の再配分の必要はないが，株主からの払込により純財産が増加しているため非支配株主持分を増加させる必要がある。この場合は，親会社持分額と投資原価が同額であるため，投資消去差額は生じない。

11　増　資

|||||||||||| **例** ||||||||||||
　Ｐ社はＳ社の株式を従来より80％所有しており，当期末にＳ社が株主割当有償増資を行った。Ｓ社の増資直前の資本勘定は資本金500円，資本準備金500円，利益剰余金500円であり，増資直後の資本勘定は資本金1,000円，資本準備金1,000円，利益剰余金500円である。なお，当該増資におけるＰ社の払込金は800円である。
　よって，連結消去・振替仕訳を示しなさい。

――――――――――――――――――――――――――――――――

(1) 増資に係る個別上の仕訳

　① Ｐ社

　　（Ｓ　社　株　式）　　　800　　（現　金　預　金）　　　800
　　　※　1,000×80％＝800

　② Ｓ社

　　（現　金　預　金）　　1,000　　（資　　本　　金）　　　500
　　　　　　　　　　　　　　　　　　（資　本　準　備　金）　500

　《Ｓ社の個別株主資本等変動計算書》

　　　Ｓ社　　　　　個別株主資本等変動計算書

　　　資本剰余金の部

　　　　Ⅰ　資本剰余金期首残高　　　　　　　　　　500

　　　　Ⅱ　資本剰余金増加高

　　　　　1．新株の発行　　　　　　　　500　　　500

　　　　Ⅲ　資本剰余金期末残高　　　　　　　　　1,000

(2) 連結消去・振替仕訳

　　（資　　本　　金）　　　500　　（Ｓ　社　株　式）　　　800
　　（新　株　の　発　行）　500　　（非支配株主持分）　　　200※
　　　※　1,000×20％＝200

89

第2章 投資と資本の消去

2．資本準備金の資本組入

　資本準備金の資本組入による株式分割が行われても株主の持株に応じて割当てられるため親会社株主と非支配株主の持分比率は変わらない。しかも，P社の新株に対する取得原価はゼロである。ということは，有償による株主割当増資に見られるように，投資と資本との相殺消去の問題はここでは生じないことになる。

―――――――― **例** ――――――――

　P社はS社の株式を従来より80％所有しており，当期末にS社が資本準備金の資本組入による株式分割を行った。S社の増資直前の資本勘定は資本金500円，資本準備金500円，利益剰余金500円であり，増資直後の資本勘定は資本金1,000円，資本準備金0円，利益剰余金500円である。
　よって，連結消去・振替仕訳を示しなさい。

―――――――――――――――――――

(1) 資本準備金の資本組入に係る個別上の仕訳
　① P 社
　　　仕訳なし
　② S 社
　　（資本準備金）　　　　500　　（資　本　金）　　　500
　《S社の個別株主資本等変動計算書》
　　　S社　　　　個別株主資本等変動計算書
　　資本剰余金の部
　　　Ⅰ　資本剰余金期首残高　　　　　　　　500
　　　Ⅱ　資本剰余金減少高
　　　　1．資　　本　　金　　　500　　500
　　　Ⅲ　資本剰余金期末残高　　　　　　　　　0

(2) 連結消去振替仕訳
　　（資　本　金）　　　500　　（資本準備金）　　　500

11 増　　資

設例18　株主割当有償増資等

　Ｐ社は平成X0年12月20日に，Ｓ社の議決権株式の90％（900株）を持分相当額で取得した。その後，当期末である12月31日に次のような事実が発生した。会計期間は１月１日から12月31日までである。

　よって，以下の資料に基づいて増資に関する連結貸借対照表上の連結消去・振替仕訳を示しなさい。

①　株主割当有償増資

　　倍額増資（1,000株の新株発行，発行価額１株140円）を行い，株主に割当てた。

②　資本準備金の資本組入

　　資本準備金（10,000円）を資本金に組入れ，１：1.1の割合で株式分割を行い，新株を株主に交付した。

【資　料】　Ｓ社資本勘定の推移（単位：円）

	１月１日	増資直前	増資直後 ①	増資直後 ②
資　本　金	100,000	100,000	200,000	110,000
資 本 準 備 金	10,000	10,000	50,000	
利 益 準 備 金	20,000	20,000	20,000	20,000
繰越利益剰余金	50,000	70,000	70,000	70,000
	180,000	200,000	340,000	200,000

第2章 投資と資本の消去

解答（単位：円）

① 株主割当有償増資

(資　本　金)　　100,000　　(S　社　株　式)　　126,000
(新 株 の 発 行)　　40,000　　(非支配株主持分)　　14,000

② 資本準備金の資本組入

(資　本　金)　　10,000　　(資 本 準 備 金)　　10,000

解説（単位：円）

資本準備金の資本組入においては，開始仕訳において資本金及び資本準備金はそれぞれ100,000，10,000で消去されているが，S社の資本勘定は期末貸借対照表上資本金及び資本準備金はそれぞれ110,000，0となっており，上記の消去仕訳を行わないと，S社の資本勘定が全額消去されないことになる。

3．第三者割当増資

第三者とは現在の株主以外をさし，親会社，取引先，銀行等を対象とする。

第三者割当増資の場合は，持株に比例した割当がないのであるから，親会社の子会社に対する持分比率は当然に変化し，したがって，当該増資により子会社の資本勘定が変化した結果，持分額も変化することになる。

子会社の第三者割当増資において，親会社の払込額と親会社の持分の増減額との間に差額が生じた場合には，当該差額を資本剰余金として処理する。

(1) 親会社の持株比率が増加する場合

|||||||||| 例 ||||||||||

P社はS社の株式を従来より80％所有しており，当期末にS社が第三者割当有償増資を行った。S社の増資直前の資本勘定は資本金10,000円（発行済株式総数100株），利益剰余金5,000円であり，増資直後の資本勘定は資本金12,500円，利益剰余金5,000円である。なお，当該増資に当たって25株が発行され，P社は全額引受け2,500円を払込んだ。

よって，連結消去・振替仕訳を示しなさい。

11 増　資

当該増資におけるP社持分と非支配株主持分の増減変化を考えてみる。

① P社持分比率の変化
　　増資前 $\frac{80株}{100株}=80\%$　　増資後 $\frac{80株+25株}{100株+25株}=84\%$

② 持分額の増減
　　2,800←16%×増資直後の純資産17,500×84%→14,700
　　3,000←20%×増資直前の純資産15,000×80%→12,000
　　△200 非支配株主持分の減少　P社持分の増加　2,700

|（資　本　金）|2,500|（S　社　株　式）|2,500|
|（非支配株主持分）|200|（資　本　剰　余　金）|200|

(2) 親会社の持株比率が減少する場合

|||||| 例 ||||||

P社はS社の株式を従来より80%所有しており，当期末にS社が第三者割当有償増資を行った。S社の増資直前の資本勘定は資本金10,000円（発行済株式総数100株），利益剰余金5,000円であり，増資直後の資本勘定は資本金12,500円，利益剰余金5,000円である。なお，当該増資に当たって25株が発行され，P社以外の第三者に全額割当てた。

よって，連結消去・振替仕訳を示しなさい。

当該増資におけるP社持分と非支配株主持分の増減変化を考えてみる。

① P社持分比率の変化
　　増資前 $\frac{80株}{100株}=80\%$　　増資後 $\frac{80株+0株}{100株+25株}=64\%$

② 持分額の増減
　　6,300←36%×増資直後の純資産17,500×64%→11,200
　　3,000←20%×増資直前の純資産15,000×80%→12,000
　　3,300 非支配株主持分の増加　P社持分の減少　△800

|（資　本　金）|2,500|（非支配株主持分）|3,300|
|（資　本　剰　余　金）|800|||

第2章 投資と資本の消去

設例19　第三者割当増資（持分比率が増加する場合）

P社は平成X1年12月31日に，S社の議決権株式の90％（900株）を164,800円で取得した。その後，平成X2年12月31日に次のような事実が発生した。会計期間は1月1日から12月31日までである。

よって，以下の資料に基づいて平成X2年度の連結消去・振替仕訳を示しなさい。

第三者割当増資により250株発行（発行価額1株210円）し，その全額をP社に割当てた。

【資料1】　S社資本勘定の推移（単位：円）

	X1年12月31日	増資直前	増資直後
資　本　金	100,000	100,000	152,500
利益準備金	20,000	20,000	20,000
繰越利益剰余金	60,000	80,000（注）	80,000
	180,000	200,000	252,500

（注）繰越利益剰余金の増加は当期純利益20,000円の計上のみによる。

【資料2】　連結上の条件
1．S社の資産のうち土地は8,000円（簿価）であり，平成X1年12月31日の時価は10,000円，平成X2年12月31日の時価は12,000円であった。
2．のれんは発生年度の翌年から10年間均等償却する。

解　答（単位：円）

① 開始仕訳

（資　本　金）	100,000	（S 社 株 式）	164,800
（利益剰余金期首残高）	80,000	（非支配株主持分）	18,200
（評価差額）	2,000		
（の れ ん）	1,000		

② のれんの償却

（のれん償却額）	100	（の れ ん）	100

③ 当期純利益の按分

(非支配株主に帰属する当期純損益)　2,000　（非支配株主持分）　2,000

④ 第三者割当増資

（資　本　金）　52,500　（Ｓ　社　株　式）　52,500
（資本剰余金）　160　（非支配株主持分）　160

解説（単位：円）

Ｓ社の支配獲得日（平成X1年12月31日）の土地に係る評価差額について全額をＳ社の資本に計上する。

(1) Ｓ社の土地の評価替

（土　　　地）　2,000　（評　価　差　額）　2,000

　※　$10,000 - 8,000 = 2,000$

(2) 連結消去・振替仕訳

① 開始仕訳

（資　本　金）　100,000　（Ｓ　社　株　式）　164,800
（利益剰余金 期首残高）　80,000　（非支配株主持分）　18,200 ※2
（評　価　差　額）　2,000
（の　れ　ん）　1,000 ※1

　※1　$164,800 - \{180,000 + (10,000 - 8,000)\} \times 90\% = 1,000$

　※2　$\{180,000 + (10,000 - 8,000)\} \times 10\% = 18,200$

② のれんの償却

（のれん償却額）　100　（の　れ　ん）　100

③ 当期純利益の按分

(非支配株主に帰属する当期純損益)　2,000　（非支配株主持分）　2,000

　※　$20,000 \times 10\% = 2,000$

④ 第三者割当増資

増資前　$\dfrac{900株}{1,000株} = 90\%$　　増資後　$\dfrac{1,150株}{1,250株} = 92\%$

したがって、みなし取得比率は2％となる。

（資　本　金）　52,500　（Ｓ　社　株　式）　52,500
（資本剰余金）　160 ※2　（非支配株主持分）　160 ※1

第2章 投資と資本の消去

※1
20,360 ← 8％×増資直後の純資産（252,500＋2,000）×92％ → 234,140
20,200 ← 10％×増資直前の純資産（200,000＋2,000）×90％ → 181,800
　　160　　非支配株主持分の増加　　　　　　P社持分の増加　　52,340

※2　52,500－52,340＝160

設例20　第三者割当増資（持分比率が減少する場合）

　P社は平成X1年12月31日に，S社の議決権株式の90％（900株）を164,800円で取得した。その後，平成X2年12月31日に次のような事実が発生した。会計期間は1月1日から12月31日までである。

　よって，以下の資料に基づいて平成X2年度の連結消去・振替仕訳を示しなさい。

　第三者割当増資により250株発行（発行価額1株210円）し，その全額をP社以外の第三者に割当てた。

【資料1】 S社資本勘定の推移（単位：円）

	平成X1年12月31日	増資直前	増資直後
資　本　金	100,000	100,000	152,500
利益準備金	20,000	20,000	20,000
繰越利益剰余金	60,000	80,000（注）	80,000
	180,000	200,000	252,500

（注）繰越利益剰余金の増加は当期純利益20,000円の計上のみによる。

【資料2】 連結上の条件
1．S社の資産のうち土地は8,000円（簿価）であり，平成X1年12月31日の時価は10,000円であった。
2．のれんは発生年度の翌年から10年間均等償却する。

11 増　資

解　答（単位：円）

① 開始仕訳

（資　本　金）	100,000	（Ｓ　社　株　式）	164,800
（利益剰余金 期首残高）	80,000	（非支配株主持分）	18,200
（評　価　差　額）	2,000		
（の　れ　ん）	1,000		

② のれんの償却

| （のれん償却額） | 100 | （の　れ　ん） | 100 |

③ 当期純利益の按分

| （非支配株主に帰属する当期純損益） | 2,000 | （非支配株主持分） | 2,000 |

④ 第三者割当増資

| （資　本　金） | 52,500 | （非支配株主持分） | 51,060 |
| | | （資本剰余金） | 1,440 |

解　説（単位：円）

　Ｓ社の支配獲得日（平成Ｘ1年12月31日）の土地に係る評価差額について全額をＳ社の資本に計上する。

(1) Ｓ社の土地の評価替

| （土　　　地） | 2,000 | （評　価　差　額） | 2,000 |

　　※　$10,000 - 8,000 = 2,000$

(2) 連結消去・振替仕訳

① 開始仕訳

（資　本　金）	100,000	（Ｓ　社　株　式）	164,800
（利益剰余金 期首残高）	80,000	（非支配株主持分）	18,200 ※2
（評　価　差　額）	2,000		
（の　れ　ん）	1,000 ※1		

　　※1　$164,800 - \{180,000 + (10,000 - 8,000)\} \times 90\% = 1,000$

　　※2　$\{180,000 + (10,000 - 8,000)\} \times 10\% = 18,200$

② のれんの償却

| （のれん償却額） | 100 | （の　れ　ん） | 100 |

③ 当期純利益の按分

（非支配株主に帰属する当期純損益） 2,000 　　（非支配株主持分） 2,000

※ $20,000 \times 10\% = 2,000$

④ 第三者割当増資

増資前 $\dfrac{900株}{1,000株} = 90\%$ 　　増資後 $\dfrac{900株}{1,250株} = 72\%$

したがって，みなし売却比率は18％となる。

（資　本　金） 52,500 　　（非支配株主持分） 51,060 ※1
　　　　　　　　　　　　　　（資　本　剰　余　金） 1,440 ※2

※1

$71,260 \leftarrow 28\% \times $増資直後の純資産$(252,500+2,000) \times 72\% \rightarrow 183,240$

$20,200 \leftarrow 10\% \times $増資直前の純資産$(200,000+2,000) \times 90\% \rightarrow 181,800$

51,060　非支配株主持分の増加　　　　　P社持分の増加　1,440

※2　貸借差額

4．公募発行増資

　親会社の子会社に対する持分比率が変化するいま1つの形態として，公募発行増資の場合がある。公募発行増資とは，第三者割当増資とは異なり，広く一般から株主を募集する増資の形態である。したがって，子会社の公募増資に当たり親会社もこれに応募し，従来と同じ持株比率だけの新株の割当がない限り，子会社に対する持株比率は増資前と増資後とで変化することとなる。そこで，連結上，子会社の純資産額に対する変動持分額について調整する必要が生ずる。

　公募発行増資に関する処理については，第三者割当増資と同様に考えればよい。

12 連結株主資本等変動計算書総論 ★★

1. 意　義

　連結株主資本等変動計算書とは，連結貸借対照表の純資産の部の一会計期間における変動額のうち，主として株主に帰属する部分である株主資本の各項目の変動事由を報告するために作成するものである。

　従来，連結剰余金（資本剰余金及び利益剰余金）については，連結剰余金計算書においてその変動が開示されていた。しかし，純資産の部に直接計上される項目（その他有価証券評価差額金，為替換算調整勘定等）が増えていること，また，自己株式の取得，処分及び消却等，純資産の部の変動要因が増加していることなどから，ディスクロージャーの透明性確保のため，連結財務諸表の一つとして，この連結株主資本等変動計算書が導入された。

2. 作成の手順

　基本的には，個別の株主資本等変動計算書と同じ要領で作成することになる。ただし，連結では，以下のような配慮が必要となる。

　連結財務諸表の作成にあたっては，まず，連結精算表の作成をすることになる。その段階では，連結貸借対照表，連結損益計算書，そして従来作成していた連結剰余金計算書と同等のもの（株主資本等変動計算書（利益剰余金））を作成することになる。

　そして連結精算表上把握される，連結貸借対照表，連結損益計算書，株主資本等変動計算書（利益剰余金）の数値を元に，連結株主資本等変動計算書に記入していくことになる。

第2章 投資と資本の消去

設例21　連結株主資本等変動計算書の作成

　P社は，X0年3月31日にS社株式の80％を6,500千円で取得し，S社を連結子会社とした。以下の資料を参照して，当期（X1年3月31日を連結決算日とする一年間）の連結株主資本等変動計算書を作成しなさい。なお，S社の資産・負債の簿価と時価は等しいものとする。また，のれんの償却は，発生年度の翌年から10年（定額法）で行っている。

【資　料】（単位：千円）

1．純資産の推移

純資産の部	P社 X0/3/31	P社 X1/3/31	S社 X0/3/31	S社 X1/3/31
Ⅰ　株主資本				
1　資本金	10,000	10,000	6,000	6,000
2　資本剰余金	2,000	2,000	－	－
3　利益剰余金	6,000	7,000	1,500	2,500
株主資本合計	18,000	19,000	7,500	8,500

2．個別損益計算書

	P社 X0/4/1からX1/3/31	S社 X0/4/1からX1/3/31
営業外収益		
受取配当金	800	0
当期純利益	3,000	2,000

3．個別株主資本等変動計算書（利益剰余金）

	P社 X0/4/1からX1/3/31	S社 X0/4/1からX1/3/31
利益剰余金		
期首残高	6,000	1,500
剰余金の配当	△2,000	△1,000
当期純利益	3,000	2,000
期末残高	7,000	2,500

12 連結株主資本等変動計算書総論

解答（単位：千円）

	株　主　資　本				非支配 株主持分	純資産 合　計
	資本金	資　本 剰余金	利　益 剰余金	株　主 資本合計		
当期首残高	10,000	2,000	6,000	18,000	1,500	19,500
当期変動額						
剰余金の配当			△2,000	△2,000	△　200	△2,200
親会社株主に帰属 　する当期純利益			3,750※	3,750		3,750
非支配株主に帰属 　する当期純利益					400	400
当期変動額合計			1,750	1,750	200	1,950
当期末残高	10,000	2,000	7,750	19,750	1,700	21,450

※　3,000　＋　2,000　－　50　－　400　－800＝3,750
　　P社純利益　S社純利益　のれん償却　非支損　受配

ただし，本来は連結損益計算書の親会社株主に帰属する当期純利益を用いることになる。

また，非支配株主持分については当期変動額を純額で記載することを原則とするが，本書においては変動事由ごとにその金額を記載する方法にて示している。

解説（単位：千円）

1．当期の連結修正仕訳

① 開始仕訳

　（資　本　金）　　　6,000　　（S　社　株　式）　　6,500
　（利益剰余金
期首残高）　　1,500　　（非支配株主持分）　　1,500※1
　（の　れ　ん）　　　　500※2

　※1　(6,000＋1,500)×20％＝1,500
　※2　6,500－(6,000＋1,500)×80％＝500

② のれんの償却

　（のれん償却額）　　　50　　（の　れ　ん）　　　50

　※　500÷10年＝50

第 2 章　投資と資本の消去

③　当期純利益の按分

（非支配株主に帰属する当期純損益）　400　　　（非支配株主持分）　400

※　2,000×20％＝400

④　剰余金の配当の振替

（非支配株主持分）　200　　　（配　当　金）　200

※　1,000×20％＝200

⑤　配当金の相殺消去

（受 取 配 当 金）　800　　　（配　当　金）　800

※　1,000×80％＝800

2．前期末の貸借対照表

連　結　貸　借　対　照　表
X0年 3 月31日

I　株主資本	
資　本　金	10,000
資本剰余金	2,000
利益剰余金	6,000
II　非支配株主持分	1,500

3．当期末の貸借対照表

連　結　貸　借　対　照　表
X1年 3 月31日

I　株主資本	
資　本　金	10,000
資本剰余金	2,000
利益剰余金	7,750
II　非支配株主持分	1,700

12 連結株主資本等変動計算書総論

設例22　連結株主資本等変動計算書の作成（追加購入がある場合）

設例21の資料を前提に，以下の追加資料を参照して，当期（X2年3月31日を連結決算日とする一年間）の連結株主資本等変動計算書を作成しなさい。

【追加資料】（単位：千円）

1. 純資産の推移

純資産の部	P社 X2/3/31	S社 X2/3/31
Ⅰ　株主資本		
1　資本金	10,000	6,000
2　資本剰余金	2,000	—
3　利益剰余金	7,500	3,300
株主資本合計	19,500	9,300

2. 個別損益計算書

	P社 X1/4/1からX2/3/31	S社 X1/4/1からX2/3/31
営業外収益		
受取配当金	560	0
：	：	：
当期純利益	2,000	1,500

3. 個別株主資本等変動計算書（利益剰余金）

	P社 X1/4/1からX2/3/31	S社 X1/4/1からX2/3/31
利益剰余金		
期首残高	7,000	2,500
剰余金の配当	△1,500	△700
当期純利益	2,000	1,500
期末残高	7,500	3,300

4. その他の追加事項

X2年3月31日にS社株式の10%を1,030千円で追加取得している。

第2章 投資と資本の消去

解答(単位:千円)

	株主資本				非支配株主持分	純資産合計
	資本金	資本剰余金	利益剰余金	株主資本合計		
当期首残高	10,000	2,000	7,750	19,750	1,700	21,450
当期変動額						
剰余金の配当			△1,500	△1,500	△ 140	△1,640
非支配株主との取引に係る親会社の持分変動		△ 100		△ 100		△ 100
親会社株主に帰属する当期純利益			2,590※	2,590		2,590
非支配株主に帰属する当期純利益					300	300
連結子会社株式の取得による持分の増減					△ 930	△ 930
当期変動額合計		△ 100	1,090	990	△ 770	220
当期末残高	10,000	1,900	8,840	20,740	930	21,670

※　2,000 ＋ 1,500 － 50 － 300 －560＝2,590
　　P社純利益　S社純利益　のれん償却　非支損　受配

ただし,本来は連結損益計算書の親会社株主に帰属する当期純利益を用いることになる。

解説(単位:千円)

1. 当期の連結修正仕訳

　① 開始仕訳

　　(資　本　金)　　　6,000　　(S　社　株　式)　　6,500
　　(利益剰余金期首残高)　1,750※1　(非支配株主持分)　　1,700
　　(の　れ　ん)　　　450※2

　　　※1　1,500＋50＋400－200＝1,750
　　　※2　500－50＝450

　② のれんの償却

　　(のれん償却額)　　　50　　(の　れ　ん)　　　50
　　　※　500÷10年＝50

③ 当期純利益の按分

| (非支配株主に帰属する当期純損益) | 300 | (非支配株主持分) | 300 |

※ 1,500×20%＝300

④ 剰余金の配当の振替

| (非支配株主持分) | 140 | (配　当　金) | 140 |

※ 700×20%＝140

⑤ 配当金の相殺消去

| (受 取 配 当 金) | 560 | (配　当　金) | 560 |

※ 700×80%＝560

⑥ 追加購入

| (非支配株主持分) | 930 | (Ｓ 社 株 式) | 1,030 |
| (資 本 剰 余 金) | 100 | | |

※ 9,300×10%＝930

2．当期末の貸借対照表

連 結 貸 借 対 照 表
X2年3月31日

︙	︙
Ⅰ　株主資本	
資　本　金	10,000
資 本 剰 余 金	1,900
利 益 剰 余 金	8,840
Ⅱ　非支配株主持分	930

第2章 投資と資本の消去

設例23 連結株主資本等変動計算書の作成（一部売却がある場合）

設例21の資料を前提に，以下の追加資料を参照して，当期（X2年3月31日を連結決算日とする一年間）の連結株主資本等変動計算書を作成しなさい。

【追加資料】（単位：千円）

1. 純資産の推移

純資産の部	P社 X2/3/31	S社 X2/3/31
Ⅰ 株主資本		
1　資本金	10,000	6,000
2　資本剰余金	2,000	—
3　利益剰余金	7,500	3,300
株主資本合計	19,500	9,300

2. 個別損益計算書

	P社 X1/4/1からX2/3/31	S社 X1/4/1からX2/3/31
営業外収益		
受取配当金	560	0
：	：	：
当期純利益	2,000	1,500

3. 個別株主資本等変動計算書（利益剰余金）

	P社 X1/4/1からX2/3/31	S社 X1/4/1からX2/3/31
利益剰余金		
期首残高	7,000	2,500
剰余金の配当	△1,500	△700
当期純利益	2,000	1,500
期末残高	7,500	3,300

4. その他の追加事項

X2年3月31日にS社株式の20％を2,000千円で売却している。

12 連結株主資本等変動計算書総論

解答（単位：千円）

	株主資本				非支配株主持分	純資産合計
	資本金	資本剰余金	利益剰余金	株主資本合計		
当期首残高	10,000	2,000	7,750	19,750	1,700	21,450
当期変動額						
剰余金の配当			△1,500	△1,500	△140	△1,640
非支配株主との取引に係る親会社の持分変動		140		140		140
親会社株主に帰属する当期純利益			2,215※	2,215		2,215
非支配株主に帰属する当期純利益					300	300
連結子会社株式の売却による持分の増減					1,860	1,860
当期変動額合計		140	715	855	2,020	2,875
当期末残高	10,000	2,140	8,465	20,605	3,720	24,325

※　2,000　＋　1,500　－　50　－　300　－560－375＝2,215
　　P社純利益　S社純利益　のれん償却　非支損　受配

ただし，本来は連結損益計算書の親会社株主に帰属する当期純利益を用いることになる。

解説（単位：千円）

1. 当期の連結修正仕訳

   ① 開始仕訳

   （資　本　金）　　6,000　　（S　社　株　式）　6,500
   （利益剰余金 期首残高）　1,750　　（非支配株主持分）　1,700
   （の　れ　ん）　　450

   ② のれんの償却

   （のれん償却額）　　50　　（の　れ　ん）　　50
   　　※　500÷10年＝50

   ③ 当期純利益の按分

   （非支配株主に帰属する当期純損益）　300　　（非支配株主持分）　300
   　　※　1,500×20％＝300

第 2 章　投資と資本の消去

　　④　剰余金の配当の振替
　　　　（非支配株主持分）　　140　　　（配　当　金）　　140
　　　　※　700×20％＝140
　　⑤　配当金の相殺消去
　　　　（受 取 配 当 金）　　560　　　（配　当　金）　　560
　　　　※　700×80％＝560
　　⑥　一部売却
　　　　（S　社　株　式）　1,625※1　（非支配株主持分）　1,860※2
　　　　（S社株式売却益）　　375※3　（資 本 剰 余 金）　　140※4
　　　　※1　$6,500 \times \dfrac{20\%}{80\%} = 1,625$
　　　　※2　9,300×20％＝1,860
　　　　※3　2,000−1,625＝375
　　　　※4　貸借差額

2．当期末の貸借対照表

連　結　貸　借　対　照　表
X2年 3 月31日

⋮	⋮
Ⅰ　株主資本	
資　本　金	10,000
資 本 剰 余 金	2,140
利 益 剰 余 金	8,465
Ⅱ　非支配株主持分	3,720

12 連結株主資本等変動計算書総論

設例24　連結株主資本等変動計算書の作成（株主割当有償増資）

　設例21の資料を前提に，以下の追加資料を参照して，当期（X2年3月31日を連結決算日とする一年間）の連結株主資本等変動計算書を作成しなさい。

【追加資料】（単位：千円）

1．純資産の推移

純資産の部	P社 X2/3/31	S社 X2/3/31
Ⅰ　株主資本		
1　資本金	10,000	7,000
2　資本剰余金	2,000	―
3　利益剰余金	7,500	3,300
株主資本合計	19,500	10,300

2．個別損益計算書

	P社 X1/4/1からX2/3/31	S社 X1/4/1からX2/3/31
営業外収益		
受取配当金	560	0
：	：	：
当期純利益	2,000	1,500

3．個別株主資本等変動計算書（利益剰余金）

	P社 X1/4/1からX2/3/31	S社 X1/4/1からX2/3/31
利益剰余金		
期首残高	7,000	2,500
剰余金の配当	△1,500	△700
当期純利益	2,000	1,500
期末残高	7,500	3,300

109

第2章 投資と資本の消去

4．その他の追加事項

　X2年3月31日に，S社は株主割当有償増資を1,000千円行っており，P社は800千円を払込んでいる。なお，S社では払込額の全額を資本金としている。

解答（単位：千円）

	株主資本				非支配 株主持分	純資産 合　計
	資本金	資　本 剰余金	利　益 剰余金	株　主 資本合計		
当期首残高	10,000	2,000	7,750	19,750	1,700	21,450
当期変動額						
剰余金の配当			△1,500	△1,500	△　140	△1,640
親会社株主に帰属 する当期純利益			2,590※	2,590		2,590
非支配株主に帰属 する当期純利益					300	300
連結子会社の増資による 非支配株主持分の増減					200	200
当期変動額合計			1,090	1,090	360	1,450
当期末残高	10,000	2,000	8,840	20,840	2,060	22,900

　※　　2,000　＋　1,500　－　　50　　－　300　－560＝2,590
　　　P社純利益　S社純利益　のれん償却　非支配　受配

ただし，本来は連結損益計算書の親会社株主に帰属する当期純利益を用いることになる。

解説（単位：千円）

1．当期の連結修正仕訳

　①　開始仕訳

　　　（資　本　金）　　　　6,000　　（S　社　株　式）　　6,500
　　　（利益剰余金
期首残高）　1,750　　（非支配株主持分）　1,700
　　　（の　れ　ん）　　　　　450

　②　のれんの償却

　　　（のれん償却額）　　　　50　　（の　れ　ん）　　　　50
　　　　※　500÷10年＝50

③ 当期純利益の按分

| (非支配株主に帰属する当期純損益) | 300 | (非支配株主持分) | 300 |

※ 1,500×20%=300

④ 剰余金の配当の振替

| (非支配株主持分) | 140 | (配 当 金) | 140 |

※ 700×20%=140

⑤ 配当金の相殺消去

| (受 取 配 当 金) | 560 | (配 当 金) | 560 |

※ 700×80%=560

⑥ 株主割当有償増資

| (資 本 金) | 1,000 | (S 社 株 式) | 800 |
| | | (非支配株主持分) | 200 |

2．当期末の貸借対照表

連 結 貸 借 対 照 表
X2年3月31日

⋮	⋮
Ⅰ 株主資本	
資 本 金	10,000
資 本 剰 余 金	2,000
利 益 剰 余 金	8,840
Ⅱ 非支配株主持分	2,060

第2章　投資と資本の消去

設例25　連結株主資本等変動計算書の作成（第三者割当有償増資）

　設例21の資料を前提に，以下の追加資料を参照して，当期（X2年3月31日を連結決算日とする一年間）の連結株主資本等変動計算書を作成しなさい。

【追加資料】（単位：千円）

1．純資産の推移

	P社	S社
純資産の部	X2/3/31	X2/3/31
Ⅰ　株主資本		
1　資本金	10,000	7,000
2　資本剰余金	2,000	—
3　利益剰余金	7,500	3,300
株主資本合計	19,500	10,300

2．個別損益計算書

	P社	S社
	X1/4/1からX2/3/31	X1/4/1からX2/3/31
営業外収益		
受取配当金	560	0
：	：	：
当期純利益	2,000	1,500

3．個別株主資本等変動計算書（利益剰余金）

	P社	S社
	X1/4/1からX2/3/31	X1/4/1からX2/3/31
利益剰余金		
期首残高	7,000	2,500
剰余金の配当	△1,500	△700
当期純利益	2,000	1,500
期末残高	7,500	3,300

12 連結株主資本等変動計算書総論

4．その他の追加事項

X2年3月31日に，S社は第三者割当有償増資を行っており，P社はその全てを引受けている。この結果，P社のS社に対する持株比率は81％になった。なお，S社では払込額の全額を資本金としている。

解答（単位：千円）

	株主資本				非支配株主持分	純資産合計
	資本金	資本剰余金	利益剰余金	株主資本合計		
当期首残高	10,000	2,000	7,750	19,750	1,700	21,450
当期変動額						
剰余金の配当			△1,500	△1,500	△140	△1,640
非支配株主との取引に係る親会社の持分変動		△97		△97		△97
親会社株主に帰属する当期純利益			2,590※	2,590		2,590
非支配株主に帰属する当期純利益					300	300
連結子会社の増資による非支配株主持分の増減					97	97
当期変動額合計		△97	1,090	993	257	1,250
当期末残高	10,000	1,903	8,840	20,743	1,957	22,700

※　2,000 ＋ 1,500 － 50 － 300 － 560 ＝ 2,590
　　P社純利益　S社純利益　のれん償却　非支配　受配

ただし，本来は連結損益計算書の親会社株主に帰属する当期純利益を用いることになる。

解説（単位：千円）

1．当期の連結修正仕訳

① 開始仕訳

（資　本　金）	6,000	（S　社　株　式）	6,500
（利益剰余金） （期首残高）	1,750	（非支配株主持分）	1,700
（の　れ　ん）	450		

第2章 投資と資本の消去

② のれんの償却
(のれん償却額)　　50　　(の　れ　ん)　　50
※　500÷10年＝50

③ 当期純利益の按分
(非支配株主に帰属
する当期純損益)　300　　(非支配株主持分)　300
※　1,500×20％＝300

④ 剰余金の配当の振替
(非支配株主持分)　140　　(配　当　金)　140
※　700×20％＝140

⑤ 配当金の相殺消去
(受取配当金)　　560　　(配　当　金)　560
※　700×80％＝560

⑥ 第三者割当有償増資
(資　本　金)　1,000　　(S　社　株　式)　1,000
(資本剰余金)　97※2　(非支配株主持分)　97※1
※1　10,300×19％－(10,300－1,000)×20％＝97
※2　貸借差額

2．当期末の貸借対照表

連　結　貸　借　対　照　表
X2年3月31日

	⋮	⋮
Ⅰ　株主資本		
資　本　金		10,000
資本剰余金		1,903
利益剰余金		8,840
Ⅱ　非支配株主持分		1,957

12 連結株主資本等変動計算書総論

設例26　連結株主資本等変動計算書の作成（第三者割当有償増資）

設例21の資料を前提に，以下の追加資料を参照して，当期（X2年3月31日を連結決算日とする一年間）の連結株主資本等変動計算書を作成しなさい。

【追加資料】（単位：千円）

1．純資産の推移

	P社 X2/3/31	S社 X2/3/31
純資産の部		
Ⅰ　株主資本		
1　資本金	10,000	7,000
2　資本剰余金	2,000	—
3　利益剰余金	7,500	3,300
株主資本合計	19,500	10,300

2．個別損益計算書

	P社 X1/4/1からX2/3/31	S社 X1/4/1からX2/3/31
営業外収益		
受取配当金	560	0
：	：	：
当期純利益	2,000	1,500

3．個別株主資本等変動計算書（利益剰余金）

	P社 X1/4/1からX2/3/31	S社 X1/4/1からX2/3/31
利益剰余金		
期首残高	7,000	2,500
剰余金の配当	△1,500	△700
当期純利益	2,000	1,500
期末残高	7,500	3,300

第2章　投資と資本の消去

4．その他の追加事項

X2年3月31日に，S社は第三者割当有償増資を行っており，非支配株主がその全てを引受けている。この結果，P社のS社に対する持株比率は，75％になった。

解答（単位：千円）

	株　主　資　本				非支配株主持分	純資産合計
	資本金	資本剰余金	利益剰余金	株主資本合計		
当期首残高	10,000	2,000	7,750	19,750	1,700	21,450
当期変動額						
剰余金の配当			△1,500	△1,500	△140	△1,640
非支配株主との取引に係る親会社の持分変動		285		285		285
親会社株主に帰属する当期純利益			2,590※	2,590		2,590
非支配株主に帰属する当期純利益					300	300
連結子会社の増資による非支配株主持分の増減					715	715
当期変動額合計		285	1,090	1,375	875	2,250
当期末残高	10,000	2,285	8,840	21,125	2,575	23,700

※　2,000　＋　1,500　－　50　－　300　－560＝2,590
　　P社純利益　S社純利益　のれん償却　非支損　受配

ただし，本来は連結損益計算書の親会社株主に帰属する当期純利益を用いることになる。

解説（単位：千円）

1．当期の連結修正仕訳

① 開始仕訳

（資　本　金）　　6,000　（S　社　株　式）　6,500
（利益剰余金　期首残高）　1,750　（非支配株主持分）　1,700
（の　れ　ん）　　450

② のれんの償却

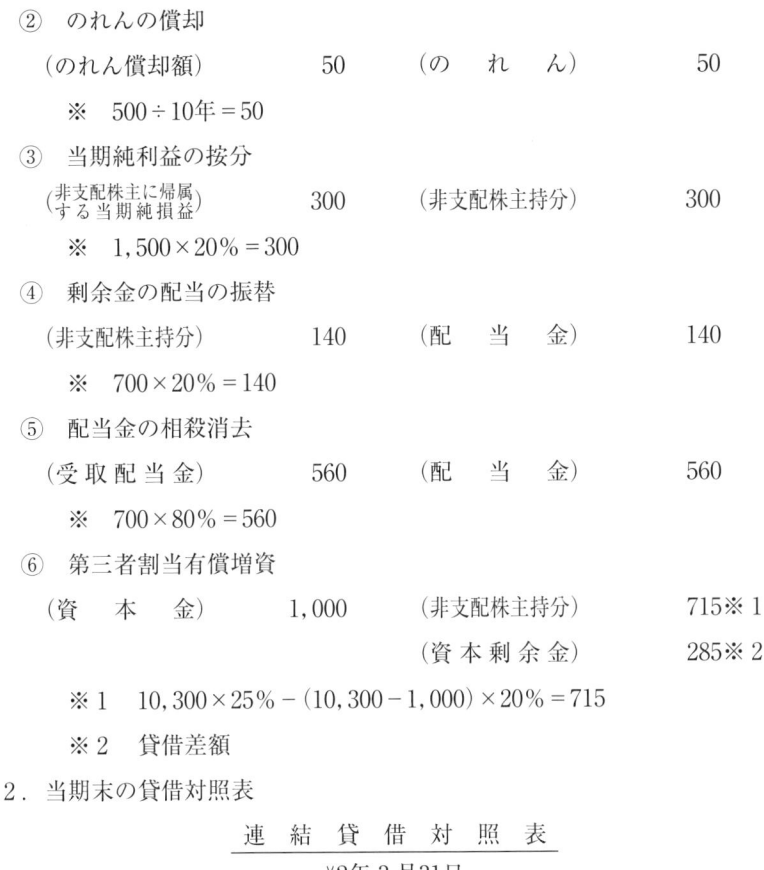

(のれん償却額) 50 (の れ ん) 50

　※　500÷10年＝50

③ 当期純利益の按分

(非支配株主に帰属する当期純損益) 300 (非支配株主持分) 300

　※　1,500×20％＝300

④ 剰余金の配当の振替

(非支配株主持分) 140 (配 当 金) 140

　※　700×20％＝140

⑤ 配当金の相殺消去

(受 取 配 当 金) 560 (配 当 金) 560

　※　700×80％＝560

⑥ 第三者割当有償増資

(資 本 金) 1,000 (非支配株主持分) 715※1

　　　　　　　　　　　　　　(資 本 剰 余 金) 285※2

　※1　10,300×25％－(10,300－1,000)×20％＝715

　※2　貸借差額

2．当期末の貸借対照表

連 結 貸 借 対 照 表
X2年3月31日

⋮	⋮
Ⅰ　株主資本	
資 本 金	10,000
資 本 剰 余 金	2,285
利 益 剰 余 金	8,840
Ⅱ　非支配株主持分	2,575

第2章 投資と資本の消去

設例27　連結株主資本等変動計算書の作成（株主割当有償増資）

設例21の資料を前提に，以下の追加資料を参照して，当期（X2年3月31日を連結決算日とする一年間）の連結株主資本等変動計算書を作成しなさい。

【追加資料】（単位：千円）

1．純資産の推移

	P社	S社
純資産の部	X2/3/31	X2/3/31
Ⅰ　株主資本		
1　資本金	10,800	6,500
2　資本剰余金	2,800	500
3　利益剰余金	7,500	3,300
株主資本合計	21,100	10,300

2．個別損益計算書

	P社	S社
	X1/4/1からX2/3/31	X1/4/1からX2/3/31
営業外収益		
受取配当金	560	0
：	：	：
当期純利益	2,000	1,500

3．個別株主資本等変動計算書

	P社	S社
	X1/4/1からX2/3/31	X1/4/1からX2/3/31
資本剰余金		
期首残高	2,000	0
新株の発行	800	500
期末残高	2,800	500
利益剰余金		
期首残高	7,000	2,500
剰余金の配当	△1,500	△700

118

12 連結株主資本等変動計算書総論

当期純利益	2,000	1,500
期末残高	7,500	3,300

4．その他の追加事項

X2年3月31日に，S社は株主割当有償増資を行っており，P社は800千円を払込んでいる。なお，S社では払込金を資本金に500千円，資本剰余金に500千円組み入れている。

解答（単位：千円）

	株主資本				非支配株主持分	純資産合計
	資本金	資本剰余金	利益剰余金	株主資本合計		
当期首残高	10,000	2,000	7,750	19,750	1,700	21,450
当期変動額						
新株の発行	800	800		1,600		1,600
剰余金の配当			△1,500	△1,500	△140	△1,640
親会社株主に帰属する当期純利益			2,590※	2,590		2,590
非支配株主に帰属する当期純利益					300	300
連結子会社の増資による非支配株主持分の増減					200	200
当期変動額合計	800	800	1,090	2,690	360	3,050
当期末残高	10,800	2,800	8,840	22,440	2,060	24,500

※　2,000　＋　1,500　－　50　－　300　－560＝2,590
　　P社純利益　S社純利益　のれん償却　非支損　受配

ただし，本来は連結損益計算書の親会社株主に帰属する当期純利益を用いることになる。

解説（単位：千円）

1．当期の連結修正仕訳

① 開始仕訳

（資　本　金）	6,000	（S 社 株 式）	6,500
（利益剰余金 期首残高）	1,750	（非支配株主持分）	1,700
（の　れ　ん）	450		

第2章　投資と資本の消去

② のれんの償却

| （のれん償却額） | 50 | （の　れ　ん） | 50 |

　　※　500÷10年＝50

③ 当期純利益の按分

| （非支配株主に帰属する当期純損益） | 300 | （非支配株主持分） | 300 |

　　※　1,500×20％＝300

④ 剰余金の配当の振替

| （非支配株主持分） | 140 | （配　当　金） | 140 |

　　※　700×20％＝140

⑤ 配当金の相殺消去

| （受 取 配 当 金） | 560 | （配　当　金） | 560 |

　　※　700×80％＝560

⑥ 株主割当有償増資

| （資　本　金） | 500 | （S 社 株 式） | 800 |
| （新 株 の 発 行） | 500 | （非支配株主持分） | 200 |

2．当期末の貸借対照表

連 結 貸 借 対 照 表
X2年3月31日

⋮	⋮
Ⅰ　株主資本	
資　本　金	10,800
資 本 剰 余 金	2,800
利 益 剰 余 金	8,840
Ⅱ　非支配株主持分	2,060

13　評価差額の実現時の処理　★★

1．概　　要

評価差額計上の対象となった資産・負債が売却等により，その評価差額の全部または一部が実現した場合，個別損益計算書上は個別貸借対照表上の簿価を基に損益が計上されることになる。しかしながら，連結貸借対照表上の簿価は，当該資産・負債の時価評価による簿価修正額のうち売却部分を含んでいるため，連結手続上は，当該実現額を個別損益計算書上の損益の修正として処理することとなる。

2．非償却性資産に係る評価差額の実現

まずは，非償却性資産（土地）に係る評価差額の実現を例にとって考えていくことにする。当該土地を連結外部に売却することによって実現した場合の個別財務諸表の修正仕訳は以下の通りとなる。

（土　　　　地）	×××	（評　価　差　額）	×××
（土地売却損益）	×××	（土　　　　地）	×××

評価差額は非支配株主持分割合に相当する部分についても認識するため，修正した損益についても非支配株主に按分する。

設例28　非償却性資産にかかる評価差額の実現

P社は，S社が発行する株式の80％を保有しておりS社を連結子会社としている。以下の資料を参照して，平成X5年度の連結消去・振替仕訳等を示しなさい。

【資　料】

1. P社はS社の発行する株式のうち80％を平成X4年12月31日に700,000円で購入している。平成X4年12月31日時点でのS社の資本勘定は資本金500,000円，利益剰余金300,000円であった。

第2章 投資と資本の消去

2．S社の平成X4年12月31日時点で保有していた土地（簿価：150,000円）の時価は，200,000円であった。

3．S社は平成X5年12月31日において，上記土地のうち半分を120,000円で連結外部に売却している。

4．平成X5年度のS社の当期純利益は80,000円であった。なお，剰余金の配当は行っていない。

5．のれんは発生年度の翌年から10年間にわたって毎期均等額を償却している。

解答（単位：円）

1．平成X5年度のS社個別財務諸表の修正

（土　　　地）　　50,000　　（評　価　差　額）　　50,000
（土 地 売 却 益）　　25,000　　（土　　　地）　　25,000

2．平成X5年度の連結消去・振替仕訳

① 開始仕訳

（資　　本　　金）　500,000　　（S　社　株　式）　700,000
（利益剰余金期首残高）　300,000　　（非支配株主持分）　170,000
（評　価　差　額）　　50,000
（の　れ　ん）　　20,000

② のれんの償却

（のれん償却額）　　2,000　　（の　れ　ん）　　2,000

③ 当期純利益の按分

（非支配株主に帰属する当期純損益）　11,000　　（非支配株主持分）　11,000

解説（単位：円）

1．平成X5年度のS社個別財務諸表の修正

（土　　　地）　　50,000　　（評　価　差　額）　　50,000
　※　200,000－150,000＝50,000
（土 地 売 却 益）　　25,000　　（土　　　地）　　25,000
　※　50,000÷2＝25,000

13 評価差額の実現時の処理

2．平成X5年度の連結消去・振替仕訳

① 開始仕訳

（資　本　金）	500,000	（S　社　株　式）	700,000
（利益剰余金期首残高）	300,000	（非支配株主持分）	170,000※1
（評　価　差　額）	50,000		
（の　れ　ん）	20,000※2		

※1　(500,000＋300,000＋50,000)×20％＝170,000

※2　貸借差額

② のれんの償却

（のれん償却額）	2,000	（の　れ　ん）	2,000

※　20,000÷10年＝2,000

③ 当期純利益の按分

（非支配株主に帰属する当期純損益）	11,000	（非支配株主持分）	11,000

※　(80,000－25,000)×20％＝11,000

評価差額の実現として行ったS社個別損益計算書の損益の修正額（25,000）は，非支配株主持分に按分する。すなわち，修正後の当期純利益（55,000＝80,000－25,000）をもって非支配株主に按分すればよい。

3．償却性資産に係る評価差額の実現

償却性資産に係る評価差額は，これを連結外部に売却する場合のほか，評価差額の計上に伴って毎期，連結子会社の減価償却費を修正（個別財務諸表の修正）を行うことによって，部分的に実現していくことになる。

この場合の個別財務諸表の修正のための仕訳は以下の通りとなる（間接法で記帳している場合）。

（建　　　　物）	×××	（評　価　差　額）	×××
（減　価　償　却　費）	×××	（減価償却累計額）	×××

評価差額は非支配株主持分割合に相当する部分についても認識するため，修正した損益についても非支配株主に按分する。

第２章　投資と資本の消去

設例29　償却性資産に係る評価差額の実現

　Ｐ社は，Ｓ社が発行する株式の80％を保有しておりＳ社を連結子会社としている。以下の資料を参照して，平成X5年度の連結消去・振替仕訳等を示しなさい。

【資　料】

1. Ｐ社はＳ社の発行する株式のうち80％を平成X4年12月31日に700,000円で購入している。平成X4年12月31日時点でのＳ社の資本勘定は資本金500,000円，利益剰余金300,000円であった。
2. Ｓ社の平成X4年12月31日時点で保有していた建物（簿価：150,000円）の時価は，200,000円であった。
3. Ｓ社は保有している建物について，耐用年数30年，残存価額は取得原価の10％として定額法にて減価償却を行っている。なお，連結上，計上した評価差額についても残存価額をその10％とし，期首からの残存耐用年数20年にて，個別財務諸表上の減価償却費を修正する。
4. 平成X5年度のＳ社の当期純利益は80,000円であった。なお，剰余金の配当は行っていない。
5. のれんは発生年度の翌年から10年間にわたって毎期均等額を償却している。

解　答（単位：円）

1. 平成X5年度のＳ社個別財務諸表の修正

　　（建　　　　物）　　50,000　　（評　価　差　額）　　50,000
　　（減 価 償 却 費）　 2,250　　（減価償却累計額）　　2,250

2. 平成X5年度の連結消去・振替仕訳

　① 開始仕訳

　　（資　本　金）　　500,000　　（Ｓ　社　株　式）　　700,000
　　（利益剰余金期首残高）　300,000　　（非支配株主持分）　170,000
　　（評　価　差　額）　50,000
　　（の　れ　ん）　　20,000

124

13 評価差額の実現時の処理

② のれんの償却

| (のれん償却額) | 2,000 | (の　れ　ん) | 2,000 |

③ 当期純利益の按分

| (非支配株主に帰属する当期純損益) | 15,550 | (非支配株主持分) | 15,550 |

解説（単位：円）

1．平成X5年度のS社個別財務諸表の修正

　　| (建　　　物) | 50,000 | (評　価　差　額) | 50,000 |

　　※ $(200,000-150,000)=50,000$

　　| (減　価　償　却　費) | 2,250 | (減価償却累計額) | 2,250 |

　　※ $50,000 \times 0.9 \div 20年 = 2,250$

2．平成X5年度の連結消去・振替仕訳

　① 開始仕訳

(資　本　金)	500,000	(S　社　株　式)	700,000
(利益剰余金期首残高)	300,000	(非支配株主持分)	170,000※1
(評　価　差　額)	50,000		
(の　れ　ん)	20,000※2		

　　※1　$(500,000+300,000+50,000) \times 20\% = 170,000$

　　※2　貸借差額

　② のれんの償却

| (のれん償却額) | 2,000 | (の　れ　ん) | 2,000 |

　　※ $20,000 \div 10年 = 2,000$

　③ 当期純利益の按分

| (非支配株主に帰属する当期純損益) | 15,550 | (非支配株主持分) | 15,550 |

　　※ $(80,000-2,250) \times 20\% = 15,550$

　評価差額の実現として行ったS社個別損益計算書の損益の修正額(2,250)は，非支配株主持分に按分する。すなわち，修正後の当期純利益(77,750＝80,000－2,250)をもって非支配株主に按分すればよい。

第2章　投資と資本の消去

14　間接所有　★★

1．概　要
(1) **連結の範囲に含められる子会社の範囲**

『「親会社」とは，他の会社等の財務及び営業又は事業の方針を決定する機関を支配している会社をいい，「子会社」とは，当該他の会社等をいう。親会社及び子会社又は子会社が，他の会社等の意思決定機関を支配している場合における当該他の会社等も，その親会社の子会社とみなす』としている。

そこで，下記のような場合におけるA社においても，親会社P社の子会社と判定され，連結の範囲に含められることとなる。

(2) **間接保有をしている場合の連結の範囲の形態例**

① 親会社P社がA社の株式を一切保有していないケース（間接保有のみ）

いわゆる孫会社のケースがあてはまることとなる。この場合においては，P社はA社の株式を一切保有していないが，A社の株式の過半数を所有しているS社の株式の過半数を所有しているため，A社の意思決定機関を，その親会社であるS社を通じて支配していることとなる。よって，この場合のA社はP社の連結の範囲に含められることとなる。

```
┌─────┐              ┌─────┐              ┌─────┐
│ P 社 │──────────→│ S 社 │──────────→│ A 社 │
└─────┘  持株比率 80%  └─────┘  持株比率 60%  └─────┘
```

② 親会社P社がA社の株式を一部保有しているケース（直接保有＋間接保有）

この場合においては，P社は，その子会社であるS社とあわせ，A社の株式の過半数を保有していることになるため，A社の意思決定機関を，P社とS社の議決権の行使により支配することができる。よって，この場合のA社はP社の連結の範囲に含められることとなる。

14 間接所有

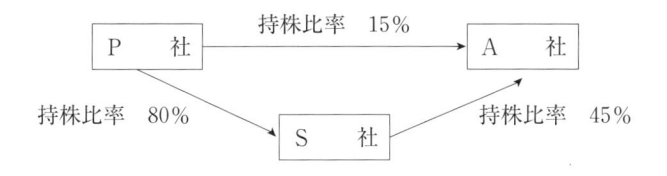

```
        持株比率 15%
  P社 ─────────────→ A社
    ＼              ↗
持株比率 ＼          ／ 持株比率 45%
   80%   ＼       ／
          ＼    ／
           S社
```

2．株式保有比率と連結持分比率の意義

(1) 意　義

　従来学習してきた直接保有のみの連結処理の場合には，下記の株式保有比率と持分比率は一致していたので，これらの使い分けは必要なかった。しかし，本章のような間接保有を行っている場合の連結処理を行うためには，両者の使い分けが必要となる。以下に，両者の定義を示しておく。

　　株式保有比率…親会社が子会社ないし孫会社の株式をどのくらい保有しているのかという比率。子会社の判定及び投資と資本の相殺消去を行う際に用いられる。

　　持　分　比　率…子会社ないし孫会社が獲得した利益のうちどのくらいが連結グループの取り分となるのかを示す比率をいい，企業集団の利益剰余金の増減を算出する際に用いられる。

(2) 親会社の孫会社に対する持分比率

　親会社の孫会社に対する持分比率を計算する場合には，利益を全て配当するという仮定を置き，具体的に連結グループ内に留保される金額を順を追って計算してみると理解しやすい。

　では，以下の例で親会社であるP社の孫会社であるA社に対する持分比率を計算してみよう。

① 親会社P社がA社の株式を一切保有していないケース（間接保有のみ）

【前提条件】

(1) 平成X1年度において，A社のみに100の利益が生じた。

(2) 平成X2年度に，A社は(1)で生じた利益全額を配当金として株主に支払った。

(3) 平成X2年度に，S社は受領した配当金60を全額配当金として株主に支払った。

(4) P社はS社株式の80％を保有している。また，S社はA社株式の60％を保有している。

【図　解】（斜字で示す金額が連結グループに留保される利益となる）

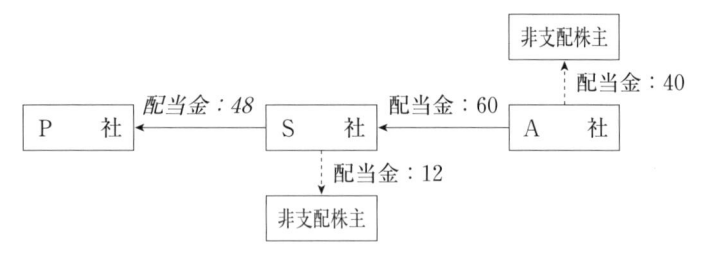

```
                                              非支配株主
                                                 ↑
                                              配当金：40
                                                 ┊
  ┌───┐ 配当金：48 ┌───┐ 配当金：60 ┌───┐
  │P社│ ←────── │S社│ ←────── │A社│
  └───┘          └───┘          └───┘
                    ┊
                 配当金：12
                    ↓
                 非支配株主
```

【結　論】

以上より，A社が100の利益をあげることにより，連結グループに48（P社受領配当金）の利益が残ることになる。よって，P社のA社に対する持分比率は48％と算定できる。これにより，P社がA社の株式を直接保有してない場合の持分比率の算定を公式化すると以下のようになる。

親会社の孫会社に対する持分比率＝親会社の子会社に対する持株比率
　　　　　　　　　　　　　　　×子会社の孫会社に対する持株比率

---

② 親会社P社がA社の株式を一部保有しているケース（直接保有＋間接保有）

【前提条件】

(1) 平成X1年度において，A社のみに100の利益が生じた。

(2) 平成X2年度に，A社は(1)で生じた利益全額を配当金として株主に支払った。

(3) 平成X2年度に，S社は受領した配当金25を全額配当金として株主に支払った。

(4) P社はS社株式の75％，A社株式の30％を保有している。また，S社はA社株式の25％を保有している。

14 間接所有

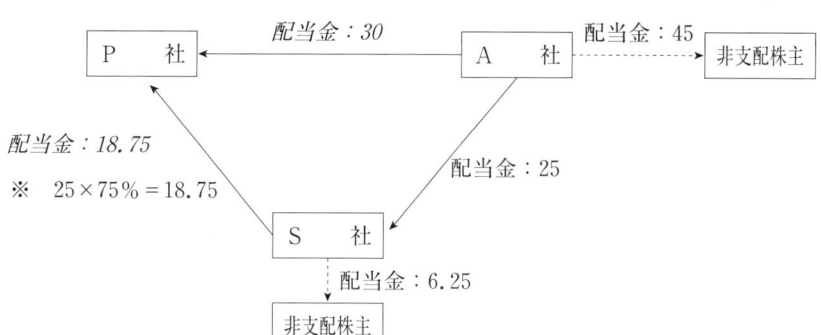

【図　解】（斜字で示す金額が連結グループに留保される利益となる）

```
            配当金：30              配当金：45
   ┌─────┐ ←─────── ┌─────┐ ┄┄┄┄┄┄→ ┌─────────┐
   │ P 社 │           │ A 社 │         │ 非支配株主 │
   └─────┘           └─────┘         └─────────┘
      ↑                  │
配当金：18.75          配当金：25
※ 25×75％＝18.75        │
                        ↓
                    ┌─────┐
                    │ S 社 │
                    └─────┘
                        ┊ 配当金：6.25
                        ↓
                   ┌─────────┐
                   │ 非支配株主 │
                   └─────────┘
```

【結　論】

　以上より，A社が100の利益をあげることにより，連結グループに48.75（＝30＋18.75）の利益が残ることになる。よって，P社のA社に対する持分比率は48.75％と算定できる。これにより，P社がA社の株式の一部を直接保有している場合の持分比率の算定を公式化すると以下のようになる。

親会社の孫会社に対する持分比率＝親会社の孫会社に対する持株比率
　　　　　　　　　　　　　　　＋親会社の子会社に対する持株比率
　　　　　　　　　　　　　　　×子会社の孫会社に対する持株比率

第2章　投資と資本の消去

3．資本連結

(1) **親会社が孫会社の株式を一切保有していないケース（間接保有のみ）**

親会社が孫会社の株式を一切保有していない，間接保有のみの場合には，一たん子会社で連結財務諸表を作成し，さらに当該子会社の連結財務諸表を親会社が連結する二段階連結法により最終的な連結財務諸表を作成することになる。

設例30　孫会社の連結（間接保有のみ）

以下の資料により，X6年度の連結財務諸表を作成しなさい。

【資料1】各企業の貸借対照表（単位：千円）

勘定科目	P 社	S 社	A 社	勘定科目	P 社	S 社	A 社
諸 資 産	487,000	354,000	150,000	諸 負 債	300,000	250,000	70,000
S 社 株 式	113,000	—	—	資 本 金	200,000	100,000	50,000
A 社 株 式	—	46,000	—	利益剰余金	100,000	50,000	30,000
合　計	600,000	400,000	150,000	合　計	600,000	400,000	150,000

【資料2】各企業の損益計算書（単位：千円）

勘定科目	P 社	S 社	A 社	勘定科目	P 社	S 社	A 社
諸 費 用	500,000	230,000	85,000	諸 収 益	550,000	250,000	103,000
当期純利益	50,000	20,000	18,000				
合　計	550,000	250,000	103,000	合　計	550,000	250,000	103,000

【資料3】各企業の株主資本等変動計算書（利益剰余金の部分）（単位：千円）

勘定科目	P 社	S 社	A 社	勘定科目	P 社	S 社	A 社
剰余金の配当	20,000	10,000	8,000	利益剰余金期首残高	70,000	40,000	20,000
利益剰余金期末残高	100,000	50,000	30,000	当期純利益	50,000	20,000	18,000
合　計	120,000	60,000	38,000	合　計	120,000	60,000	38,000

【資料4】 P社の関係会社株式の取得

　P社はX6年3月31日にS社の発行する株式の80％を113,000千円で取得している。

【資料5】 S社の関係会社株式の取得

　S社はX6年3月31日にA社の発行する株式の60％を46,000千円で取得している。

【資料6】 その他解答に必要な事項

(1) 税効果会計の適用は考慮しない。

(2) のれんが生じる場合は，その発生年度の翌年から10年で均等額償却を行う。

(3) 当連結会計年度はX6年4月1日～X7年3月31日である。

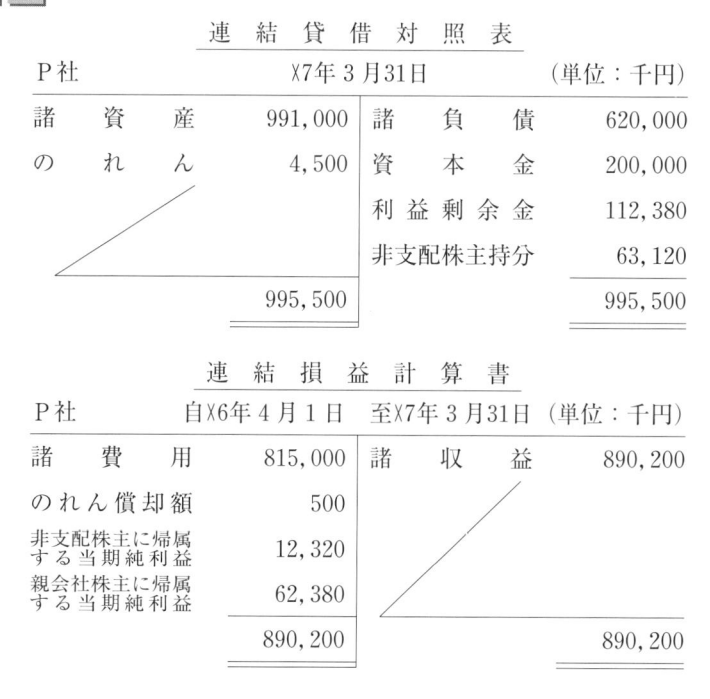

解答

連結貸借対照表

P社　　　　　　　X7年3月31日　　　　（単位：千円）

諸　資　産	991,000	諸　負　債	620,000
の　れ　ん	4,500	資　本　金	200,000
		利益剰余金	112,380
		非支配株主持分	63,120
	995,500		995,500

連結損益計算書

P社　　　自X6年4月1日　至X7年3月31日　（単位：千円）

諸　費　用	815,000	諸　収　益	890,200
のれん償却額	500		
非支配株主に帰属する当期純利益	12,320		
親会社株主に帰属する当期純利益	62,380		
	890,200		890,200

第 2 章 投資と資本の消去

連結株主資本等変動計算書

P社　　　　　自X6年 4 月 1 日　至X7年 3 月31日　（単位：千円）

剰 余 金 の 配 当	20,000	利益剰余金期首残高	70,000
利益剰余金期末残高	112,380	親会社株主に帰属する当期純利益	62,380
	132,380		132,380

解説（単位：千円）

1. S社のA社に対する連結仕訳

    ① クウィック・メソッド

	X6年 3 月31日		X7年 3 月31日
資 本 金	50,000		50,000
利益剰余金	20,000	4,000 6,000	30,000
合 計	70,000		80,000
持 分 比 率	60％		60％
の れ ん	4,000	△400	

    ② 開始仕訳（資本連結）

（資　本　金）	50,000	（Ａ 社 株 式）	46,000
（利益剰余金期首残高）	20,000	（非支配株主持分）	28,000※ 1
（の れ ん）	4,000※ 2		

    ※ 1　70,000×（ 1 －60％）＝28,000

    ※ 2　貸借差額，または46,000－70,000×60％＝4,000

    ③ のれんの償却

（のれん償却額）	400	（の　れ　ん）	400

    ※　4,000÷10年＝400

    ④ 当期純利益の按分

（非支配株主に帰属する当期純損益）	7,200	（非支配株主持分）	7,200

    ※　18,000×（ 1 －60％）＝7,200

14 間接所有

⑤ 剰余金の配当の振替

（非支配株主持分）　3,200　　（配　当　金）　3,200

※　8,000×(1－60%)＝3,200

⑥ 配当金の相殺消去

（諸　収　益）　4,800　　（配　当　金）　4,800
　　受取配当金

※　8,000×60%＝4,800

2．P社のS社に対する連結仕訳

① クウィック・メソッド

	X6年3月31日		X7年3月31日
資　本　金	100,000		100,000
利益剰余金	40,000	2,000 / 8,000	50,000
合　　計	140,000		150,000
持 分 比 率	80%		80%
の れ ん	1,000	△100	

② 開始仕訳（資本連結）

（資　本　金）　　100,000　　（S　社　株　式）　113,000
（利益剰余金
　期首残高）　　40,000　　（非支配株主持分）　28,000※1
（の　れ　ん）　1,000※2

※1　140,000×(1－80%)＝28,000

※2　貸借差額又は113,000－140,000×80%＝1,000

③ のれんの償却

（のれん償却額）　100　　（の　れ　ん）　100

※　1,000÷10年＝100

④ 当期純利益の按分

（非支配株主に帰属
　する当期純損益）　4,000　　（非支配株主持分）　4,000

※　20,000×(1－80%)＝4,000

133

第 2 章　投資と資本の消去

⑤　A社取得後剰余金のS社非支配株主への按分

（非支配株主に帰属する当期純損益）　　1,120　　（非支配株主持分）　　1,120

※　（ 6,000 − 400 ）× 20％ ＝ 1,120
　　　　A社取得後剰余金

⑥　剰余金の配当の振替

（非支配株主持分）　　2,000　　（配　当　金）　　2,000

※　10,000 ×（ 1 − 80％）＝ 2,000

⑦　配当金の相殺消去

（諸　収　益）　　8,000　　（配　当　金）　　8,000
　　受取配当金

※　10,000 × 80％ ＝ 8,000

【参考1】翌期の開始仕訳（資本連結）

①　S社のA社に関する開始仕訳

（資　本　金）　　50,000　　（A　社　株　式）　　46,000
（利益剰余金期首残高）　　24,400※1　　（非支配株主持分）　　32,000※2
（の　れ　ん）　　3,600

※1　20,000 ＋ 4,000 ＋ 400 ＝ 24,400

※2　80,000 ×（ 1 − 60％）＝ 32,000

②　P社のS社に関する開始仕訳

（資　本　金）　　100,000　　（S　社　株　式）　　113,000
（利益剰余金期首残高）　　42,100※1　　（非支配株主持分）　　30,000※2
（の　れ　ん）　　900

※1　40,000 ＋ 2,000 ＋ 100 ＝ 42,100

※2　150,000 ×（ 1 − 80％）＝ 30,000

③　A社取得後剰余金のS社非支配株主への按分

（利益剰余金期首残高）　　1,120　　（非支配株主持分）　　1,120

※　（ 6,000 − 400 ）× 20％ ＝ 1,120
　　　　A社取得後剰余金

【参考2】子会社の連結財務諸表

連 結 貸 借 対 照 表

S社　　　　　　　X7年3月31日　　　　　（単位：千円）

諸　資　産	504,000	諸　負　債	320,000
の　れ　ん	3,600	資　本　金	100,000
		利益剰余金	55,600
		非支配株主持分	32,000
	507,600		507,600

連 結 損 益 計 算 書

S社　　　　自X6年4月1日　至X7年3月31日　（単位：千円）

諸　費　用	315,000	諸　収　益	348,200
のれん償却額	400		
非支配株主に帰属する当期純利益	7,200		
親会社株主に帰属する当期純利益	25,600		
	348,200		348,200

連結株主資本等変動計算書

S社　　　　自X6年4月1日　至X7年3月31日　（単位：千円）

剰余金の配当	10,000	利益剰余金期首残高	40,000
利益剰余金期末残高	55,600	親会社株主に帰属する当期純利益	25,600
	65,600		65,600

(2) 親会社が孫会社の株式を一部保有しているケース（直接保有＋間接保有）

下記の例題のように，親会社又は子会社のみで，孫会社の支配を獲得していない場合には，二段階連結法をとることができず，親会社とその子会社をひとまとめにして孫会社を連結する一段階連結法をもって最終的な連結財務諸表を作成することになる。

第2章 投資と資本の消去

設例31 孫会社の連結（直接保有＋間接保有）

以下の資料により，X6年度の連結財務諸表を作成しなさい。

【資料1】 各企業の貸借対照表（単位：千円）

勘定科目	P社	S社	A社	勘定科目	P社	S社	A社
諸 資 産	468,200	378,500	150,000	諸 負 債	300,000	250,000	70,000
S 社 株 式	106,000	——	——	資 本 金	200,000	100,000	50,000
A 社 株 式	25,800	21,500	——	利益剰余金	100,000	50,000	30,000
合　　計	600,000	400,000	150,000	合　　計	600,000	400,000	150,000

【資料2】 各企業の損益計算書（単位：千円）

勘定科目	P社	S社	A社	勘定科目	P社	S社	A社
諸 費 用	500,000	230,000	85,000	諸 収 益	550,000	250,000	103,000
当期純利益	50,000	20,000	18,000				
合　　計	550,000	250,000	103,000	合　　計	550,000	250,000	103,000

【資料3】 各企業の株主資本等変動計算書（利益剰余金の部分）（単位：千円）

勘定科目	P社	S社	A社	勘定科目	P社	S社	A社
剰余金の配当	20,000	10,000	8,000	利益剰余金期首残高	70,000	40,000	20,000
利益剰余金期末残高	100,000	50,000	30,000	当期純利益	50,000	20,000	18,000
合　　計	120,000	60,000	38,000	合　　計	120,000	60,000	38,000

【資料4】 P社の関係会社株式の取得

P社はX6年3月31日にS社の発行する株式の75％を106,000千円で取得している。また，同日にA社の発行する株式の30％を25,800千円で取得している。

【資料5】 S社の関係会社株式の取得

S社はX6年3月31日にA社の発行する株式の25％を21,500千円で取得している。

14 間接所有

【資料6】 その他解答に必要な事項
(1) 税効果会計の適用は考慮しない。
(2) のれんが生じる場合は，その発生年度の翌年から10年で均等額償却を行う。
(3) 当連結会計年度はX6年4月1日～X7年3月31日である。

解答

連 結 貸 借 対 照 表

P社　　　　　　　X7年3月31日　　　　（単位：千円）

諸　資　産	996,700	諸　負　債	620,000
の　れ　ん	8,820	資　本　金	200,000
		利 益 剰 余 金	111,495
		非支配株主持分	74,025
	1,005,520		1,005,520

連 結 損 益 計 算 書

P社　　　自X6年4月1日　至X7年3月31日　（単位：千円）

諸　費　用	815,000	諸　収　益	891,100
のれん償却額	980		
非支配株主に帰属する当期純利益	13,625		
親会社株主に帰属する当期純利益	61,495		
	891,100		891,100

連結株主資本等変動計算書

P社　　　自X6年4月1日　至X7年3月31日　（単位：千円）

剰余金の配当	20,000	利益剰余金期首残高	70,000
利益剰余金期末残高	111,495	親会社株主に帰属する当期純利益	61,495
	131,495		131,495

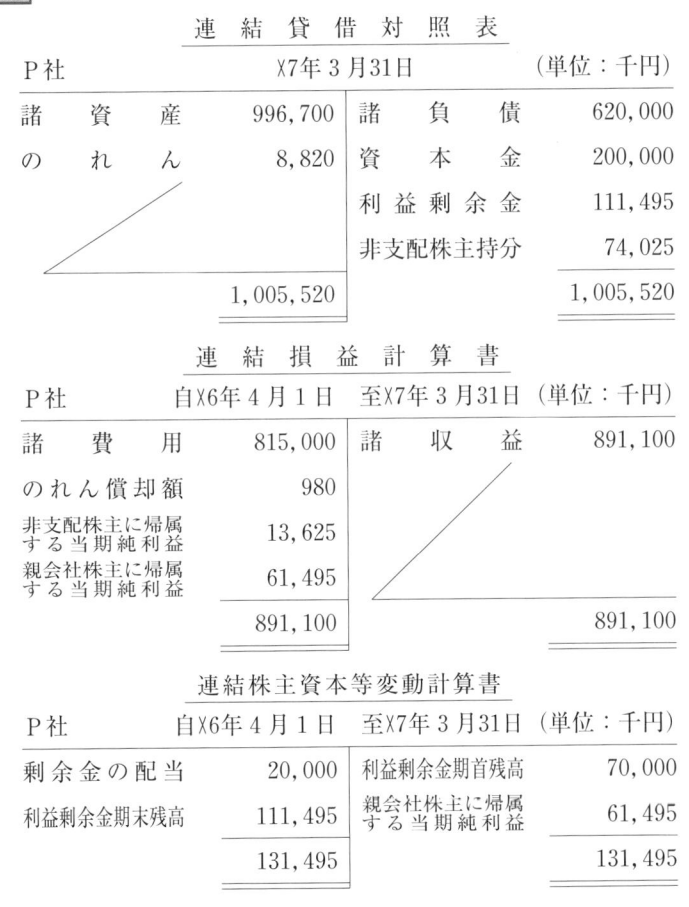

第 2 章　投資と資本の消去

解説（単位：千円）

① クウィック・メソッド（P社＋S社⇔A社）

```
                X6年3月31日              X7年3月31日
  資 本 金      50,000                   50,000

                                4,500
  利益剰余金    20,000                   30,000
                                5,500

  合 計         70,000                   80,000
  持株比率      55％※                    55％
                           △880
  の れ ん      8,800  ├─────────────────┤
```

※　30％＋25％＝55％（P社及びS社が保有する持株比率）

② 開始仕訳（資本連結，P社＋S社⇔A社）

（資　本　金）	50,000	（A 社 株 式）	25,800※1
（利益剰余金 期首残高）	20,000	（A 社 株 式）	21,500※2
（の れ ん）	8,800※4	（非支配株主持分）	31,500※3

※1　P社保有分

※2　S社保有分

※3　70,000×｛1－（30％＋25％）｝＝31,500

※4　貸借差額，または（25,800＋21,500）－70,000×（30％＋25％）
　　＝8,800

③ クウィック・メソッド（P社⇔S社）

```
                X6年3月31日              X7年3月31日
  資 本 金      100,000                  100,000

                                2,500
  利益剰余金    40,000                   50,000
                                7,500

  合 計         140,000                  150,000
  持株比率      75％                      75％
                           △100
  の れ ん      1,000  ├─────────────────┤
```

14 間接所有

④ 開始仕訳（資本連結，P社⇔S社）

（資　本　金）	100,000	（S 社 株 式）	106,000
（利益剰余金 期首残高）	40,000	（非支配株主持分）	35,000※1
（の　れ　ん）	1,000※2		

※1　$140,000 \times (1 - 75\%) = 35,000$

※2　貸借差額，または$106,000 - 140,000 \times 75\% = 1,000$

⑤ のれんの償却（P社＋S社⇔A社）

（のれん償却額）	880※1	（の　れ　ん）	880
（非支配株主持分）	100※2	（非支配株主に帰属 する当期純損益）	100

※1　$8,800 \div 10\text{年} = 880$

※2　$880 \times \underbrace{\dfrac{25\%}{55\%}}_{\text{S社帰属分のれん}} \times \underbrace{(1 - 75\%)}_{\text{S社の非支持割合}} = 100$

⑥ のれんの償却（P社⇔S社）

（のれん償却額）	100	（の　れ　ん）	100

※　$1,000 \div 10\text{年} = 100$

⑦ A社の当期純利益の振替

（非支配株主に帰属 する当期純損益）	9,225	（非支配株主持分）	9,225

※　$18,000 \times \{1 - \underbrace{(30\% + 25\% \times 75\%)}_{\text{A社に対するP社の持分割合}}\} = 9,225$

⑧ S社の当期純利益の振替

（非支配株主に帰属 する当期純損益）	5,000	（非支配株主持分）	5,000

※　$20,000 \times (1 - 75\%) = 5,000$

⑨ 受取配当金の相殺及び剰余金の配当の振替（P社及びS社⇔A社）

（諸　収　益） S社受取配当金	2,000※1	（配　当　金）	8,000
（諸　収　益） P社受取配当金	2,400※2		
（非支配株主持分）	3,600※3		
（非支配株主持分）	500※4	（非支配株主に帰属 する当期純損益）	500

※1　S社受領分

※2　P社受領分

※3　$8,000 \times \{1 - (30\% + 25\%)\} = 3,600$

第2章　投資と資本の消去

　　　※4　$2,000 \times (\underset{\text{S社非支持割合}}{1-75\%}) = 500$

⑩　受取配当金の相殺及び剰余金の配当の振替（P社⇔S社）

　　（諸　収　益）　　　7,500※1　（配　当　金）　　10,000
　　　P社受取配当金
　　（非支配株主持分）　2,500※2

　　　※1　$10,000 \times 75\% = 7,500$

　　　※2　$10,000 \times (\underset{\text{S社非支持割合}}{1-75\%}) = 2,500$

【参　考】翌期の開始仕訳（資本連結）

①　A社に関する開始仕訳

　　（資　本　金）　　　　50,000　　（A　社　株　式）　　25,800
　　（利益剰余金
　　　期首残高）　　　　25,380※1　（A　社　株　式）　　21,500
　　（の　れ　ん）　　　　7,920　　（非支配株主持分）　　36,000※2

　　　※1　$20,000 + 4,500 + 880 = 25,380$

　　　※2　$80,000 \times \{1-(30\%+25\%)\} = 36,000$

②　S社に関する開始仕訳

　　（資　本　金）　　　100,000　　（S　社　株　式）　　106,000
　　（利益剰余金
　　　期首残高）　　　42,600※1　（非支配株主持分）　　37,500※2
　　（の　れ　ん）　　　　　900

　　　※1　$40,000 + 2,500 + 100 = 42,600$

　　　※2　$150,000 \times (1-75\%) = 37,500$

③　A社取得後剰余金のS社非支配株主への按分

　　（利益剰余金
　　　期首残高）　　　　　525　　（非支配株主持分）　　　525

　　　※　$\underset{\text{A社取得後剰余金のうちS社帰属分}}{(5,500-880) \times \frac{25\%}{55\%}} \times \underset{\text{S社非支持割合}}{25\%} = 525$

4．未実現利益の消去

(1) **概　　要**

連結財務諸表原則においては，未実現利益の消去について，全額消去・持分比率負担方式を採用している。つまり，親会社以外の子会社又は孫会社が未実現利益を付した場合，その消去額は非支配株主に負担させることが必要となる。

(2) **非支配株主持分への負担額**

商品の未実現利益の消去仕訳を例に取ると，非支配株主への負担額は以下のようになる。

（売 上 原 価）	×××	（商　　　品）	×××
（非支配株主持分）	×××	（非支配株主に帰属する当期純損益）	×××

① 親会社が未実現利益を付加した場合
　⇒ゼロ
② 子会社が未実現利益を付加した場合
　⇒子会社の非支配株主持分割合にて按分
③ 孫会社が未実現利益を付加した場合
　⇒孫会社の非支配株主持分割合にて按分

第3章　会社間取引の消去

1　会社間取引の消去仕訳　★

　支配従属関係にある企業集団内部での取引のことをここでは会社間取引と呼ぶ。会社間取引は個別企業の観点からは独立の取引であっても，企業集団の観点からは内部取引にすぎないものである。したがって，連結上そのまま合算することは同一金額の二重計上をもたらすことになるので，これを消去しなければならない。

1．内部取引の相殺消去
　内部取引としては営業取引と営業外取引があるが，それぞれについて内部取引の相殺消去とそれによって生じた債権債務の相殺消去が必要になる。
(1)　営業内部取引
　　① 取引高の相殺消去
　　　　売　上　高　と　売　上　原　価
　　② 債権債務の相殺消去
　　　　売　掛　金　と　買　掛　金
　　　　受　取　手　形　と　支　払　手　形
(2)　営業外内部取引
　　① 取引高の相殺消去
　　　　受　取　利　息　と　支　払　利　息
　　　　受　取　配　当　金　と　配　当　金
　　② 債権・債務の相殺消去
　　　　貸　付　金　と　借　入　金

③ 経過勘定項目の相殺
未 収 収 益 と 未 払 費 用
前 受 収 益 と 前 払 費 用

2．債権・債務の相殺消去に伴う貸倒引当金の調整

貸倒引当金は，連結会社を対象として引当てられたことが明らかなものは連結上，調整する。

したがって，連結上，売上債権が相殺された場合にはそれに伴って貸倒引当金も調整する必要がある。Ｐ社の売掛金100円はＳ社に対するものであったとすると，連結消去・振替仕訳は，

（買　掛　金）　　　100　　（売　掛　金）　　　100

となる。また，Ｐ社の貸倒引当金設定率が２％とすると，以下の連結消去・振替仕訳が行われる。

（貸倒引当金）　　　　2　　（貸倒引当金繰入額）　　　2

※　100×２％＝2

設例32 売上債権の相殺に伴う貸倒引当金の調整（差額補充法）

Ｐ社とＳ社における債権・債務は以下のとおりである。よって，第１期及び第２期の連結消去・振替仕訳を示しなさい。

〔第１期〕

Ｐ社	Ｓ社
売掛金 8,000円（うちＳ社分2,000円）	買掛金 2,000円

〔第２期〕

Ｐ社	Ｓ社
売掛金10,000円（うちＳ社分3,000円）	買掛金 3,000円

なお，Ｐ社の貸倒引当金の設定率は２％であり，差額補充法を適用している。また，当期中に貸倒はなかった。

第3章　会社間取引の消去

解答（単位：円）

(1) 第1期

（買　　掛　　金）	2,000	（売　　掛　　金）	2,000
（貸 倒 引 当 金）	40	（貸倒引当金繰入額）	40

(2) 第2期

（貸倒引当金繰入額）	40	（利益剰余金期首残高）	40
（買　　掛　　金）	3,000	（売　　掛　　金）	3,000
（貸 倒 引 当 金）	60	（貸倒引当金繰入額）	60

解説（単位：円）

(1) 第1期の連結消去・振替仕訳

（買　　掛　　金）	2,000	（売　　掛　　金）	2,000
（貸 倒 引 当 金）	40※	（貸倒引当金繰入額）	40

※　2,000×2％＝40

(2) 第2期の連結消去・振替仕訳

① 期首の貸倒引当金の調整

　a．開始仕訳

（貸 倒 引 当 金）	40	（利益剰余金期首残高）	40

※　第1期の貸倒引当金繰入額が40過大であり，利益が過小計上されている。第2期からみれば，利益剰余金期首残高を増加させる必要がある。

　b．実現仕訳

（貸倒引当金繰入額）	40	（貸 倒 引 当 金）	40

※　P社の個別上の貸倒引当金繰入額は，連結上あるべき金額より40だけ過小となっているため修正する。

② 期末分の仕訳

（買　　掛　　金）	3,000	（売　　掛　　金）	3,000
（貸 倒 引 当 金）	60※	（貸倒引当金繰入額）	60

※　3,000×2％＝60

1 会社間取引の消去仕訳

設例33　売上債権の相殺に伴う貸倒引当金の調整（差額補充法）

当期末におけるP社・S社における債権・債務及び取引は以下のとおりである。よって連結消去・振替仕訳を示しなさい。

	P 社	S 社
売 上 高	20,000円（うちS社分10,000円）	仕 入 高　10,000円
売 掛 金	2,000円（うちS社分 1,000円）	買 掛 金　 1,000円
貸 付 金	4,000円（うちS社分 2,000円）	借 入 金　 2,000円
受取利息	380円（うちS社分　190円）	支払利息　　 190円

（注）
1．P社・S社ともに貸倒引当金は売上債権の2％を毎期設定し，差額補充法を採用している。
2．前期末におけるP社の売掛金残高は1,400円であり，S社に対する売掛金残高は800円であった。

解答（単位：円）

① 売上・仕入関係の相殺消去
　（売　上　高）　 10,000　　（売 上 原 価）　10,000
　（買　掛　金）　 1,000　　（売　掛　金）　 1,000

② 貸付・借入関係の相殺消去
　（借　入　金）　 2,000　　（貸　付　金）　 2,000
　（受 取 利 息）　 190　　（支 払 利 息）　 190

③ 貸倒引当金の調整
　（貸倒引当金繰入額）　 16　　（利益剰余金期首残高）　 16
　（貸倒引当金）　 20　　（貸倒引当金繰入額）　 20

第3章　会社間取引の消去

解説（単位：円）

貸倒引当金に関する連結消去・振替仕訳

　a．開始仕訳

　　（貸倒引当金）　　　　16　　（利益剰余金期首残高）　　16

　b．実現仕訳

　　（貸倒引当金繰入額）　　16　　（貸倒引当金）　　　　　16

　※　連結上，前期においてS社に対する売掛金に対して設定された貸倒引当金16を消去しているため，当期末に補充すべき貸倒引当金繰入額は連結上の金額のほうが個別上の金額よりも16だけ大きくなってくる。

　　　したがって，連結上，貸倒引当金繰入額を加算する必要がある。

　c．期末の貸倒引当金の調整

　　（貸倒引当金）　　　　20　　（貸倒引当金繰入額）　　　20

　※　1,000 × 2 ％ = 20

　　S社に対する売掛金に対して設定された貸倒引当金繰入額20を消去する。

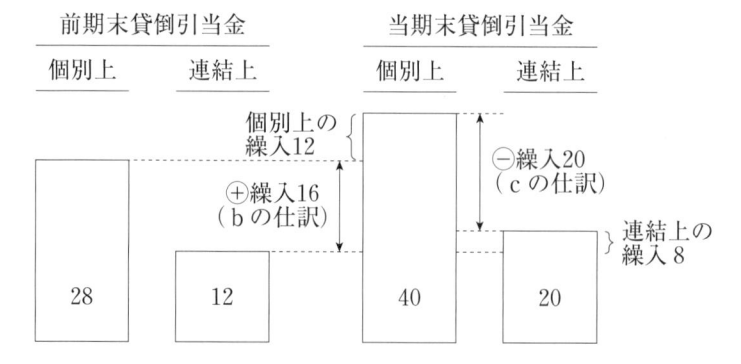

	前期末貸倒引当金		当期末貸倒引当金	
	個別上	連結上	個別上	連結上
	28	12	40	20

個別上の繰入12
＋繰入16（bの仕訳）
−繰入20（cの仕訳）
連結上の繰入8

2 手形取引の消去 ★

　手形取引の相殺は，売掛金と買掛金あるいは貸付金と借入金などの債権・債務の相殺と同じように考えればよい。しかし，手形は第三者に譲渡（裏書及び割引）することができるため，連結会社間及び第三者との間を転々と流通することがある。したがって，連結上の取扱いは売掛金と買掛金の相殺等に比べてより複雑になる。

1．手形取引の分類

　手形取引の相殺消去を確実にするためには，手形取引を次のように分類して考えることが必要である。

(1) 手形債権者と手形債務者がいずれも連結集団内の会社である場合
　　この場合，連結集団の外部に対する手形債権・債務は存在しないため，連結上，受取手形と支払手形を相殺消去しなければならない。

	連結会社間での裏書	手形の流れ
①	裏書がないケース	P社（支払手形） →振出→ S社（受取手形）
②	裏書があるケース	P社（支払手形） →振出→ S_1社（(注)裏書手形） →裏書→ S_2社（受取手形）

第3章　会社間取引の消去

(2) 手形債務者か手形債権者のいずれか一方が外部者である場合

　この場合，連結集団の外部に対する手形債権・債務が存在するため，連結上，受取手形と支払手形の相殺消去は不要となる。

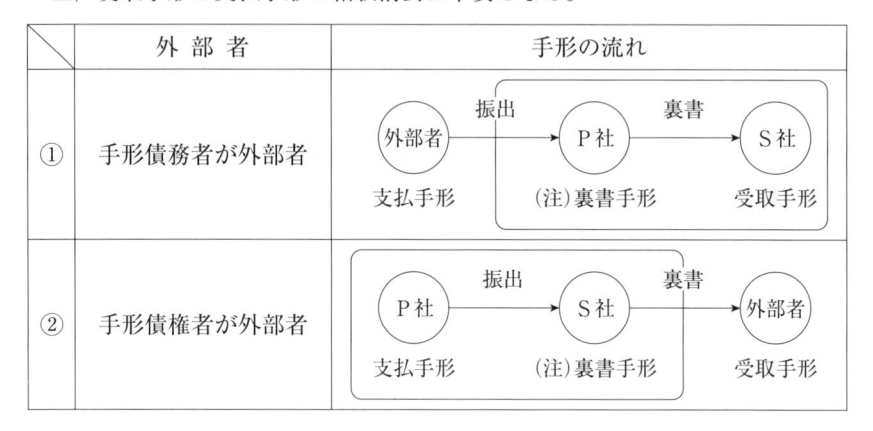

	外部者	手形の流れ
①	手形債務者が外部者	外部者 →振出→ P社 →裏書→ S社 支払手形　　　（注）裏書手形　　受取手形
②	手形債権者が外部者	P社 →振出→ S社 →裏書→ 外部者 支払手形　　　（注）裏書手形　　受取手形

2．手形債権者と手形債務者がいずれも連結集団内の会社である場合

(1) 連結会社間で裏書がないケース

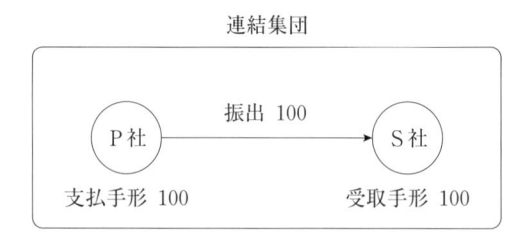

連結集団

P社 →振出 100→ S社
支払手形 100　　　受取手形 100

　これを連結ベースで考えると，連結集団の外部に対する手形債権・債務は存在しないため，連結上，相殺消去しなければならない。

　　（支払手形）　　　100　　　（受取手形）　　　100
　　　－P社－　　　　　　　　　　－S社－

148

2 手形取引の消去

設例34 連結会社間で裏書がないケース

次の問について連結消去・振替仕訳を示しなさい。

問1 P社が振出した手形をP社から直接受取ったケース

親会社P社は子会社S社に約束手形1,000円を振出した。S社は当該手形を期末現在保有している。

問2 P社が振出した手形を外部から受取ったケース

親会社P社はA社に約束手形1,000円を振出した。A社は当該手形1,000円を子会社S社に裏書譲渡した。S社は当該手形を期末現在保有している。

解答（単位：円）

問1

（支 払 手 形）　　1,000　　（受 取 手 形）　　1,000

問2

（支 払 手 形）　　1,000　　（受 取 手 形）　　1,000

解説（単位：円）

問1　S社が保有している受取手形1,000円は内部取引によって生じたものであるため、連結上、相殺消去しなければならない。

連結集団

P社 —振出→ S社
支払手形 1,000　　受取手形 1,000

第3章　会社間取引の消去

問2　S社が保有している受取手形1,000円はA社から裏書譲渡されたものであるが，P社が振出したものであるため，連結上，相殺消去しなければならない。

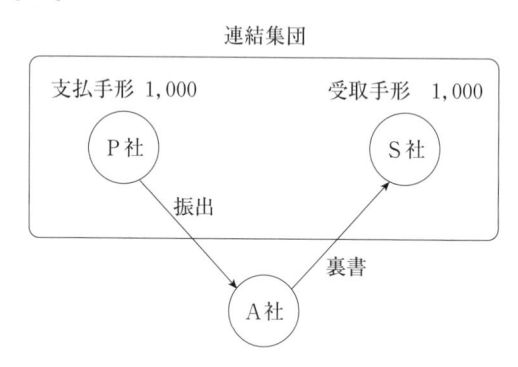

```
                    連結集団
        ┌─────────────────────────────┐
        │ 支払手形 1,000    受取手形 1,000 │
        │    ○               ○         │
        │   P社              S社        │
        │     ＼            ／          │
        │    振出        裏書           │
        │       ＼      ／              │
        │         ○                    │
        │        A社                   │
        └─────────────────────────────┘
```

(2) **連結会社間で裏書があるケース**

　裏書が行われている場合に注意しなければならないことは裏書手形の表示方法である。S_1社の勘定処理上，評価勘定法を採用しようと対照勘定法を採用しようと貸借対照表上における表示方法は同じで注記事項となる。

　したがって，連結消去・振替仕訳は裏書手形が注記事項であることを前提に行われることになる。しかし，連結精算表上は必ずしもそうではなく裏書手形勘定が設けられていることがある。その場合には，評価勘定法を前提にした連結消去・振替仕訳を考えなければならなくなる。

　P社がS_1社に対して100円の手形を振出し，S_1社は当該手形をS_2社に裏書したとする。

　この場合に，①評価勘定法によるケースと，②直接減額法（注記方式）のケースに分けて説明する。

② 手形取引の消去

① 評価勘定法のケース

連結集団

振出 100　　　裏書 100
P社 ──→ S₁社 ──→ S₂社

支払手形 100　　受取手形 100　　受取手形 100
　　　　　　　　裏書手形 100

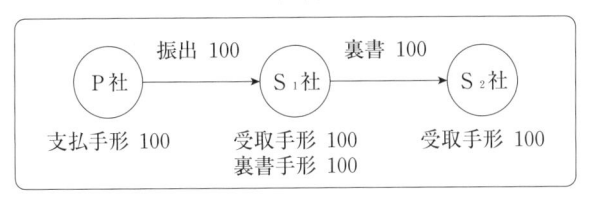

　これを連結ベースで考えると連結集団の外部に対する手形債権・債務及び裏書手形は存在しないため，連結上，相殺消去しなければならない。

　(支　払　手　形)　　　100　　(受　取　手　形)　　　100
　　　－P社－　　　　　　　　　　　　－S₁社－

　(裏　書　手　形)　　　100　　(受　取　手　形)　　　100
　　　－S₁社－　　　　　　　　　　　　－S₂社－

② 直接減額法（注記方式）のケース

連結集団

振出 100　　　裏書 100
P社 ──→ S₁社 ──→ S₂社

支払手形 100　　(注)裏書手形 100　　受取手形 100

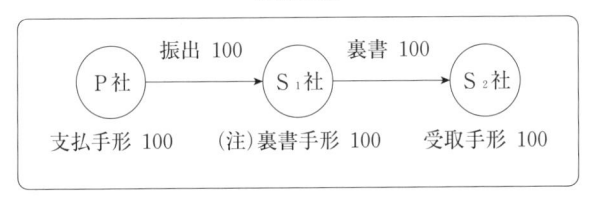

　これを連結ベースで考えると連結集団の外部に対する手形債権・債務及び裏書手形は存在しないため，連結上，手形の相殺消去を行うとともに，S₁社における注記事項を消去しなければならない。

　(支　払　手　形)　　　100　　(受　取　手　形)　　　100
　　　－P社－　　　　　　　　　　　　－S₂社－

　なお，注記事項における裏書手形100を消去する。

設例35　連結会社間で裏書があるケース

次の資料より，連結消去・振替仕訳を(1)評価勘定法，(2)直接減額法によって示しなさい。

【資　料】　子会社であるS₁社とS₂社の貸借対照表（単位：円）

```
     S₁社    B／S              S₂社    B／S
   受取手形 1,400            受取手形   600
```

（注）　裏書手形が600円ある。

①　S₁社の受取手形は，すべて親会社P社が振出したものである。

②　S₂社の受取手形はS₁社から裏書譲渡されたものであり，親会社P社が振出したものである。

解　答（単位：円）

(1) 評価勘定法

（支払手形）-P社-	2,000	（受取手形）-S₁社-	2,000
（裏書手形）-S₁社-	600	（受取手形）-S₂社-	600

(2) 直接減額法

（支払手形）-P社-	2,000	（受取手形）-S₁社-	1,400
		（受取手形）-S₂社-	600

※　なお，個別B／S上，注記事項である裏書手形600は連結B／S上消去される。

② 手形取引の消去

解説 （単位：円）

(1) 評価勘定法

S₁社のB/S上，注記事項として裏書手形が600あるが，当該手形はP社が振出したものである。よって，S₁社はP社振出しの手形を当初2,000受取っていることがわかる。

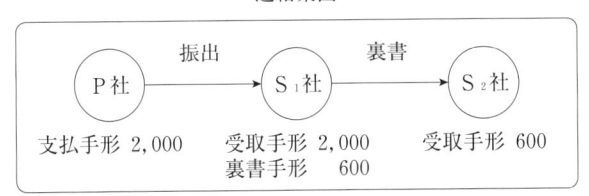

```
                    連結集団
    ┌─────────────────────────────────────────────┐
    │         振出              裏書              │
    │  P社  ───────→  S₁社  ───────→  S₂社      │
    └─────────────────────────────────────────────┘
    支払手形 2,000    受取手形 2,000    受取手形 600
                      裏書手形   600
```

(2) 直接減額法（注記方式）

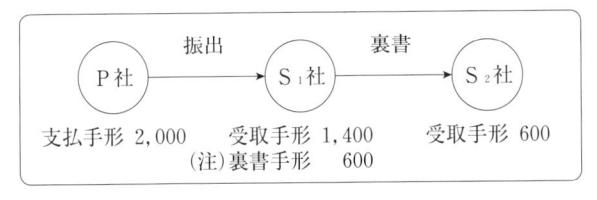

```
                    連結集団
    ┌─────────────────────────────────────────────┐
    │         振出              裏書              │
    │  P社  ───────→  S₁社  ───────→  S₂社      │
    └─────────────────────────────────────────────┘
    支払手形 2,000    受取手形  1,400   受取手形 600
                 （注）裏書手形   600
```

153

3．手形債務者か手形債権者のいずれか一方が外部者である場合

(1) 手形債務者が外部者のケース

　P社が外部から受取った100円の手形を子会社S社に裏書したとする。

　この場合に，①評価勘定法によるケースと，②直接減額法（注記方式）のケースに分けて説明する。

　① 評価勘定法のケース

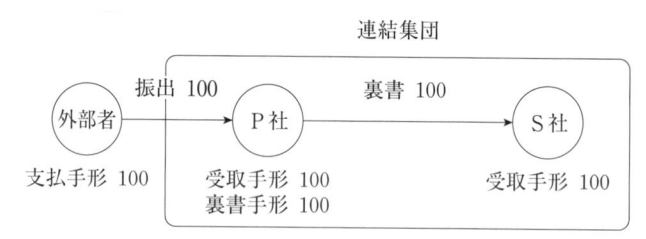

```
                    連結集団
          振出 100  ┌─────────────────────┐
  ┌──────┐       │ ┌────┐  裏書 100  ┌────┐ │
  │外部者│──→│ │ P社 │──────→│ S社│ │
  └──────┘       │ └────┘           └────┘ │
  支払手形 100    │ 受取手形 100     受取手形 100 │
                  │ 裏書手形 100                  │
                  └─────────────────────┘
```

　これを連結ベースで考えると次のようになる。

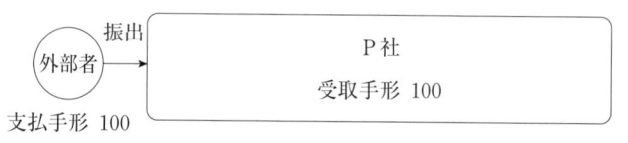

```
          振出   ┌─────────────────────┐
  ┌──────┐    │         P社              │
  │外部者│──→│      受取手形 100        │
  └──────┘    │                          │
  支払手形 100 └─────────────────────┘
```

　すなわち，S社の受取手形100円はP社より裏書によって受取ったものであり，連結会社間取引によって発生したものであるから，連結上，相殺消去しなければならない。

　　　（裏　書　手　形）　　　100　　　（受　取　手　形）　　　100
　　　　　－P社－　　　　　　　　　　　　　－S社－

② **直接減額法（注記方式）のケース**

連結集団

外部者 →(振出)→ P社 →(裏書)→ S社

支払手形 100　　（注）裏書手形 100　　受取手形 100

これを連結ベースで考えると次のようになる。

外部者 →(振出)→ P社　受取手形 100

支払手形 100

すなわち，連結上，裏書手形は存在しないため，注記事項から裏書手形100円を消去するのみとなる。

設例36　手形債務者が外部者のケース

次の資料より，連結消去・振替仕訳を(1)評価勘定法，(2)直接減額法によって示しなさい。

【資　料】　P社と子会社S社の貸借対照表（単位：円）

P社　B／S	S社　B／S
受取手形 1,400	受取手形 600

（注）　裏書手形が600円ある。

① P社の受取手形はすべてS社以外から受取ったものである。
② S社の受取手形はP社から裏書されたものであり，すべて外部の第三者が振出したものである。

第3章　会社間取引の消去

解　答（単位：円）
(1) 評価勘定法

（裏　書　手　形）　　　600　　　（受　取　手　形）　　　600
　　－P社－　　　　　　　　　　　　　－S社－

(2) 直接減額法

仕訳なし

※　なお，個別B/S上，注記事項である裏書手形600は連結B/S上消去される。

(2) **手形債権者が外部者のケース**

P社がS社に手形100円を振出し，S社は当該手形のうち，40円を銀行で割引き，残り60円を外部の第三者に裏書したとする。

この場合に，①評価勘定法によるケースと，②直接減額法（注記方式）のケースに分けて説明する。

① **評価勘定法のケース**

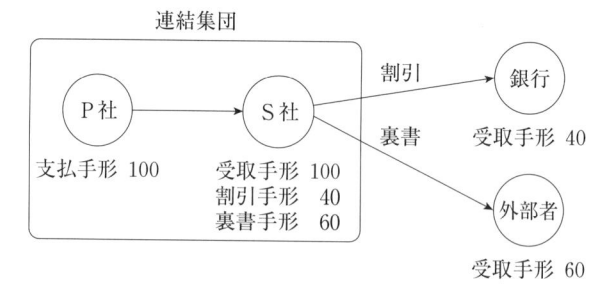

```
　　　　　連結集団
　┌──────────────────┐　　割引　　┌─────┐
　│　┌──┐　　　┌──┐　─────→│ 銀行 │
　│　│P社 │──→│S社 │　　　　　　└─────┘
　│　└──┘　　　└──┘　裏書　　受取手形 40
　│　　　　　　　　　　　　　─────┐
　│　支払手形 100　　受取手形 100　　　│　┌─────┐
　│　　　　　　　　　割引手形  40　　　└→│外部者│
　│　　　　　　　　　裏書手形  60　　　　 └─────┘
　└──────────────────┘
　　　　　　　　　　　　　　　　　　　　受取手形 60
```

これを連結ベースで考えると次のようになる。

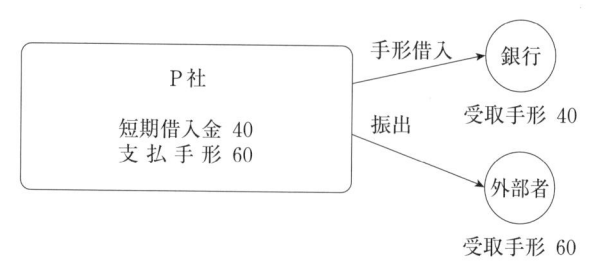

```
　　　　　　　　　　　　　　　　　手形借入　┌─────┐
　┌──────────────┐　─────→│ 銀行 │
　│　　　　　　P社　　　　　　│　　　　　 └─────┘
　│　　　短期借入金 40　　　　│　振出　　受取手形 40
　│　　　支 払 手 形 60　　　│　─────┐
　│　　　　　　　　　　　　　│　　　　　│　┌─────┐
　└──────────────┘　　　　　　└→│外部者│
　　　　　　　　　　　　　　　　　　　　　　└─────┘
　　　　　　　　　　　　　　　　　　　　受取手形 60
```

156

2 手形取引の消去

すなわち，S社の受取手形100円はP社が振出したものであり，連結会社間取引によって発生したものであるから，連結上相殺消去する必要がある。

（支 払 手 形）　　　100　　（受 取 手 形）　　　100
　－P社－　　　　　　　　　　　　－S社－

また，S社の割引手形40円は，連結集団の観点からみると自己が40円の手形を振出して銀行から借入を行ったことになるため，割引手形から短期借入金に振替えなければならない。

（割 引 手 形）　　　40　　（短 期 借 入 金）　　　40
　－S社－

さらに，S社の裏書手形60円は，連結集団の観点からみると外部の第三者に60円の手形を振出したことになるので，裏書手形から支払手形に振替えなければならない。

（裏 書 手 形）　　　60　　（支 払 手 形）　　　60
　－S社－

② 直接減額法（注記方式）のケース

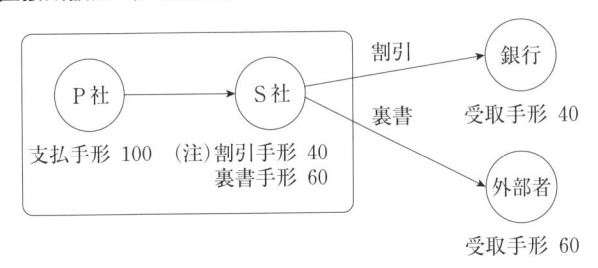

```
┌─────────────────────┐   割引    ┌──────┐
│  P社 → S社         │─────────→│ 銀行 │
│                     │   裏書    └──────┘
│ 支払手形 100 (注)割引手形 40 │        受取手形 40
│          裏書手形 60│
│                     │          ┌──────┐
└─────────────────────┘─────────→│外部者│
                                  └──────┘
                                     受取手形 60
```

これを連結ベースで考えると次のようになる。

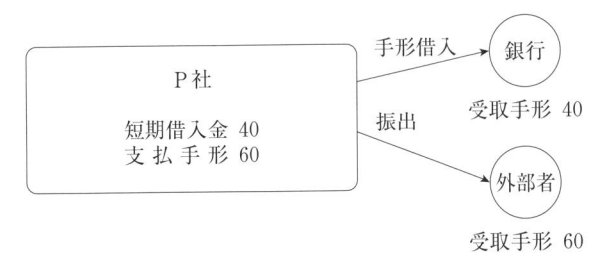

```
┌─────────────────────┐  手形借入 ┌──────┐
│        P社          │─────────→│ 銀行 │
│                     │   振出    └──────┘
│  短期借入金 40      │           受取手形 40
│  支払手形 60        │
│                     │          ┌──────┐
└─────────────────────┘─────────→│外部者│
                                  └──────┘
                                     受取手形 60
```

第3章　会社間取引の消去

すなわち，P社がS社に振出した手形のうち40円は銀行割引しているが，連結上は銀行に対する短期借入金に振替えられる。

（支　払　手　形）　　　40　　　（短期借入金）　　　40
　－P社－

また，P社がS社に振出した手形のうち60円は，連結集団にとって外部の第三者に対する支払手形となるため消去されないことになる。なお，個別B/S上，注記事項である割引手形40円，裏書手形60円は連結B/S上消去される。

設例37　手形債権者が外部者のケース

次の資料より，連結消去・振替仕訳を(1)評価勘定法，(2)直接減額法によって示しなさい。

【資　料】　P社と子会社S社の貸借対照表（単位：円）

P社　　B/S	S社　　B/S
支払手形 2,000	受取手形 1,000

（注）　割引手形が600円ある。
　　　　裏書手形が400円ある。

① 　S社の受取手形は，すべてP社が振出したものである。
② 　S社の割引手形及び裏書手形はすべてP社が振出したものである。

解　答（単位：円）

(1) 評価勘定法

（支　払　手　形）	2,000	（受　取　手　形）	2,000
（割　引　手　形）	600	（短期借入金）	600
（裏　書　手　形）	400	（支　払　手　形）	400

(2) 直接減額法

（支　払　手　形）	1,600	（受　取　手　形）	1,000
		（短期借入金）	600

3 未達商品がある場合の会社間取引の消去 ★★

　P社とS社との間に未達商品が存在すると，P社の売上高とS社の仕入高は一致しないため，これを調整する必要がある。

　P社は当期中S社に商品100円を掛販売したが，期末現在10円についてS社において未達だったとする。この場合，P社の売上高は100円であるが，S社の仕入高は90円となり一致しない。また，P社の売掛金残高は30円とすると，S社の買掛金残高は20円となる（未達分の10円だけ少なくなる）。

　したがって，連結上は未達商品を調整してから相殺消去する必要がある。

① 未達商品の認識

　　（売 上 原 価）　　10　　（買　掛　金）　　10
　　　－仕入高－
　　（商　　　　品）　　10　　（売 上 原 価）　　10
　　　　　　　　　　　　　　　－期末商品棚卸高－

② 内部取引の相殺消去

　　（売　上　高）　　100　　（売 上 原 価）　　100
　　　　　　　　　　　　　　　－仕入高－

③ 債権・債務の相殺消去

　　（買　掛　金）　　30　　（売　掛　金）　　30

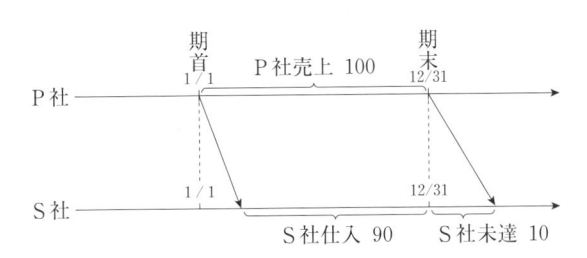

```
          期              期
          首   P社売上 100 末
         1/1            12/31
P社 ────┬──────────────┬────────→
         │╲            │╲
         │ ╲           │ ╲
         │  ╲          │  ╲
         │   ╲         │   ╲
S社 ────┴────┴────────┴────┴──→
         1/1           12/31
              S社仕入 90  S社未達 10
```

第3章　会社間取引の消去

設例38　未達商品の認識

当期末におけるP社・S社間における債権・債務残高及び取引高は以下のとおりである。

よって、連結消去・振替仕訳を示しなさい。

P社		S社	
売 上 高	20,000円	仕 入 高	18,000円
売 掛 金	6,000円	買 掛 金	4,000円

解答（単位：円）

① 未達商品の認識

（売 上 原 価）　　2,000　　（買　掛　金）　　2,000
　－仕入高－

（商　　　　品）　　2,000　　（売 上 原 価）　　2,000
　　　　　　　　　　　　　　　　－期末商品棚卸高－

よって、まとめた仕訳を示すと次のようになる。

（商　　　　品）　　2,000　　（買　掛　金）　　2,000

② 内部取引の相殺消去

（売　上　高）　　20,000　　（売 上 原 価）　　20,000
　　　　　　　　　　　　　　　　－仕入高－

③ 債権・債務の相殺消去

（買　掛　金）　　6,000　　（売　掛　金）　　6,000

4 連結会社を対象として引当てた引当金の調整 ★★

製品保証引当金，売上割戻引当金，返品調整引当金，工事補償引当金等の負債性引当金のうち，連結会社を対象として引当てられたことが明らかなものがあるときは連結上これを調整する。

すなわち，連結会社相互間の取引高の消去に伴い，負債性引当金の計上を消去する必要がある。

設例39　負債性引当金の消去

P社はS社の株式を80％所有している。下記の資料に基づいて，連結第1年度及び連結第2年度の連結消去・振替仕訳を示しなさい。

(1) P社は，連結第1年度においてS社に商品を10,000円（売上割戻控除前）販売している。P社は当該販売について3％の割戻しを行う契約を結んでいるため，売上割戻引当金を300円計上している。

(2) P社は，連結第2年度においてS社に商品を15,000円（売上割戻控除前）販売している。P社は，当該販売について売上割戻引当金を450円計上している。なお，P社は，連結第1年度に係る売上割戻し300円をS社に支払っており，S社は割戻し受取時に受取額を仕入高から控除している。

解答 （単位：円）

(1) 連結第1年度

（売　上　高）	10,000	（売　上　原　価）	10,000
（売上割戻引当金）	300	（売　上　高）	300

(2) 連結第2年度

（売　上　高）	15,000	（売　上　原　価）	15,000
（売　上　原　価）	300	（利益剰余金期首残高）	300
（売上割戻引当金）	450	（売　上　高）	450

161

第3章　会社間取引の消去

解説（単位：円）

(1) 連結第1年度の連結消去・振替仕訳

① 売上高と売上原価の相殺

（売　上　高）　10,000　　（売 上 原 価）　10,000

② 売上割戻引当金の消去

（売上割戻引当金）　300　　（売　上　高）　300

　※　S社に対して計上された売上割戻引当金300は，連結上消去する必要がある。なお，売上割戻引当金繰入額は通常売上高から直接控除されているため，売上高を増加させることになる。

(2) 連結第2年度の連結消去・振替仕訳

① 売上高と売上原価の相殺

（売　上　高）　15,000　　（売 上 原 価）　15,000

② 売上割戻引当金の調整

a．開始仕訳

（売上割戻引当金）　300　　（利益剰余金期首残高）　300

b．実現仕訳

（売 上 原 価）　300　　（売上割戻引当金）　300
　－仕入高－

　※　P社及びS社の個別上の仕訳を取消したものである。

P社：（売上割戻引当金）　300　　（現 金 預 金）　300

S社：（現 金 預 金）　300　　（売 上 原 価）　300
　　　　　　　　　　　　　　　　　－仕入高－

よって，上記の仕訳を取消すと次のようになる。

（売 上 原 価）　300　　（売上割戻引当金）　300

c．期末分の消去仕訳

（売上割戻引当金）　450　　（売　上　高）　450

第4章　未実現利益の消去

1　連結上の未実現利益　★

1．未実現利益の消去理由

　連結上の未実現利益とは，ある連結会社が他の連結会社に，ある財を利益を含め販売したが，いまだ当該財が他の連結会社で保有されている場合の当該財に含まれる利益をいう。連結集団を単一の組織体とみなす連結の思想のもとでは，当該財に含まれる利益は，連結会社以外の第三者に販売されるまでは未実現と考えられるからである。かかる未実現利益は，連結財務諸表の目的に照らして，連結上消去しなければならない。

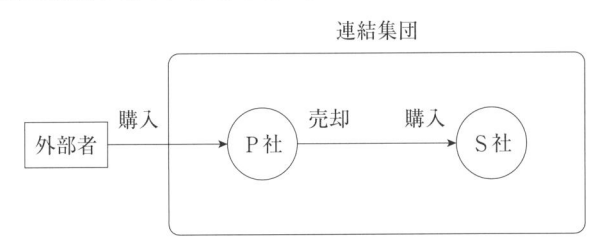

```
                    連結集団
         購入         売却        購入
外部者 ───→  P社  ─────→  S社
```

　この場合，P社が付加した利益はS社が保有する財に含まれており，連結上は未実現利益となる。

2．領　域

　連結上，未実現利益を消去する領域をまとめると次のようになる。

```
              ┌ 棚卸資産
未実現利益の消去┤        ┌ 非償却性資産（例：土地）
              └ 固定資産┤
                      └ 償却性資産（例：建物・備品）
```

第4章　未実現利益の消去

2　棚卸資産に係る未実現利益の消去　★

1．期末棚卸資産に係る未実現利益の消去仕訳

期末棚卸資産に含まれている未実現利益は，連結上消去しなければならない。

具体的に，未実現利益の消去は，個別会計上の期末棚卸資産を連結上の原価（販売側の原価をいう）に直すことを意味する。

|||||||||||| 例 ||||||||||||||||||||||||||||||||||||||||||||||||||||||||||||||||||||||||||||||||||||||

Ｐ社が800円で購入した商品を連結子会社Ｓ社に1,000円で販売し，Ｓ社ではそのまま在庫されている。

よって，連結消去・振替仕訳を示しなさい。
||||||||||||||||||||||||||||||||||||||||||||||||||||||||||||||||||||||||||||||||||||||||||||||||||||||

この場合，Ｐ社及びＳ社のＰ／Ｌ，Ｂ／Ｓは次のようになる。

```
                         連結集団
   ┌────────────────────────────────────────────────┐
   │                                                │
外部者 ─→ (Ｐ社) ────────────────→ (Ｓ社)            │
   │        Ｐ／Ｌ                   Ｐ／Ｌ           │
   │  仕入高 800 │ 売上高 1,000   仕入高 1,000 │ 期末商品 1,000 │
   │                                  Ｂ／Ｓ          │
   │                              商　品 1,000 │     │
   └────────────────────────────────────────────────┘
```

しかし，連結集団（Ｐ社及びＳ社）を単一の組織体とみなす連結の思想のもとでは，Ｐ社がＳ社に売却した商品は連結集団の外部に売却されるまでは未実現利益と考えなければならない。また，連結集団内での取引も相殺されなければならない。

よって，連結ベースで考えると次のようになる。

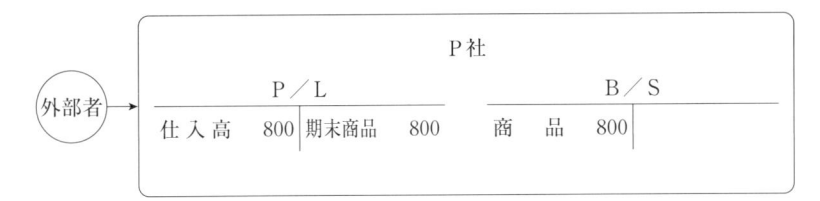

② 棚卸資産に係る未実現利益の消去

```
                    P社
          P/L              B/S
外部者 → 仕入高 800 | 期末商品 800    商品 800 |
```

　連結上の観点からは，P/L上の売上高1,000円と仕入高1,000円は内部取引として相殺し，B/S上の商品は未実現利益の分だけ過大となっているため，商品原価を200円減少させるとともにP/L上の期末商品を200円減少させる必要がある。

　したがって，連結上必要な修正仕訳は次のようになる。

① 内部取引の相殺・消去

　（売　　上　　高）　　1,000　　（仕　　入　　高）　　1,000

② 未実現利益の消去

　（期　末　商　品）　　　200　　（商　　　　　品）　　　200

　ただし，連結P/L上は売上原価は売上原価a/cで一括的に示されるため，上記①及び②の仕訳は次のようになる。

①（売　　上　　高）　　1,000　　（売　上　原　価）　　1,000
　　　　　　　　　　　　　　　　　　　－仕入高－

②（売　上　原　価）　　　200　　（商　　　　　品）　　　200
　　－期末商品棚卸高－

設例40　棚卸資産に係る未実現利益の消去①

親会社であるP社は，外部より商品を800円で仕入れ，これをすべて連結子会社S社に1,000円で販売した。S社では当該商品の半分を700円で外部に販売した。なお，P社及びS社とも期首商品はなかった。

よって，当期末に必要な連結消去・振替仕訳を示しなさい。

第 4 章　未実現利益の消去

解答（単位：円）

(1) 内部取引の相殺

（売　上　高）　　1,000　　（売 上 原 価）　　1,000

(2) 未実現利益の消去

（売 上 原 価）　　100　　（商　　　品）　　100

※ $\underset{\text{期末商品}}{500} \times \dfrac{1{,}000 - 800}{1{,}000} = 100$

未実現利益は，S社期末商品（ただし，P社購入分のみ）にP社の売上総利益率を乗じて求めることができる。

$$売上総利益率 = \dfrac{売上高 - 売上原価}{売上高}$$

解説（単位：円）

以下，P社とS社の個別合算ベースでの売上原価及び期末商品の金額が，(1)内部取引の相殺消去仕訳及び(2)未実現利益の消去仕訳によりどのように修正されるのかを示してみる。

個別合算ベース

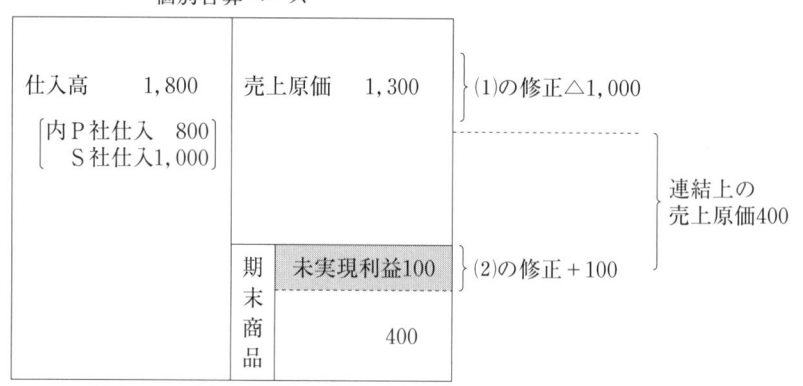

仕入高　1,800	売上原価　1,300	(1)の修正△1,000
[内 P社仕入　800 / S社仕入 1,000]		連結上の売上原価400
	期末商品　未実現利益 100	(2)の修正＋100
	400	

② 棚卸資産に係る未実現利益の消去

2．前期末棚卸資産に係る開始仕訳と実現仕訳

未実現利益に係る連結仕訳は次のように整理することができる。

連結仕訳 ｛(1)開始仕訳
　　　　　(2)実現仕訳　　　｝当年度に係る仕訳
　　　　　(3)未実現利益の消去仕訳

(1) 開始仕訳

例えば，前期末に，

　（売 上 原 価）　　　200　　（商　　　品）　　　200

という消去仕訳がなされているとする。当該仕訳は連結上のみ行われており，個別上にはいっさい反映されていない。したがって，前期末に行われた消去仕訳を引き継ぐための仕訳が必要となる。

　（利益剰余金
　　期首残高）　　200※1　（商　　　品）　　　200※2

　※1　前期末の利益剰余金期末残高は200だけ減少されている。しかし個別ベースの利益剰余金期末残高は減少されていない。よって，当期の期首である利益剰余金期首残高を200減少させる必要がある。

　※2　前年度の引継仕訳のため便宜的に商品勘定を用いる。しかし，当期の商品勘定（B／S）は，当期末を示すので，下記(2)の実現仕訳で取消す必要がある。

(2) 実現仕訳

期首商品は，先入先出法の仮定により当期末には販売済と考えることができる。しかし，連結上の観点からは未実現利益の200だけ売上原価が過大となっているため，売上原価を200減少させる必要がある。

　（商　　　品）　　　200　　（売 上 原 価）　　　200※
　　　　　　　　　　　　　　 －期首商品－

　※　売上原価の減少を通じて，当期の利益を増加させている。

　これは，前期末の未実現利益200が当期において実現したことを意味している。

第4章　未実現利益の消去

```
      前期末                   当期末
┌─────────┬──────┐    ┌─────────┬──────┐
│         │      │    │         │      │
│         │      │    │         │      │
│         │      │    │         │ 未実現利益 │
│         ├──────┤    │ 期首商品 ├──────┤
│ 期末商品 │未実現利益│    │         │      │
│         │      │    ├─────────┤ 売上原価 │
│         │      │    │         │      │
│         │      │    │ 期末商品 │      │
└─────────┴──────┘    └─────────┴──────┘
```
　　　　　　　　　　　　　　　　　　連結上の売上原価／個別上の売上原価

(3)　期首棚卸資産に係る未実現利益の調整（上記(1)＋(2)より）

（利益剰余金　　　　）　200　　（売　上　原　価）　200
　期　首　残　高

　　※　上記の仕訳は前期の未実現利益が売上原価の減少を通じて当期の実現利益となることを意味している。

　　　　すなわち，個別上の利益の期間帰属と連結上の利益の期間帰属が異なるからである。

設例41　棚卸資産に係る未実現利益の消去②

　親会社であるP社（決算日3月31日）は，外部より商品を仕入れ，これをすべてその期のうちに連結子会社S社（決算日3月31日）に販売している。S社は当該商品を外部に販売している。

　よって，以下の資料に基づき，連結第2年度の連結消去・振替仕訳を示しなさい。

		連結第1年度末 H.X1.3.31	連結第2年度末 H.X2.3.31
(1)	S社保有のP社商品	1,000円	2,000円
(2)	P社の売上総利益率	20％	25％
(3)	P社のS社への売上高	50,000円	80,000円

2 棚卸資産に係る未実現利益の消去

解答(単位:円)
① 期首商品に係る未実現利益の調整
(利益剰余金期首残高) 200　(売上原価) 200
　※ 1,000×20%=200
② 当期末の未実現利益の消去
(売上原価) 500　(商　品) 500
　※ 2,000×25%=500
③ 内部取引の相殺消去
(売　上　高) 80,000　(売上原価) 80,000

解説(単位:円)

以下,連結第2年度におけるP社とS社の個別合算ベースでの売上原価の金額が未実現利益の実現仕訳(②)によりどのように修正されるのかを示してみる。

個別合算ベース

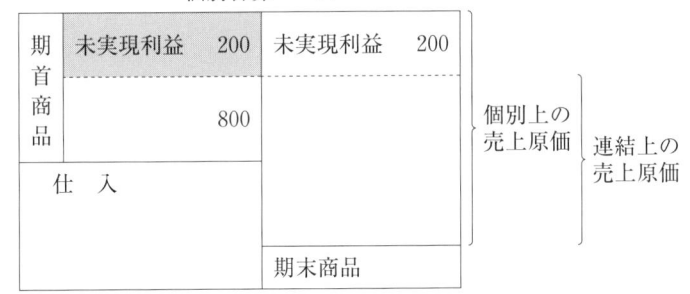

期首商品	未実現利益 200	未実現利益 200	
	800		個別上の売上原価 / 連結上の売上原価
仕入			
		期末商品	

また,連結第2年度における個別合算ベースでの売上原価の金額が①の期首商品に係る未実現利益の調整,②の未実現利益の消去仕訳,③の内部利益の相殺消去仕訳によりどのように修正されるのかを次に示しておく。

第4章 未実現利益の消去

個別合算ベース

```
期首商品  │未実現利益  200│ 売上原価  139,000  │ ①の修正△200
         │           800 │
         
         │  仕  入  140,000
         │ ［内P社仕入60,000※］
         │ ［  S社仕入80,000 ］           ③の修正△80,000   連結上の
                                                          売上原価
                                                           59,300

期末商品  │未実現利益  500 │                  ②の修正＋500
         │         1,500 │
```

※ 80,000 × 75% ＝ 60,000
　　　　　　P社売上原価率

3．未実現利益の消去方法と負担方法

(1) 未実現利益の消去方法

未実現利益の消去方法及び負担方法が問題となるのは，販売会社側に非支配株主持分が存在する場合である。

未実現利益の消去方法には次の3法がある。

A 法	B 法	C 法
全額消去・親会社負担方式	全額消去・持分按分負担方式	親会社持分相当消去方式
未実現利益を全額消去し，かつその全額を親会社株主が負担する方法	未実現利益を全額消去し，親会社株主と非支配株主とがそれぞれ持分比率に応じて消去分を負担する方法	親会社株主の持分比率に相当する金額だけを未実現利益として，いわゆる部分消去し，親会社株主がこの消去分を負担する方法

(2) 未実現利益の消去方法の適用

取引の流れが，ダウン（上位会社から下位会社への販売）の場合とアップ（下位会社から上位会社への販売）の場合によって，未実現利益の消去方法が異なってくる。

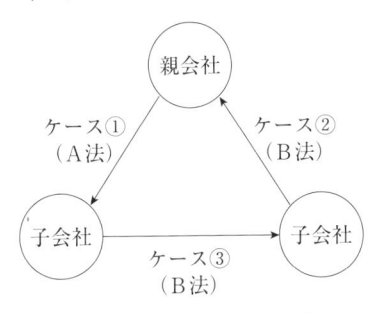

```
            親会社
          ／      ＼
    ケース①       ケース②
    （A法）       （B法）
    ／               ＼
  子会社 ──────→ 子会社
         ケース③
         （B法）
```

(注) 矢印は販売の流れを示す。

ケース①　ダウン・ストリームの場合

親会社が子会社に利益を付加して販売する取引の場合には，その売買損益は親会社に計上されているため，A法（全額消去・親会社負担方式）が適用される。

子会社の期末商品に親会社からの購入商品が500円あり，親会社の売上総利益率を20％とすると，この場合の未実現利益の消去仕訳は次のようになる。

（売 上 原 価）　　100　　（商　　　品）　　100
　　※　500×20％＝100

ケース②　アップ・ストリームの場合

子会社が親会社に利益を付加して販売する取引の場合には，その売買損益は子会社に計上されている。そこで，子会社の非支配株主にも未実現利益を負担させるべきであると考えて，その消去額を非支配株主持分にも按分負担させるB法（全額消去・持分按分負担方式）が適用される。

親会社（子会社株式の80％を所有）の期末商品に子会社からの購入商品が500円あり，子会社の売上総利益率を20％とすると，この場合の未実現利益の消去仕訳は次のようになる。

（売 上 原 価）　　　　100　　（商　　　品）　　　　100
（非支配株主持分）　　　20　　（非支配株主に帰属する当期純損益）　20

第4章 未実現利益の消去

　　※　連結集団の観点重視により，連結集団内の取引は内部取引とみなし，親会社持分及び非支配株主持分ともに未実現利益と考える。

ケース③　子会社→子会社の場合

上記ケース①及び②を参考として消去方法を決定することになる。例えば，販売側である子会社に非支配株主が存在する場合には，アップ・ストリームに準じて，Ｂ法が適用される。

(3) 未実現利益の消去仕訳（Ａ法，Ｂ法）

Ａ　　法	Ｂ　　法
(1) 開　始　仕　訳	
（利益剰余金期首残高）×× （商　　品）××	（利益剰余金期首残高）×× （商　　品）×× （非支配株主持分）×× （利益剰余金期首残高）××
(2) 実　現　仕　訳	
（商　　品）×× （売上原価）××	（商　　品）×× （売上原価）×× （非支配株主に帰属する当期純損益）×× （非支配株主持分）××
(3) 当期末の仕訳	
（売上原価）×× （商　　品）××	（売上原価）×× （商　　品）×× （非支配株主持分）×× （非支配株主に帰属する当期純損益）××

設例42　未実現利益の消去方法（アップ・ストリーム）

問1　非支配株主が存在しない場合

　　親会社であるＰ社（Ｓ社株式を100％所有）は，当期中にＳ社より商品（原価960,000円）を1,200,000円で購入した。期末にＰ社棚卸資産中にＳ社からの購入分が400,000円残っていた。
　　よって，未実現利益に関する消去・振替仕訳を示しなさい。

問2　非支配株主が存在する場合

　　問1において，Ｐ社がＳ社株式を80％所有している場合，未実現利益に関する消去・振替仕訳を示しなさい。

2 棚卸資産に係る未実現利益の消去

解答（単位：円）

問1 非支配株主が存在しない場合

（売 上 原 価） 80,000 （商　　　品） 80,000

※ $400,000 \times \dfrac{1,200,000 - 960,000}{1,200,000} = 80,000$

問2 非支配株主が存在する場合

（売 上 原 価） 80,000 （商　　　品） 80,000
（非支配株主持分） 16,000※ （非支配株主に帰属する当期純損益） 16,000

※ $80,000 \times 20\% = 16,000$

解説

取引の流れがアップ・ストリーム，すなわち連結子会社から親会社への販売の場合には未実現利益の消去方法としてB法（全額消去・持分按分負担方式）が適用される。

アップ・ストリーム取引であっても100％所有の子会社であれば，未実現利益の消去方法としてA法（全額消去・親会社負担方式），B法をとっても結果は一致する。

設例43 未実現利益の消去方法（A法・B法）

P社（決算日3月31日）は，連結子会社S社（決算日3月31日，従来からP社はS社の発行済議決権株式総数の85％を所有）から，その商品を購入し，これを外部に販売している。

P社保有のS社商品残高及び未実現利益の消去に必要な資料は，次のとおりである。

	平成X1年3月31日	平成X2年3月31日	平成X3年3月31日
P社保有のS社商品：			
P社手持分	1,400円	2,400円	3,800円
同上に対する			
S社売上総利益率	20％	25％	30％
未実現利益	280	600	1,140

第4章 未実現利益の消去

B法適用の場合の負担額：
　S社の非支配株主負担額：
　　　持 分 比 率　　　15％　　　　　　　15％　　　　　　　15％
　　　負　担　額　　　42　　　　　　　　90　　　　　　　　171
　　P社株主負担額　　　238　　　　　　　510　　　　　　　　969

以上の資料により，連結第1年度及び連結第2年度の未実現利益に係る連結消去・振替仕訳をA法（本来なら適用できない），B法のそれぞれによって示しなさい。

解　答（単位：円）

	連結第1年度	連結第2年度
A法	（売 上 原 価）320　（商　　品）600 （利益剰余金期首残高）280	（売 上 原 価）540　（商　　品）1,140 （利益剰余金期首残高）600
B法	（売 上 原 価）320　（商　　品）600 （非支配株主持分）90　（非支配株主に帰属する当期純損益）48 （利益剰余金期首残高）238	（売 上 原 価）540　（商　　品）1,140 （非支配株主持分）171　（非支配株主に帰属する当期純損益）81 （利益剰余金期首残高）510

解　説（単位：円）

(1) A　法

　① 連結第1年度

　　（利益剰余金期首残高）　　　280　　（売 上 原 価）　　　280
　　　※　1,400×20％＝280

　　（売 上 原 価）　　　600　　（商　　　品）　　　600
　　　※　2,400×25％＝600

　② 連結第2年度

　　（利益剰余金期首残高）　　　600　　（売 上 原 価）　　　600
　　（売 上 原 価）　　1,140　　（商　　　品）　　1,140
　　　※　3,800×30％＝1,140

2 棚卸資産に係る未実現利益の消去

(2) B　法

① 連結第1年度

| （利益剰余金 期首残高） | 280 | （売上原価） | 280 |
| （非支配株主に帰属する当期純損益） | 42※ | （利益剰余金 期首残高） | 42 |

※　280×15％＝42

280の実現により，非支配株主に持分比率の15％だけ帰属する。

| （売上原価） | 600 | （商　品） | 600 |
| （非支配株主持分） | 90※ | （非支配株主に帰属する当期純損益） | 90 |

※　600×15％＝90

600の未実現利益をいったん親会社が負担し，非支配株主が持分比率の15％を負担する。

② 連結第2年度

| （利益剰余金 期首残高） | 600 | （売上原価） | 600 |
| （非支配株主に帰属する当期純損益） | 90※ | （利益剰余金 期首残高） | 90 |

※　600×15％＝90

| （売上原価） | 1,140 | （商　品） | 1,140 |
| （非支配株主持分） | 171※ | （非支配株主に帰属する当期純損益） | 171 |

※　1,140×15％＝171

第4章　未実現利益の消去

3　非償却性資産（固定資産）に係る未実現利益の消去　★

　連結会社間取引で土地などの非償却性資産が売買された場合に，連結上は，単一組織体内で土地の使用部門が変わっただけとなる。したがって，販売側の売却益を消去し，購入側の未実現利益分だけ過大になっている土地を減額する。
　そして土地が連結会社以外の第三者に売却されたときに，消去した未実現利益が実現したものとして取扱う。

|||||||||| 例 ||||||||||

　P社が外部から購入した土地100円を，第1期にS社に200円で売却し，S社は当該土地を第5期に外部の第三者に300円で売却した。
　よって，第1期から第5期までの連結消去・振替仕訳を示しなさい。

　取引の概要は次のようになる。

```
                    連結集団
              ┌─────────────────────┐
              │       第1期         │       第5期
              │  売却200    購入200  │  売却300
購入100 ──→   │ P社 ─────────→ S社 │ ─────→ 外部者
              │                     │
              └─────────────────────┘
```

　以下，連結消去・振替仕訳を考えてみる。
① 第1期の仕訳
　　　（土地売却益）　　　100　　（土　　地）　　　100
　　　※　P社の土地売却益100円は連結上，未実現利益であるから，これを消去し，土地の価額を引き下げる。
② 第2期から第4期の仕訳
　　　（利益剰余金期首残高）　100　　（土　　地）　　　100

3 非償却性資産（固定資産）に係る未実現利益の消去

※ 非償却性資産に係る未実現利益は，当該資産が連結グループの外部に販売されるまでは実現されない。したがって，前期の消去仕訳を引き継ぐことになるが，個別ベース上，土地売却益は利益剰余金期首残高に含まれて繰越されることになるため，利益剰余金期首残高の減少仕訳を行う。

③ 第5期の仕訳
　a．土地売却時の消去仕訳（開始仕訳）
　　（利益剰余金期首残高）　100　　（土　　　地）　100
　b．土地売却益の修正仕訳（実現仕訳）
　　（土　　　地）　100　　（土 地 売 却 益）　100
　　※ S社の個別会計上の土地売却益100円（300円－200円）を連結会計上のあるべき土地売却益200円（300円－100円）に修正する。すなわち，取得時において消去した未実現利益100円が連結グループの外部への売却により実現したものとして取扱う。

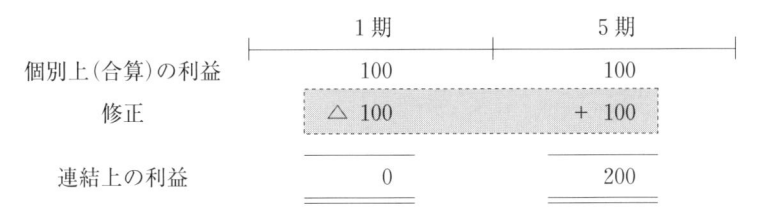

	1期	5期
個別上（合算）の利益	100	100
修正	△100	＋100
連結上の利益	0	200

設例44　非償却性資産に係る未実現利益の消去

連結第1年度期首において，P社は簿価280,000円の土地を90％の株式所有のあるS社に600,000円で売却した。連結第3年度期末において，S社は当該土地を700,000円で連結外部者R社に売却した。

よって，連結第1年度から連結第3年度における連結消去・振替仕訳を示しなさい。

第4章 未実現利益の消去

解 答（単位：円）

① 連結第1年度

（土地売却益） 320,000 　　（土　　　地） 320,000

※　600,000 − 280,000 = 320,000

② 連結第2年度

（利　益　剰　余　金
期　首　残　高） 320,000 　　（土　　　地） 320,000

③ 連結第3年度

a．土地売却益の消去仕訳（開始仕訳）

（利　益　剰　余　金
期　首　残　高） 320,000 　　（土　　　地） 320,000

b．土地売却益の修正仕訳（実現仕訳）

（土　　　地） 320,000 　　（土 地 売 却 益） 320,000

※　個別会計上の土地売却益100,000を連結会計上のあるべき土地売却益420,000に修正する。

4 償却性資産に係る未実現利益の消去 ★

　連結会社間取引で，購入側が減価償却資産として使用する資産を売却側が利益を付加して売却した場合には，個別会計上購入側は利益を含んだ取得原価を基礎として減価償却を行っている。

　しかし，連結会計上はあくまでも売却側の簿価または製造原価（連結上の原価）を基礎として減価償却を行うべきであるため，過大になっている個別会計上の減価償却費を修正する必要がある。

1．償却性資産に係る未実現利益の消去が必要な販売形態

　償却性資産を連結会社に販売（売却）する形態として次のようなケースがある。

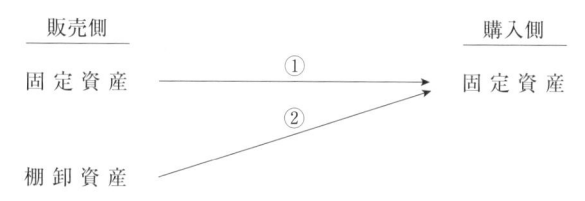

```
    販売側                              購入側
  固 定 資 産   ──────①──────→   固 定 資 産
                     ②
  棚 卸 資 産   ─────────────→
```

　①のケースは販売側が固定資産として使用していたものを売却し，購入側がそれを固定資産として使用する場合であり，②のケースは販売側が棚卸資産として売却し，購入側がそれを固定資産として使用する場合であり，連結集団からみれば棚卸資産を固定資産に用途変更する問題である。

　なお，ここでは購入側が当該固定資産を営業用として使用することを前提としている（製造用として使用する場合は後述の仕掛品及び製品に係る未実現利益の消去を参照）。

2．固定資産から固定資産の場合（①のケース）

　販売側が固定資産として使用していたものを売却したため，固定資産売却益を計上しており，購入側はそれを固定資産として使用しているため，販売側の

第4章　未実現利益の消去

利益を含んだ減価償却費が計上されることになる。なお，ここでは当該固定資産を営業用と考え，減価償却費は販売費及び一般管理費とする。

|||||||||||| 例 ||||||||||||||||||||||||||||||||||||||||||||||||||||||||||||||||||||||||||||||||||||||||||

親会社Ｐ社が子会社Ｓ社に備品（簿価100円）を第1期首に200円で売却した。Ｓ社では当該備品を残存価額ゼロ，耐用年数4年として定額法で減価償却を行っている。

よって，第1期及び第2期の連結消去・振替仕訳を示しなさい。

||||||||||||||||||||||||||||||||||||||||||||||||||||||||||||||||||||||||||||||||||||||||||||||||||||||||||

第1期末におけるＰ社及びＳ社のＰ／Ｌ，Ｂ／Ｓは次のようになっている。

連結集団

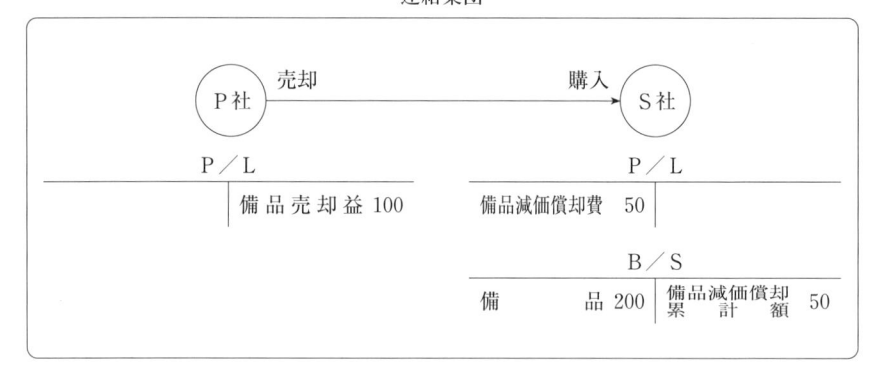

```
        売却            購入
  Ｐ社 ─────────────▶ Ｓ社

         Ｐ／Ｌ                      Ｐ／Ｌ
   備品売却益 100           備品減価償却費 50

                                     Ｂ／Ｓ
                              備  品  200 │ 備品減価償却
                                         │ 累  計  額  50
```

これを，連結ベースで考えると次のようになる。

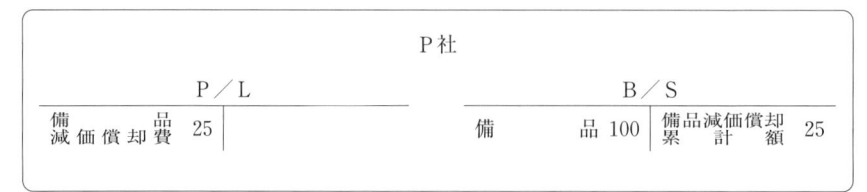

```
                       Ｐ社
         Ｐ／Ｌ                       Ｂ／Ｓ
   備　品
   減価償却費 25           備  品  100 │ 備品減価償却
                                      │ 累  計  額  25
```

したがって，必要な連結消去・振替仕訳は次のようになる。

① 第1期の仕訳

　　ａ．備品売却時の消去仕訳

　　　（備品売却益）　　　　100　　　（備　　品）　　　　100

4 償却性資産に係る未実現利益の消去

※ P社は自己所有の固定資産をS社へ売却したが，100円の備品売却益は連結上未実現利益である。したがって，備品売却益を消去するとともに，S社の備品に含まれている未実現利益100円を消去する。

b．過大備品減価償却費の修正

(備品減価償却累計額) 25 （備品減価償却費） 25

※ $(\underset{\text{個別原価}}{200} - \underset{\text{連結原価}}{100}) \times \dfrac{1\text{年}}{4\text{年}} = 25$

過大減価償却費25円を修正することによって，未実現利益が連結上実現したものとして取扱う。

② 第2期の仕訳

a．備品売却時の消去仕訳

(利益剰余金期首残高) 100 （備 品） 100

※ 第1期において，P社は100円だけ未実現利益を計上している。当期からみれば利益剰余金期首残高がそれだけ過大に計上されているため修正する。

b．過大備品減価償却費の修正

(備品減価償却累計額) 50 (利益剰余金期首残高) 25※
　　　　　　　　　　　　　　　（備品減価償却費） 25

※ 第1期において25円だけ減価償却費を過大計上しているため，利益剰余金期首残高の過小計上を修正する。

設例45　償却性資産に係る未実現利益の消去①（固定資産から固定資産）

親会社P社は，連結第1年度期首に連結子会社S社に帳簿価額10,000円の備品を15,000円で売却した。S社ではこれを同日より備品として使用に供している。定額法，耐用年数10年，残存価額10％で減価償却（間接控除法）を実施している。

以上の資料に基づいて，連結消去・振替仕訳を示しなさい。

① 連結第1年度の仕訳
② 連結第2年度の仕訳

第4章 未実現利益の消去

解答（単位：円）

① 連結第1年度

| （固定資産売却益） | 5,000 | （備　　　品） | 5,000 |
| （備品減価償却累計額） | 450 | （備品減価償却費） | 450 |

② 連結第2年度

| （利益剰余金期首残高） | 4,550 | （備　　　品） | 5,000 |
| （備品減価償却累計額） | 900 | （備品減価償却費） | 450 |

解説（単位：円）

(1) 備品に含まれる未実現利益の推移

	連結第1年度		連結第2年度	
個別会計上の簿価	15,000 △ 1,350	13,650	△ 1,350	12,300
連結会計上の簿価	10,000 △　 900	9,100	△　 900	8,200
未 実 現 利 益	5,000 △　 450	4,550	△　 450	4,100

(2) 連結消去・振替仕訳

① 連結第1年度

| （固定資産売却益） | 5,000※1 | （備　　　品） | 5,000 |
| （備品減価償却累計額） | 450※2 | （備品減価償却費） | 450 |

※1　連結会計上の取得原価10,000に修正するとともに，未実現利益5,000を消去する。

※2　S社が，個別会計上，計上した減価償却費1,350（＝15,000×90％×1年／10年）の中には，未実現利益450（5,000×90％×1年／10年）が含まれているので，連結上，実現したものとして扱う。つまり，P社の取得原価ベースでの減価償却費が連結上の正しい減価償却費として扱われなければならないので，過大減価償却費を修正するために減価償却費を減額する。この仕訳により，減価償却費の減少分450だけ連結上当期純利益は増加する。

② 連結第2年度

　a．備品売却時の消去仕訳

| （利益剰余金期首残高） | 5,000 | （備　　　品） | 5,000 |

4 償却性資産に係る未実現利益の消去

　b．過大減価償却費の修正

（備品減価償却累計額）	900	（利益剰余金期首残高）	450
		（備品減価償却費）	450

3．棚卸資産から固定資産の場合（②のケース）

　販売側が製品または商品として販売したため，売上高を計上しており，購入側はそれを固定資産として使用しているため，販売側の利益を含んだ減価償却費が計上されている。

例

　親会社Ｐ社が子会社Ｓ社に製品（製造原価100円）を第１期首に200円で販売した。Ｓ社では当該製品を備品として残存価額ゼロ，耐用年数４年として，定額法で減価償却を行っている。

　よって，第１期及び第２期の連結消去・振替仕訳を示しなさい。

　第１期末におけるＰ社及びＳ社のＰ／Ｌ，Ｂ／Ｓは次のようになっている。

連結集団

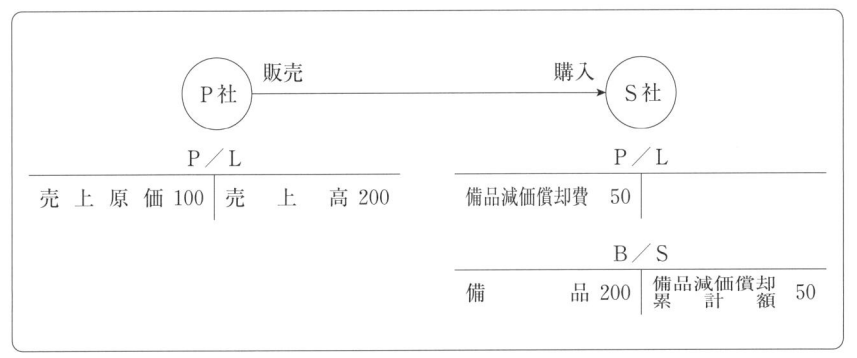

Ｐ社 —販売→ 購入→ Ｓ社

Ｐ社 P／L
売上原価 100 ／ 売上高 200

Ｓ社 P／L
備品減価償却費 50

Ｓ社 B／S
備品 200 ／ 備品減価償却累計額 50

　これを，連結ベースで考えると次のようになる。

Ｐ社

P／L
減価償却費 25

B／S
備品 100 ／ 備品減価償却累計額 25

183

第4章　未実現利益の消去

したがって，必要な連結消去・振替仕訳は次のようになる。
① 第1期の仕訳
　a．備品に含まれる未実現利益の消去

　　　（売　上　高）　　　200　　（売　上　原　価）　　100
　　　　　　　　　　　　　　　　　（備　　　　　品）　　100

　　※　P社は，棚卸資産を販売しているのであるが，それは連結上内部取引であるため相殺する必要がある。また，差額の100円はP社の計上した未実現利益であり，S社側は当該100円だけ備品を過大計上している。したがって，未実現利益分だけを消去する。

　b．過大備品減価償却費の修正

　　　（備品減価償却累計額）　　25　　（備品減価償却費）　　25

　　※　（ 200 － 100 ）× $\dfrac{1年}{4年}$ ＝25
　　　　　個別原価　連結原価

② 第2期の仕訳
　a．備品（製品）売却時の消去仕訳

　　　（利益剰余金 期首残高）　100　　（備　　　　　品）　100

　　※　第1期の売上総利益100円の未実現利益を利益剰余金期首残高の減少として扱う。

　b．過大備品減価償却費の修正

　　　（備品減価償却累計額）　50　　（利益剰余金 期首残高）　25
　　　　　　　　　　　　　　　　　　（備品減価償却費）　　25

設例46　償却性資産に係る未実現利益の消去②（棚卸資産から固定資産）

親会社P社は，連結第1年度期首に連結子会社S社に製品を25,000円で販売し，S社は同日より備品として使用に供している。定額法，耐用年数10年，残存価額10％で減価償却（間接控除法）を実施している。なお，P社の売上総利益率は20％である。

以上の資料に基づいて，連結消去・振替仕訳を示しなさい。

① 連結第1年度の仕訳
② 連結第2年度の仕訳

4 償却性資産に係る未実現利益の消去

解答（単位：円）

① 連結第1年度の仕訳

（売　上　高）	25,000	（売　上　原　価）	20,000
		（備　　　品）	5,000
（備品減価償却累計額）	450	（備品減価償却費）	450

② 連結第2年度の仕訳

（利益剰余金期首残高）	4,550	（備　　　品）	5,000
（備品減価償却累計額）	900	（備品減価償却費）	450

解説（単位：円）

(1) 備品に含まれる未実現利益の推移

```
                    連結第1年度           連結第2年度
個別会計上の簿価  25,000  △ 2,250  22,750  △ 2,250  20,500
連結会計上の簿価  20,000  △ 1,800  18,200  △ 1,800  16,400
未 実 現 利 益    5,000  △   450   4,550  △   450   4,100
```

(2) 連結消去・振替仕訳

① 連結第1年度

（売　上　高）	25,000※1	（売　上　原　価）	20,000※2
		（備　　　品）	5,000※3
（備品減価償却累計額）	450	（備品減価償却費）	450※4

※1　P社製品のS社への販売はP社の個別損益計算書上，売上高として計上されているが，これは内部取引高であるから，相殺消去しなければならない。

※2　P社計上の内部売上高に対応する売上原価は連結上消去する。

※3　S社では，取得した備品を25,000として資産に計上しているが，未実現利益5,000を含んでいるので備品から控除する。この消去によりS社の備品はP社の製造原価すなわち，連結上の簿価に修正される。なお，本問は棚卸資産の販売と固定資産の利用という用途変更のケースであるが，連結消去・振替仕訳は，販売時の仕訳を除いて基本的に同じである。

※4 S社が個別損益計算書上計上した減価償却費2,250(＝25,000×90%×1年／10年)の中には，未実現利益450(＝5,000×90%×1年／10年)が含まれているので，連結上，実現したものとして取扱われる。

② 連結第2年度
　a．備品（製品）売却時の消去仕訳
　　（利益剰余金　　）　5,000　　（備　　　品）　5,000
　　（期　首　残　高）
　b．過大減価償却費の修正
　　（備品減価償却）　900　　（利益剰余金）　450
　　（累　計　額　）　　　　　（期首残高）
　　　　　　　　　　　　　　　（備品減価償却費）　450

4．耐用年数到来時と未実現利益の消去

　償却性資産の未実現利益の消去を考える場合に重要な点は，当該償却性資産の期末の簿価に含まれている未実現利益を消去するということである。

　期末の簿価は減価償却により毎期減少していき，残存価額に近づいていく。したがって当該償却性資産に含まれている未実現利益はしだいに減少していき，耐用年数到来時には除却資産（残存価額）の中にのみ未実現利益が存在することになる。

　よって，償却性資産に係る未実現利益は毎期の減価償却によって実現していくことになる。

例

　P社がS社に備品（簿価100円）を200円で売却した。S社では当該備品を耐用年数4年，残存価額ゼロ，定額法で減価償却（間接控除法）を実施している。なお，P社とS社の売上総利益の合計額は毎期200円であり，与えられた資料以外はいっさい考慮しないものとする。
　よって，第4期の連結消去・振替仕訳を示しなさい。

4 償却性資産に係る未実現利益の消去

以下，個別合算利益と連結利益を分析してみる。

　a．個別合算利益

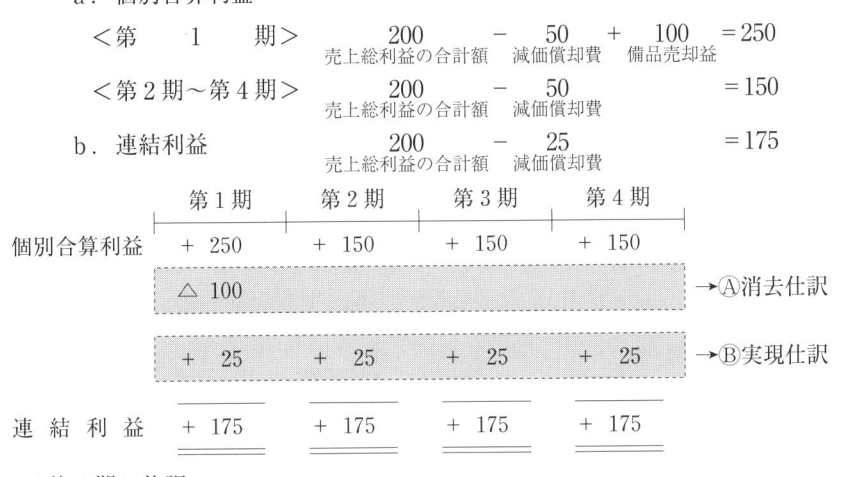

　　　＜第　１　期＞　　200　　－　　50　　＋　　100　　＝250
　　　　　　　　　　　売上総利益の合計額　減価償却費　備品売却益

　　　＜第２期～第４期＞　200　　－　　50　　＝150
　　　　　　　　　　　　売上総利益の合計額　減価償却費

　b．連結利益　　　　　200　　－　　25　　＝175
　　　　　　　　　　　売上総利益の合計額　減価償却費

	第１期	第２期	第３期	第４期
個別合算利益	＋250	＋150	＋150	＋150
	△100				→Ⓐ消去仕訳
	＋25	＋25	＋25	＋25	→Ⓑ実現仕訳
連 結 利 益	＋175	＋175	＋175	＋175

＜第４期の仕訳＞

① 開始仕訳

　（利益剰余金期首残高）　100　（備　　　品）　100 ──→Ⓐ消去仕訳
　（備品減価償却累計額）　75　（利益剰余金期首残高）　75 ┐
② 当期の仕訳　　　　　　　　　　　　　　　　　　　　　├→Ⓑ実現仕訳
　（備品減価償却累計額）　25　（備品減価償却費）　25 ┘
　（備　　　品）　100※　（備品減価償却累計額）　100

※　開始仕訳において備品100円を消去しているが，Ｓ社の個別会計上，備品は除去されて存在しないため，備品を振戻す必要がある。

設例47　償却性資産に係る未実現利益の消去③（耐用年数到来時）

親会社Ｐ社は，連結第１年度期首に連結子会社Ｓ社に製品を25,000円で販売し，Ｓ社は同日より備品として使用に供している。定額法，耐用年数10年，残存価額10％で減価償却（間接控除法）を実施している。なお，Ｐ社の売上総利益率は20％である。

以上の資料に基づいて，連結消去・振替仕訳を示しなさい。

① 連結第２年度の仕訳
② 連結第10年度末の耐用年数到来時に貯蔵品勘定に振替えた場合の仕訳

第4章　未実現利益の消去

解答（単位：円）

① 連結第2年度の仕訳

（利益剰余金 期首残高）	4,550	（備　　　　品）	5,000
（備品減価償却 累計額）	900	（備品減価償却費）	450

② 連結第10年度の仕訳

（利益剰余金 期首残高）	950	（備品減価償却費）	450
		（貯　蔵　品）	500

解説（単位：円）

(1) 備品の含まれる未実現利益の推移

	連結第1年度				連結第2年度			連結第10年度		
個別会計上の簿価	25,000	△	2,250	22,750	△	2,250	20,500	4,750	△ 2,250	2,500
連結会計上の簿価	20,000	△	1,800	18,200	△	1,800	16,400	3,800	△ 1,800	2,000
未実現利益	5,000	△	450	4,550	△	450	4,100	※1 950	△ ※2 450	※3 500

※1　連結第10年度における利益剰余金期首残高の修正額となる。

※2　減価償却費の修正額となる。

※3　貯蔵品に含まれている未実現利益の消去額となる。

(2) 連結消去・振替仕訳

① 連結第2年度

　a．備品（製品）売却時の消去仕訳

（利益剰余金 期首残高）	5,000	（備　　　　品）	5,000

　b．過大減価償却費の修正

（備品減価償却 累計額）	900	（利益剰余金 期首残高）	450
		（備品減価償却費）	450

② 連結第10年度（耐用年数到来時）

　a．備品（製品）売却時の消去仕訳

（利益剰余金 期首残高）	5,000	（備　　　　品）	5,000

④ 償却性資産に係る未実現利益の消去

b．過大減価償却費の修正

（備品減価償却累計額）	4,500	（利益剰余金期首残高）	4,050
		（備品減価償却費）	450

c．貯蔵品振替の修正

（備　　品）	5,000	（備品減価償却累計額）	4,500
		（貯　蔵　品）	500※

※　S社では，貯蔵品2,500（＝25,000×10％）として処理しているが，連結会計上のあるべき貯蔵品は2,000（＝20,000×10％）であるから，500（＝25,000×10％－20,000×10％）を消去する。

5．償却性資産に係る未実現利益の消去とアップ・ストリーム

設例48　償却性資産に係る未実現利益の消去④（アップ・ストリーム）

　連結子会社S社は，連結第1年度期首に親会社P社に帳簿価額10,000円の備品を15,000円で売却した。P社ではこれを同日より使用に供している。定額法，耐用年数10年，残存価額10％で減価償却（間接控除法）を実施している。なお，P社は従来からS社の発行済議決権株式総数の60％を取得している。未実現利益の消去は全額消去・持分按分負担方式を適用するものとする。

　以上の資料に基づいて，連結消去・振替仕訳を示しなさい。

① 　連結第1年度の仕訳

② 　連結第2年度の仕訳

解　答（単位：円）

① 　連結第1年度の仕訳

（備品売却益）	5,000	（備　　品）	5,000
（備品減価償却累計額）	450	（備品減価償却費）	450
（非支配株主持分）	1,820	（非支配株主に帰属する当期純損益）	1,820

第4章 未実現利益の消去

② 連結第2年度の仕訳

(利益剰余金 期首残高)	4,550	(備　　　品)	5,000
(備品減価償却 累計額)	900	(備品減価償却費)	450
(非支配株主持分)	1,640	(利益剰余金 期首残高)	1,820
(非支配株主に帰属 する当期純損益)	180		

解説 （単位：円）

① 連結第1年度

(備品売却益)	5,000	(備　　　品)	5,000
(非支配株主持分)	2,000※1	(非支配株主に帰属 する当期純損益)	2,000
(備品減価償却 累計額)	450	(備品減価償却費)	450
(非支配株主に帰属 する当期純損益)	180※2	(非支配株主持分)	180

※1　5,000×40％＝2,000

　　連結会計上，未実現利益5,000を消去し備品の取得原価を10,000に修正する。さらに過大減価償却費450を修正しなければならない。本問は全額消去・持分按分負担方式を採用しているから，連結消去・振替仕訳によって連結当期純利益が増減した場合に，増減金額を持株比率に応じて非支配株主持分にも負担（または按分）させなければならない。

※2　450×40％＝180

② 連結第2年度

　a．備品売却時の消去仕訳

(利益剰余金 期首残高)	5,000	(備　　　品)	5,000
(非支配株主持分)	2,000	(利益剰余金 期首残高)	2,000

　b．過大減価償却費の修正

(備品減価償却 累計額)	900	(利益剰余金 期首残高)	450
		(備品減価償却費)	450
(利益剰余金 期首残高)	180	(非支配株主持分)	360
(非支配株主に帰属 する当期純損益)	180		

5 固定資産の使用途中での売却と未実現利益の消去 ★★

　償却性資産を使用途中で売却した場合には，売却直前における未実現利益は棚卸資産と同様，実現することになる。今までの未実現利益の実現過程は減価償却費という費用の減少を通じて利益を増加させていたが，ここでは，個別会計上の固定資産売却益の増加という収益の増加を通じて未実現利益を実現させることになる。

例

　P社がS社に備品（簿価100円）を第1期首に200円で売却した。S社では，当該備品を残存価額ゼロ，耐用年数4年，定額法で減価償却を行っていたが，第2期末において，外部の第三者に110円で売却した。
　よって，第2期の連結消去・振替仕訳を示しなさい。

---

① 備品売却時の消去仕訳

（利益剰余金期首残高） 100 　（備　　　品） 100

② 過大減価償却費の修正

（備品減価償却累計額） 50 　（利益剰余金期首残高） 25
　　　　　　　　　　　　（備品減価償却費） 25

③ 固定資産売却益の修正

（備　　　品） 100※1 　（備品減価償却累計額） 50※2
　　　　　　　　　　　　（固定資産売却益） 50※3

※1　S社の個別B／S上の備品100円は存在しないのに上記①で消去しているため振戻す必要がある。

※2　備品と同様に上記②で消去しているため，振戻す必要がある。

※3　S社の個別P／L上の固定資産売却益を連結会計上の固定資産売却益に修正するために必要である。

第4章　未実現利益の消去

	個別会計上	連結会計上
売　価	110	110
簿　価	100	50
売却益	10	60

売却益の修正
50

　以上，第2期の仕訳を合算してみると，未実現利益が備品の売却によって実現することがわかる。

	第1期			第2期	
個別会計上の簿価	200	△50	150	△50	100
連結会計上の簿価	100	△25	75	△25	50
未 実 現 利 益	100	△25	75…①	△25…②	50…③

売却による未実現利益の実現

〔第2期の仕訳〕

（利益剰余金　期首残高）　75…①　（備品減価償却費）　25…②
　　　　　　　　　　　　　　　　　（固定資産売却益）　50…③

設例49　償却性資産に係る未実現利益の消去（使用途中での売却）

　親会社P社は，連結第1年度期首に連結子会社S社に帳簿価額10,000円の備品を15,000円で売却した。S社ではこれを同日より使用に供している。定額法・耐用年数10年，残存価額10％で減価償却（間接控除法）を実施している。

　以上の資料に基づいて，連結消去・振替仕訳を示しなさい。

(1)　連結第2年度の仕訳
(2)　連結第3年度末において連結外部者に15,000円で売却した場合の仕訳

5 固定資産の使用途中での売却と未実現利益の消去

解 答 (単位：円)

(1) 連結第2年度

| (利益剰余金 期首残高) | 4,550 | (備 品) | 5,000 |
| (備品減価償却累計額) | 900 | (備品減価償却費) | 450 |

(2) 連結第3年度

| (利益剰余金 期首残高) | 4,100 | (備品減価償却費) | 450 |
| | | (固定資産売却益) | 3,650 |

解 説 (単位：円)

(1) 備品に含まれる未実現利益の推移

		連結第1年度		連結第2年度		連結第3年度	
個別会計上の簿価	15,000	△1,350	13,650	△1,350	12,300	△1,350	10,950
連結会計上の簿価	10,000	△ 900	9,100	△ 900	8,200	△ 900	7,300
未実現利益	5,000	△ 450	4,550	△ 450	4,100	△ 450	3,650

(2) 連結消去・振替仕訳

① 備品売却時の消去仕訳

a．備品売却時の消去仕訳

| (利益剰余金 期首残高) | 5,000 | (備 品) | 5,000 |

b．過大減価償却費の修正

| (備品減価償却累計額) | 900 | (利益剰余金 期首残高) | 450 |
| | | (備品減価償却費) | 450 |

② 連結第3年度

a．備品売却時の消去仕訳

| (利益剰余金 期首残高) | 5,000 | (備 品) | 5,000 |

b．過大減価償却費の修正

| (備品減価償却累計額) | 1,350 | (利益剰余金 期首残高) | 900 |
| | | (備品減価償却費) | 450 |

c．固定資産売却益の修正

(備　　　品)	5,000※1	(備品減価償却累計額)	1,350※2
		(固定資産売却益)	3,650※3

※1　備品売却時の消去仕訳を放置しておくと，備品が貸方残になってしまうので，連結貸借対照表上ゼロとするための仕訳である。

※2　備品売却時の消去仕訳と当期の過大減価償却費の修正の仕訳を放置すると備品減価償却累計額が借方残となるので，連結貸借対照表上ゼロとするための仕訳である。

※3　個別会計上の固定資産売却益を連結会計上の固定資産売却益に修正するための仕訳である。

6　実質的な連結会社間取引と未実現利益の消去　★★

　形式的には連結会社と第三者との間で商品売買取引が行われているが，単に第三者を名目的に経由しているだけの場合には，実質的に連結会社間取引とみなされる。

　具体的には，親会社P社が帳簿上，商社等の第三者に商品を販売し，後日当該商品は第三者から子会社S社に販売されているが，商品自体はP社からS社に直送されている場合である。

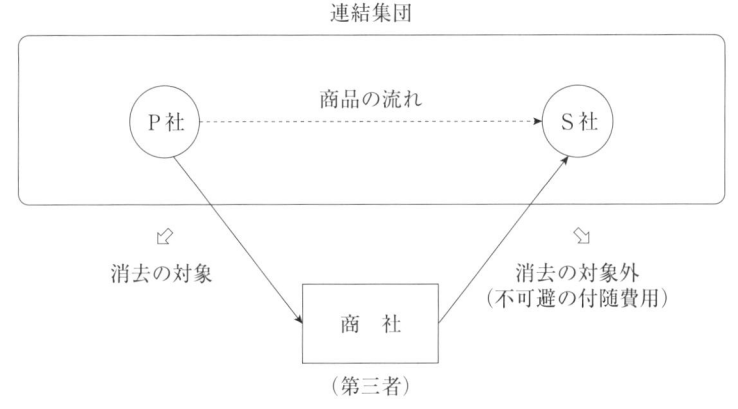

```
                    連結集団
         ┌─────────────────────────────┐
         │   P社 ········商品の流れ········> S社  │
         └──┬──────────────────────┬──┘
            ↓                        ↓
        消去の対象               消去の対象外
                                （不可避の付随費用）
                     ┌─────┐
                     │ 商 社 │
                     └─────┘
                     （第三者）
```

　上記のような第三者経由取引が，実質的に連結会社間取引とみなされる以上，連結上次のことに注意しなければならない。

① 内部取引の相殺消去
　　P社の売上高とS社の売上原価（仕入高）の相殺消去
② 債権・債務の相殺消去
　　P社の売掛金とS社の買掛金の相殺消去
③ 未実現利益の消去
　　連結上，未実現利益として消去されるのはP社から第三者への販売によって付加された利益のみである。
　　第三者からS社への販売によって付加された利益は未実現利益とはならず，仕入に伴う不可避の付随費用（連結上の費用）と考えられる。

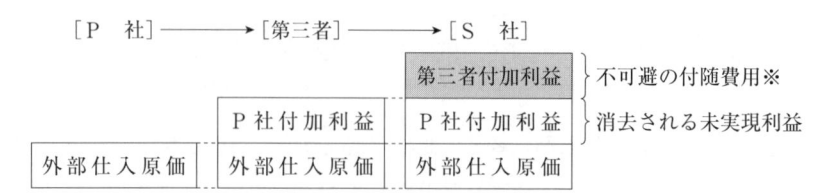

第4章　未実現利益の消去

```
[Ｐ　社]ーーー→[第三者]ーーー→[Ｓ　社]
                              ┌─────────┐
                              │第三者付加利益│ ┐不可避の付随費用※
                    ┌─────────┼─────────┤ ┘
                    │Ｐ社付加利益│Ｐ社付加利益│ ┐消去される未実現利益
          ┌─────────┼─────────┼─────────┤ ┘
          │外部仕入原価│外部仕入原価│外部仕入原価│
          └─────────┴─────────┴─────────┘
```

　※　連結上，消去されずに売上原価及び棚卸資産を構成することになる。

|||||||| 例 ||||||||

　Ｐ社は外部仕入原価720円の商品を900円で第三者に販売し，第三者はそれをＳ社に1,000円で販売した。期末において当該商品はすべてＳ社に在庫されており，当該取引から生じた売掛金及び買掛金も一切決済されていない。
　よって，連結消去・振替仕訳を示しなさい。

この場合，Ｐ社及びＳ社の個別Ｆ／Ｓ関係は次のようになっている。

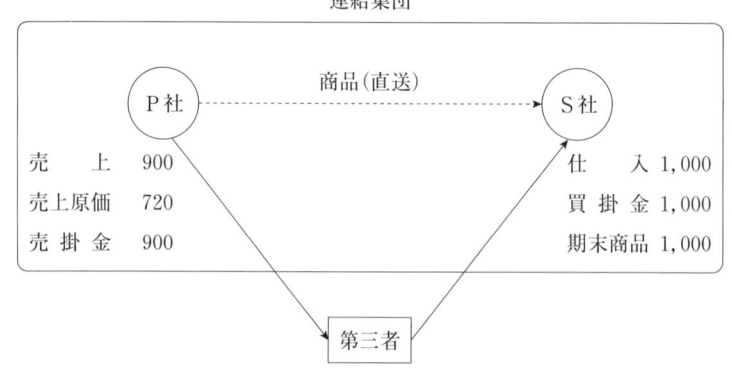

連結集団

```
     Ｐ社 ─── 商品(直送) ───→ Ｓ社
     売　　上　　900              仕　　入　1,000
     売上原価　　720              買　掛　金　1,000
     売掛金　　　900              期末商品　1,000
              ↘          ↗
                 第三者
```

ここで，連結消去・振替仕訳を考えてみる。

① 内部取引の相殺消去

　　（売　上　高）　　　900　　（売上原価）　　1,000
　　　　　　　　　　　　　　　　　－仕入高－
　　（売上原価）　　　　100
　　　－付随費用－

よって，まとめた仕訳を示すと次のようになる。

6　実質的な連結会社間取引と未実現利益の消去

　　　　（売　上　高）　　　　900　　　（売 上 原 価）　　　　900
② 債権・債務の相殺消去
　　　　（買　掛　金）　　　1,000　　　（売　掛　金）　　　　900
　　　　　　　　　　　　　　　　　　　（買　掛　金）　　　　100
　　　　　　　　　　　　　　　　　　　－付随費用の未払－

よって，まとめた仕訳を示すと次のようになる。
　　　　（買　掛　金）　　　　900　　　（売　掛　金）　　　　900
③ 未実現利益の消去
　　　　（売 上 原 価）　　　　180　　　（商　　　品）　　　　180
　　　※　900－720＝180（P社付加利益）

設例50　実質的な連結会社間取引の消去

　P社（決算日3月31日，製造会社）は，O商事会社（連結グループ外の会社，以下O社と略称する）を通じて，連結子会社S社（決算日3月31日，販売会社，従来からP社はS社の発行済議決権株式総数の80％を所有）に販売している。

　なお，この取引にO社が介在しているのは，当該業界の取引慣行によるものであるためO社マージンは仕入に伴う不可避の付随費用と考える。また，帳簿上はP社からO社へ，さらにO社からS社に仕切られているが，製品はP社からS社に直送されている。よって，当期における次の資料に基づいて，連結消去・振替仕訳を示しなさい。

(1)　P社からS社に直送した製品のP社売上高　　　　　　　14,400千円
(2)　S社保有のP社製品：期首残高　　　　　　　　　　　　2,000千円
　　　　　　　　　　　期末残高　　　　　　　　　　　　1,500千円
(3)　O社に対するP社の売上総利益率　　　　20％（前期・当期とも）
　　　S社に対するO社の売上総利益率　　　　10％（前期・当期とも）
(4)　O社に対するS社の買掛金期末残高　　　　　　　　　　5,000千円
　　　P社に対するO社の買掛金期末残高　　　　　　　　　　4,000千円

第4章 未実現利益の消去

解答（単位：千円）

（売　上　高）	14,400	（売上原価）	14,400
（利益剰余金期首残高）	360※1	（商　　品）	270※2
		（売上原価）	90
（買　掛　金）	4,000	（売　掛　金）	4,000※3

※1　2,000×(1－10%)×20%＝360

※2　1,500×(1－10%)×20%＝270

※3　5,000＞4,000　　　　∴4,000

解説（単位：千円）

本問の論点については，「**連結基準**」において，連結会社間取引とみなして処理することが明示されてはいるが，その具体的な会計処理については言及しておらず，理論上もいくつかの処理方法が考えられている。

(1) O社マージンを「不可避の付随費用」とする立場（本問のケース）

① 取引の概要

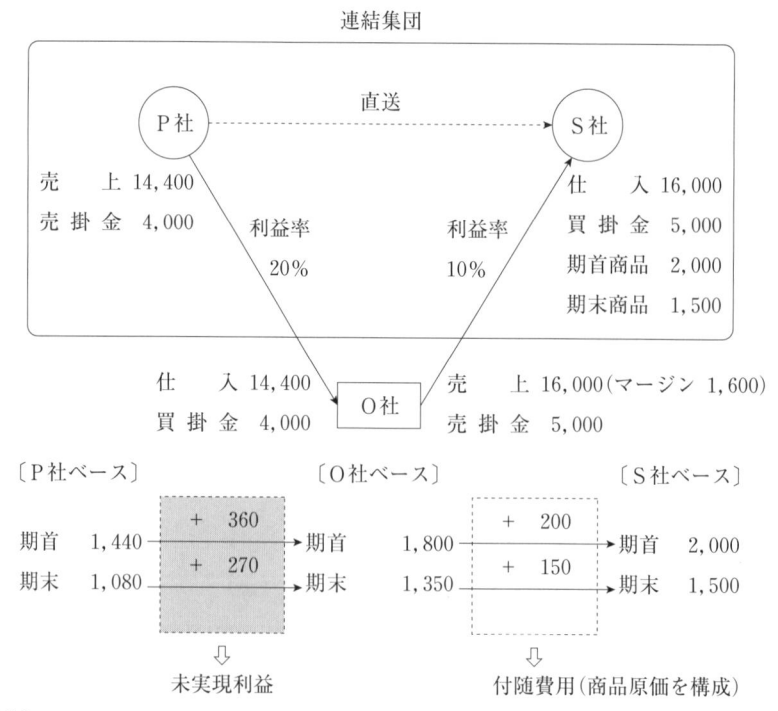

連結集団

P社 ‐‐‐直送‐‐‐▶ S社

売　上　14,400　　　　　　　　　　　　仕　入　16,000
売掛金　4,000　　　　　　　　　　　　買掛金　5,000
　　　　　　　利益率　　　利益率　　　期首商品　2,000
　　　　　　　　20%　　　　10%　　　期末商品　1,500

仕　入　14,400　　　O社　　　売　上　16,000(マージン 1,600)
買掛金　4,000　　　　　　　　売掛金　5,000

〔P社ベース〕　　　　〔O社ベース〕　　　　〔S社ベース〕

期首　1,440 ─＋360→ 期首　1,800 ─＋200→ 期首　2,000
期末　1,080 ─＋270→ 期末　1,350 ─＋150→ 期末　1,500

　　　　　⇩　　　　　　　　　⇩
　　　　未実現利益　　　付随費用（商品原価を構成）

② 連結消去・振替仕訳
　　a．内部取引の相殺
　　　　（売　上　高）　　14,400　　（売 上 原 価）　　16,000
　　　　（売 上 原 価）　　 1,600
　　　　　－付随費用－
　　b．債権・債務の相殺
　　　　（買　掛　金）　　 5,000　　（売　掛　金）　　 4,000
　　　　　　　　　　　　　　　　　　（買　掛　金）　　 1,000
　　　　　　　　　　　　　　　　　　　－付随費用の未払－
　　c．未実現利益の消去
　　　　（利益剰余金期首残高）　　 360　　（売 上 原 価）　　 360
　　　　（売 上 原 価）　　 270　　（商　　　品）　　 270

(2) O社マージンを「支払利息」とする立場

　　設例50の問題文について，一部次のように変更する。

変　更　前	変　更　後
なお，この取引にO社が介在しているのは，当該業界の取引慣行によるものであるため，O社マージンは仕入に伴う不可避の付随費用と考える。	なお，この取引にO社が介在しているのは，S社の資金繰りを援助する目的でO社が金融機関的役割を果たしているため，O社マージンは支払利息と考える。
O社に対するS社の買掛金期末残高　　　　　　　　　5,000千円　P社に対するO社の買掛金期末残高　　　　　　　　　4,000千円	O社に対するS社の支払手形期末残高　　　　　　　　16,000千円　P社に対するO社の買掛金期末残高　　　　　　　　　　0千円　代金の決済は，P社とO社との間では即時決済されているが，O社とS社との間では取引日より10カ月後の手形決済となっている。なお，S社の支払手形16,000千円は全額5月末が決済日である。また，前期末現在S社のO社に対する支払手形残高は存在しない。

第4章　未実現利益の消去

① 取引の概要

連結集団

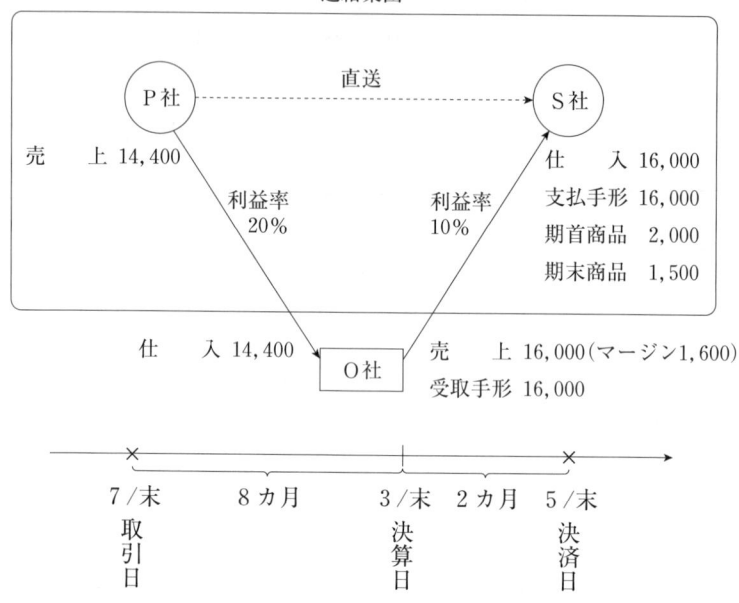

P社 ----直送----> S社

売　上　14,400　　　　　　　　仕　入　16,000
　　　　　　　　　　　　　　　　支払手形　16,000
　　利益率　　　利益率　　　　　期首商品　2,000
　　20%　　　　10%　　　　　　期末商品　1,500

仕　入　14,400　　O社　　売　上　16,000（マージン1,600）
　　　　　　　　　　　　　受取手形　16,000

```
      ×─────────────┼─────────×──────────→
     7/末   8カ月   3/末  2カ月  5/末
     取             決           決
     引             算           済
     日             日           日
```

② 連結消去・振替仕訳

　a．内部取引の相殺
　　　（売　上　高）　　14,400　　（売　上　原　価）　　16,000
　　　（支　払　利　息）　1,600

　b．借入金への振替
　　　（支　払　手　形）　16,000　　（借　入　金）　　16,000

　c．未実現利益の消去
　　　（利益剰余金
　　　　期首残高）　　　　360　　（売　上　原　価）　　360
　　　（売　上　原　価）　270　　（商　　　品）　　　270

　d．支払利息の調整
　　　（前　払　利　息）　320　　（支　払　利　息）　　320

　　※　$16,000 \times 10\% \times \dfrac{2カ月}{10カ月} = 320$

O社よりの商品代金相当額14,400は，10ヵ月の融資を受けたのと同様である。したがって，手形代金16,000に含まれるO社マージンは当該融資に対する支払利息とみなされることになる。

| (利益剰余金)
期首残高 | 200 | (売上原価)
－期首商品－ | 200 |
| (売上原価)
－期末商品－ | 150 | (商　　品) | 150 |

※　期首商品及び期末商品に含まれているO社付加利益は未実現利益ではないが，連結上，期首商品及び期末商品から消去する必要がある。

第5章 持 分 法

1 持分法総論

1．意　義

「**持分法**」とは，投資会社が被投資会社の資本及び損益のうち投資会社に帰属する部分の変動に応じて，その投資の額を連結決算日ごとに修正する方法をいう。

連結財務諸表上，関連会社に対する投資については，原則として持分法を適用する。ただし，持分法の適用により，連結財務諸表に重要な影響を与えない場合には，持分法の適用会社としないことができる。

なお，「関連会社」とは，企業（当該企業が子会社を有する場合には，当該子会社を含む。）が，出資，人事，資金，技術，取引等の関係を通じて，子会社以外の他の企業の財務及び営業又は事業の方針の決定に対して重要な影響を与えることができる場合における当該子会社以外の他の企業をいう。

2．関連会社の具体的内容

「子会社以外の他の企業の財務及び営業又は事業の方針の決定に対して重要な影響を与えることができる場合」とは，次の場合をいう。ただし，財務上又は営業上若しくは事業上の関係からみて子会社以外の他の企業の財務及び営業又は事業の方針の決定に対して重要な影響を与えることができないことが明らかであると認められるときは，この限りでない。

(1) 子会社以外の他の企業（更生会社，破産会社その他これらに準ずる企業であって，かつ，当該企業の財務及び営業又は事業の方針の決定に対して重要な影響を与えることができないと認められる企業を除く。下記(2)及び(3)においても同じ。）の議決権の100分の20以上を自己の計算において所有している場合。
(2) 子会社以外の他の企業の議決権の100分の15以上，100分の20未満を自己の計算において所有している場合であって，かつ，次のいずれかの要件に該当する場合。
　① 役員若しくは使用人である者，又はこれらであった者で自己が子会社以外の他の企業の財務及び営業又は事業の方針の決定に関して影響を与えることができる者が，当該子会社以外の他の企業の代表取締役，取締役又はこれらに準ずる役職に就任していること
　② 子会社以外の他の企業に対して重要な融資（債務の保証及び担保の提供を含む。）を行っていること
　③ 子会社以外の他の企業に対して重要な技術を提供していること
　④ 子会社以外の他の企業との間に重要な販売，仕入その他の営業上又は事業上の取引があること
　⑤ その他子会社以外の他の企業の財務及び営業又は事業の方針の決定に対して重要な影響を与えることができることが推測される事実が存在すること
(3) 自己の計算において所有している議決権（当該議決権を所有していない場合を含む。）と，自己と出資，人事，資金，技術，取引等において緊密な関係があることにより自己の意思と同一の内容の議決権を行使すると認められる者及び自己の意思と同一の内容の議決権を行使することに同意している者が所有している議決権とを合わせて，子会社以外の他の企業の議決権の100分の20以上を占めているときであって，かつ，上記(2)の①から⑤までのいずれかの要件に該当する場合。

第5章 持 分 法

持分法の適用対象となる被投資会社は，次のような会社をいう。

関 連 会 社…20％以上50％以下の株式所有の会社及び20％未満であって
も，一定の議決権を有しており，かつ，当該会社の財務及
び営業又は事業の方針の決定に対して重要な影響を与える
ことができる会社

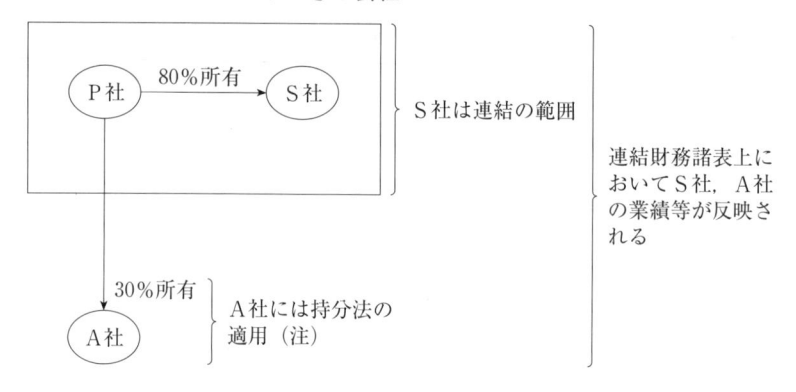

```
┌─────────────────────────────┐ ⎫
│      ┌──80%所有──→          │ ⎬  S社は連結の範囲
│   （P社）        （S社）    │ ⎭                        ⎫
│      │                      │                          │
│      │                      │                          ⎬ 連結財務諸表上に
└──────┼──────────────────────┘                          │  おいてS社，A社
       │30%所有                                           │  の業績等が反映さ
       ↓          ⎫                                      │  れる
     （A社）      ⎬ A社には持分法の                      ⎭
                  ⎭  適用（注）
```

関連会社

（注） 仮に，S社が連結子会社でなくなった場合には，連結財務諸表は作成
されず，A社についても，持分法の適用はなくなる。
　　　しかし，個別財務諸表上で，持分法損益等の注記が義務づけられてい
る。

3．持分法の考え方

持分法は，関連会社の業績のうち投資会社に帰属する持分の変動に応じて投資勘定を増減させる方法であり，連結を補完するものである。

1 持分法総論

（イメージ）

（株式取得時のイメージ図：S社株式の取得原価、S社B/S（資産・負債・資本）。「株式取得時には、取得原価により評価！」）

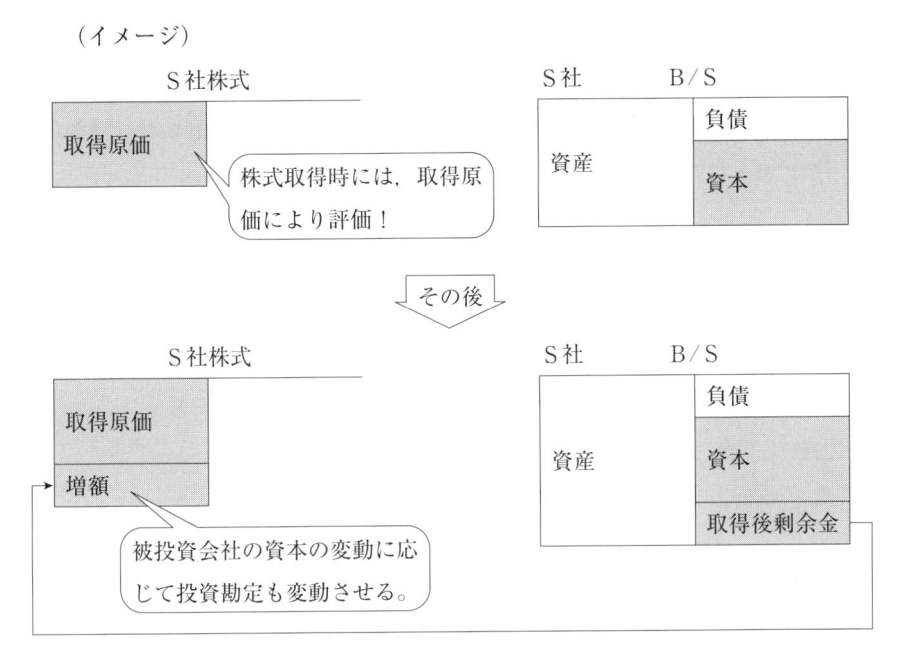

↓その後

（その後のイメージ図：S社株式の取得原価＋増額、S社B/S（資産・負債・資本＋取得後剰余金）。「被投資会社の資本の変動に応じて投資勘定も変動させる。」）

なお，持分法はあくまで連結を補完するものであり，持分法適用会社の財務諸表は連結財務諸表に取り込まれないので注意すること。

(1) 持分法と取得後利益剰余金

投資会社が所有する関連会社の投資勘定は，当該会社の取得後利益剰余金に対する投資会社持分に応じて増加することになる。

設例51　持分法と取得後利益剰余金

関連会社A社の資本勘定が400円のとき，P社が，A社株式の20％を80円で購入した。1年後の資本勘定は，600円であった。なお，資本勘定の増加は，すべて利益剰余金の増加によるものである。そこで，連結消去・振替仕訳を示しなさい。

205

第5章 持　分　法

解答 解説（単位：円）

　A社株式取得時のP社持分は80円であり，1年後のP社持分は120円（＝600×20％）である。したがって，1年間で，A社の取得後利益剰余金の増加200円に対する20％の40円が，P社持分として新たに認識されたことになる。

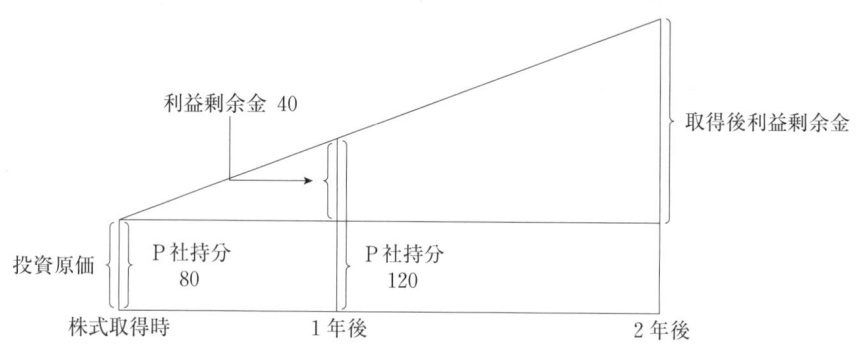

```
                                              ┐
                            利益剰余金 40       │
                              ↓               │ 取得後利益剰余金
                      ┌──────┐                │
              ┌──────┤       │               ┘
   投資原価   │ P社持分│ P社持分│
              │  80   │  120  │
              └──────┴──────┘
              株式取得時  1年後      2年後
```

　この場合において，連結消去・振替仕訳を考えてみる。

1．A社株式取得時の仕訳

　　仕訳なし

　　※　持分法は，取得後利益剰余金に対するP社持分のみを認識するものであるため，仕訳なしとなる。

2．取得後利益剰余金の認識（1年後）

　　（A　社　株　式）　　　　40　　（持分法による投資損益）　　40
　　　　　　　　　　　　　　　　　　　　P/Lの当期純利益増加
　　　　　　　　　　　　　　　　　　　　→利益剰余金増加

　　※　（600－400）×20％＝40

　　「持分法による投資損益」勘定は，持分法適用による損益を認識する連結損益計算書上の科目であり，最終的に連結貸借対照表上の利益剰余金を増加させることになる。

　　したがって，連結貸借対照表上のA社株式は，取得原価80円に40円が加算されて120円となる。

A社株式

個別上の取得原価	80	持分法による評価額　120
持分法による投資損益	40	

(2) 連結と持分法

　連結と持分法は，利益剰余金を認識するという観点からすれば，基本的に同じ効果をもたらすものである。しかし，両者の違いは，連結が財務諸表の合算及び消去により企業集団の財政状態及び経営成績をその集団の規模における適切な内容をあらわす科目をもって表示しようとするのに対して，持分法は投資株式の評価という限定された科目で表示しようとするところにある。

設例52　連結と持分法

完全子会社S社に対して，1．連結を適用する場合と，2．持分法を適用する場合とに分けて，連結消去・振替仕訳を示しなさい。
当期末のP社とS社のB/Sは以下のとおりである。

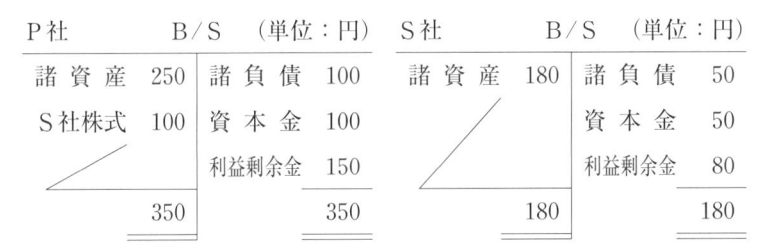

P社 B/S （単位：円）			
諸資産	250	諸負債	100
S社株式	100	資本金	100
		利益剰余金	150
	350		350

S社 B/S （単位：円）			
諸資産	180	諸負債	50
		資本金	50
		利益剰余金	80
	180		180

(注) 1. P社は，S社株式を前期末に100％購入した。
　　 2. 取得時のS社資本勘定は，資本金50円，利益剰余金50円である。

解答・解説　（単位：円）

この場合に，連結消去・振替仕訳を連結と持分法とで考えてみる。

1．連結を適用する場合

(1) 開始仕訳

　　（資　本　金）　　50　　（S　社　株　式）　　100
　　（利益剰余金
　　　期首残高）　　 50

(2) 取得後利益剰余金の認識

　　仕訳なし

207

第5章 持 分 法

　※ 100％所有会社のため，非支配株主持分への振替仕訳はなしとなる。
　　よって，連結B/Sは次のようになる。

P社　　　　　　　　連結 B / S

諸　資　産	430	諸　負　債	150
		資　本　金	100
		利 益 剰 余 金	180
	430		430

```
┌─────────┐    ┌─────────┐
│ S社株式  │----│ P社持分  │    資 本  100
│  100    │    │  100    │
└─────────┘    └─────────┘
               ┌─────┐
               │ 30  │        取得後
               └─────┘        剰余金    30
```

連結では，個別F/Sを合算し，投資と資本を相殺すれば，自動的に取得後剰余金のうち親会社持分が連結上の利益剰余金になる。

２．持分法を適用する場合

(1) 開始仕訳

　　仕訳なし

(2) 取得後利益剰余金の認識

　　（S 社 株 式）　　30　　（持分法による投資損益）　　30

　※ （80 − 50）× 100％ ＝ 30

　　よって，連結B/Sは次のようになる。

P社　　　　　　　　連結 B / S

諸　資　産	250	諸　負　債	100
S 社 株 式	130	資　本　金	100
		利 益 剰 余 金	180
	380		380

1　持分法総論

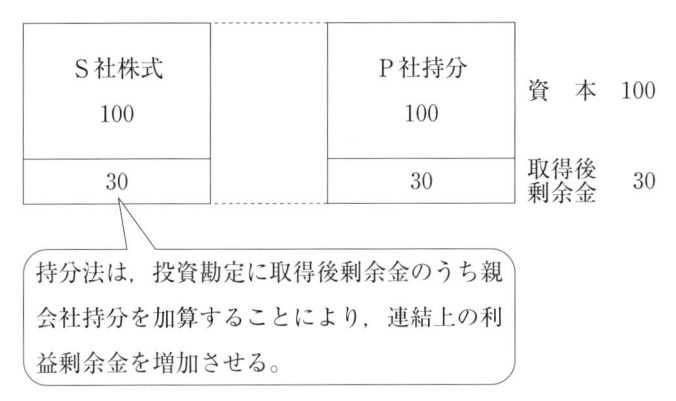

S社株式	P社持分	資　本　100
100	100	
30	30	取得後 30
		剰余金

持分法は，投資勘定に取得後剰余金のうち親会社持分を加算することにより，連結上の利益剰余金を増加させる。

　以上でわかるように，連結を適用しても持分法を適用しても，連結貸借対照表上の利益剰余金は180で一致することになる。これにより，利益剰余金を認識するという観点では，連結と持分法は基本的に同一の効果をもたらすということが理解できる。

2 持分法の適用

1．必要となる仕訳

持分法を適用する場合の手続は，おおむね次のとおりである。

投資会社は，投資の日以降における被投資会社の利益又は損失のうち投資会社の持分又は負担に見合う額を算定して，投資の額を増額又は減額し，当該増減額を当期純利益の計算に含める。

また，被投資会社から配当金を受け取った場合には，当該配当金に相当する額を投資の額から減額する。

なお，持分法は連結をしているのと同じ配慮が必要なため，実質的に必要となる仕訳は連結の場合とほぼ同じになる。

仕訳の基本形

(1) 投資会社持分が減少する場合

　　（持分法による投資損益）　×××　　（A 社 株 式）　×××

(2) 投資会社持分が増加する場合

　　（A 社 株 式）　×××　　（持分法による投資損益）　×××

設例53　持分法①

P社がA社株式の40％を前期末に880円で購入した。株式取得時のA社の資本勘定は1,950円であった。

当期において，A社は剰余金の配当として，配当金140円を支払った。当期純利益は400円である。なお，のれんは，当期より20年間で均等償却する。

よって，A社について持分法を適用した場合の連結消去・振替仕訳を示しなさい。

解　答　解　説（単位：円）

1．開始仕訳（株式取得時）

　　仕訳なし

2．のれんの償却

（持分法による投資損益）　5　　（A 社 株 式）　5

※　$(880 - 1,950 \times 40\%) \times \dfrac{1年}{20年} = 5$

3．当期純利益の計上（当期純利益の按分に相当）

（A 社 株 式）　160　　（持分法による投資損益）　160

※　$400 \times 40\% = 160$

4．配当金の相殺（剰余金の配当の振替及び配当金の相殺に相当）

（受 取 配 当 金）　56　　（A 社 株 式）　56

※　$140 \times 40\% = 56$

　　4．の仕訳の解説

　配当金の支払額のうちP社負担分を「持分法による投資損益」とする。また，配当金の支払いに伴いA社の資本は減少するため，投資勘定を減少させなければならない。したがって，以下の仕訳が必要になる。

（持分法による投資損益）　56　　（A 社 株 式）　56

　しかし，P社の個別P／L上には，A社から受取った配当金が「受取配当金」として計上されているため，「持分法による投資損益」と「受取配当金」を相殺する。そこで，更に以下の仕訳が必要になる。

（受 取 配 当 金）　56　　（持分法による投資損益）　56

設例54　持分法②

　P社は，A社の発行済議決権付株式総数の30％にあたる株式を，X1年12月31日に60,000千円で取得した。

　よって，次の資料を基に以下の設問に答えなさい。

問1　X2年度における持分法適用のための連結消去・振替仕訳を示すとともに，X2年度の連結財務諸表（一部）を作成しなさい。

問2　X3年度における持分法適用のための連結消去・振替仕訳（開始仕訳のみ）を示しなさい。

第5章 持 分 法

【資料1】 P社のA社株式取得状況とA社資本勘定の推移（単位：千円）

取得日	取得価額	取得比率	資本金	利益準備金	繰越利益剰余金
X1年12月31日	60,000	30%	100,000	10,000	70,000
X2年12月31日			100,000	12,000	88,000

【資料2】 A社の含み益について

X1年12月31日において，A社の資産・負債の時価と帳簿価額は一致している。

【資料3】 持分法適用上の条件

1．P社とA社は，共に年1回決算で，各年12月31日を決算日としている。
2．P社は，持分法適用会社A社の他に連結子会社S社の株式を取得している。
3．のれんは，発生の翌年度より20年間で均等償却する。

【資料4】 X2年度のP社，A社の個別財務諸表（一部）

貸借対照表
P社　　　X2年12月31日(単位：千円)

　⋮　　　⋮
A社株式　60,000

貸借対照表
A社　　　X2年12月31日(単位：千円)

　⋮　　　⋮　　　⋮　　　⋮
土　地　300,000 ｜ 資　本　金　100,000
　⋮　　　⋮　　 ｜ 利益剰余金　100,000
　　　　　　　　 ｜ 　⋮

株主資本等変動計算書(利益剰余金)
A社　　自X2年1月1日
　　　 至X2年12月31日(単位：千円)

剰余金の配当	20,000	当期首残高	80,000
当期末残高	100,000	当期純利益	40,000
	120,000		120,000

損益計算書
A社　　自X2年1月1日
　　　 至X2年12月31日(単位：千円)

　⋮
当期純利益　40,000
　⋮

② 持分法の適用

解答 解説 (単位：千円)

問1

1. 開始仕訳

    仕訳なし

2. のれんの償却

    (持分法による投資損益) 300　　(A 社 株 式) 300

    ※ $(60,000 - 180,000 \times 30\%) \times \dfrac{1\text{年}}{20\text{年}} = 300$

3. 当期純利益の計上

    (A 社 株 式) 12,000　　(持分法による投資損益) 12,000

    ※ $40,000 \times 30\% = 12,000$

4. 配当金の相殺

    (受取配当金) 6,000　　(A 社 株 式) 6,000

    ※ $20,000 \times 30\% = 6,000$

5. X2年度の連結財務諸表（一部）

    連結貸借対照表
    P社　X2年12月31日（単位：千円）

    ⋮　　⋮

    A社株式　65,700

    連結損益計算書
    自X2年1月1日
    P社　至X2年12月31日（単位：千円）

    ⋮　　⋮

    持分法による投資利益　11,700

問2

1. 開始仕訳

    (A 社 株 式) 5,700　　(利益剰余金期首残高) 5,700

    ※ 上記 問1 の仕訳を合算することによって，X3年度の開始仕訳が求められる。

2．クウィック・メソッド

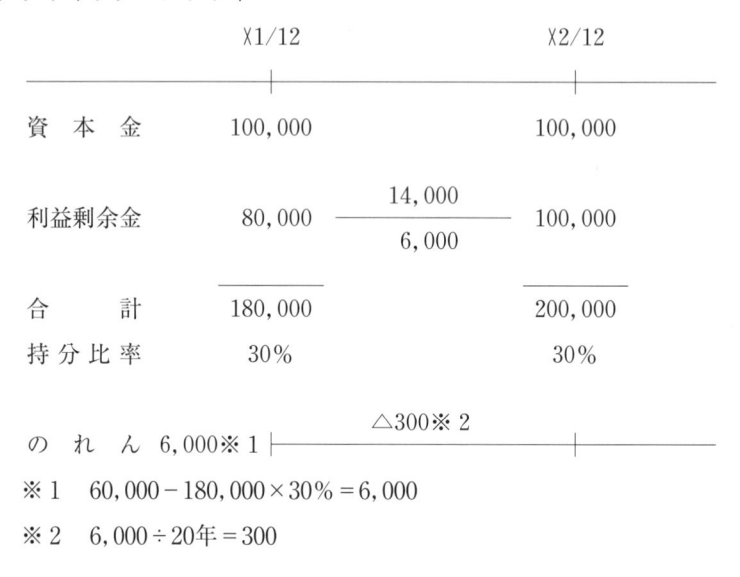

```
                    X1/12                       X2/12
                    ─┼─                         ─┼─
資 本 金            100,000                     100,000

                              14,000
利益剰余金           80,000  ─────              100,000
                              6,000
                    ─────
合　　計            180,000                     200,000
持 分 比 率           30%                          30%

                            △300※2
の れ ん  6,000※1  ├─────────────────────┤
```

※1　60,000 − 180,000 × 30% = 6,000

※2　6,000 ÷ 20年 = 300

2．持分法適用会社の評価差額相当額の取扱い

　持分法を適用する関連会社の資産及び負債のうち投資会社の持分に相当する部分については，部分時価評価法により，原則として投資日ごとに当該日における時価によって評価する。持分法適用にあたっては，持分法適用会社の資産及び負債を時価評価し，評価差額（税効果考慮後）は持分法適用会社の資本に計上することになる。したがって，のれんを算定する際には，評価差額を考慮することが必要となる。

部分時価評価法

　投資会社の持分に相当する部分について，持分法適用会社の資産・負債を株式の取得日ごとに当該日における時価により評価する方法

イメージ

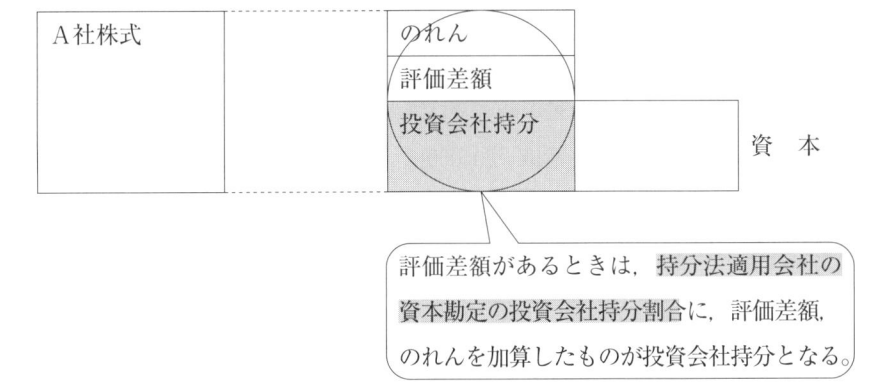

```
| A社株式 |   | のれん      |       |
|         |   | 評価差額    |       |
|         |   | 投資会社持分 | 資 本 |
```

評価差額があるときは，**持分法適用会社の資本勘定の投資会社持分割合に，評価差額，のれんを加算したものが投資会社持分となる。**

3．持分法におけるクウィック・メソッドの作成

　関連会社に対して持分法を適用する場合，関連会社の資産及び負債のうち投資会社の持分に相当する部分については，部分時価評価法により，原則として投資日ごとに当該日における時価によって評価する。よって，投資会社の持分ではない部分については，時価評価しないこととなる。

　部分時価評価法のケースにおいてクウィック・メソッドを作成する場合，全面時価評価法のケースと異なる点があるため注意しなければならない。

設例55　持分法（評価差額相当額のあるケース）

　P社は，X1年12月31日，A社を持分法適用会社としている。以下の資料を参照して，X3年度，X4年度における持分法適用のための連結消去・振替仕訳（開始仕訳のみ）を示しなさい。

【資料1】　A社の資本勘定の増減明細（単位：円）

	資　本　金	利益準備金	繰越利益剰余金	合　　計
X1年12月31日	100,000	12,000	68,000	180,000
X2年12月31日	100,000	13,000	95,000	208,000
X3年12月31日	100,000	14,000	106,000	220,000

第5章 持　分　法

【資料2】　A社株式の取得状況（単位：円）

	取得価額	取得割合
X1年12月31日	37,000	20%

【資料3】　A社の資産・負債の時価及び簿価

　A社の保有する土地（簿価：20,000円）のX1年度末の時価は22,000円であった。

【資料4】　その他

1．P社とA社は，ともに年1回決算で，各年12月31日を決算日としている。
2．P社は，X1年度からA社を関連会社として持分法を適用している。
3．A社の利益剰余金の変動は当期純利益によるものである。
4．のれんは，発生の翌年度より20年間で均等償却する。

1．クウィック・メソッドの作成

	X1/12		X2/12		X3/12
資本金	100,000		100,000		100,000
利益剰余金	80,000	22,400 / 5,600	108,000	9,600 / 2,400	120,000
合計	180,000		208,000		220,000
持分比率	20%		20%		20%

評価差額　400※1

のれん　600※2　　　△30※3　　　△30

※1　$(22,000 - 20,000) \times \underset{\text{P持割合}}{20\%} = 400$

※2　$37,000 - (180,000 \times 20\% + 400) = 600$

※3　$600 \div 20\text{年} = 30$

持分を取得した部分しか時価評価しない場合，合計よりも下に評価差額を書くことになる。追加取得した場合も，追加取得した持分相当額を時価評価し，合計よりも下に評価差額を書くことになる。

2．持分法の仕訳（単位：円）

(1) X3年度の開始仕訳

　　　（A 社 株 式）　　5,570　　（利益剰余金期首残高）　　5,570

　　　※　5,600－30＝5,570（クウィック・メソッド参照）

(2) X4年度の開始仕訳

　　　（A 社 株 式）　　7,940　　（利益剰余金期首残高）　　7,940

　　　※　(5,600＋2,400)－30×2年＝7,940（クウィック・メソッド参照）

3 持分法と株式売却 ★

1．概　要

　投資会社が所有する持分法適用会社の投資勘定は，取得後利益剰余金に対する投資会社持分に応じて増減することになる。

投　資

個別上の取得原価	持分法による評価額
取得後利益剰余金 （持分法による投資損益）	（連結上の簿価）

　このように，連結上の投資勘定は持分法による評価額であるため，**当該株式を売却した場合の原価は，持分法による評価額を基準として計算される**ことになる。しかし，個別会計上の売却原価は，あくまで取得原価であるため，連結会計上の売却損益と個別会計上の売却損益は異なってくる。したがって，個別会計上の売却損益を連結上修正する必要がある。

2．例題による確認

設例56　持分法と株式売却①

　P社は，A社株式の30％を300円で前期末に購入した。取得時のA社資本勘定は1,000円であり，当期末の資本勘定は1,500円である。P社は，当期末にA社株式の10％を180円で売却した。
　よって，売却に関する連結消去・振替仕訳を示しなさい。

3 持分法と株式売却

解 答 解 説 （単位：円）

・事例分析

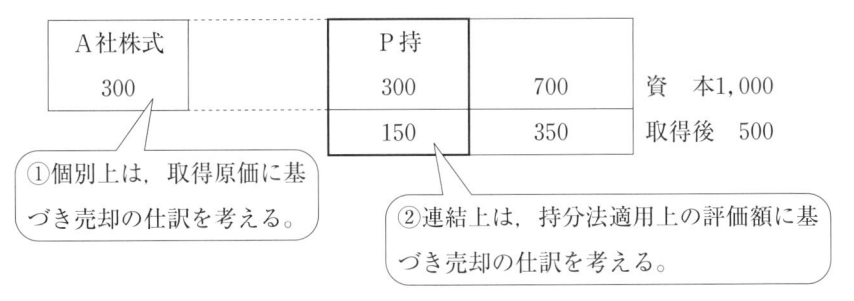

A社株式 300		P持 300	700	資　本 1,000
		150	350	取得後　500

①個別上は，取得原価に基づき売却の仕訳を考える。

②連結上は，持分法適用上の評価額に基づき売却の仕訳を考える。

・個別上の仕訳

（現　金　預　金）　　　　180　　（A　社　株　式）　　　　100※
　　　　　　　　　　　　　　　　（A社株式売却益）　　　　 80

※　$300 \times \dfrac{10\%}{30\%} = 100$

・連結上のあるべき仕訳

（現　金　預　金）　　　　180　　（A　社　株　式）　　　　150
　　　　　　　　　　　　　　　　（A社株式売却益）　　　　 30

※　$450 \times \dfrac{10\%}{30\%} = 150$

　したがって，個別上のA社株式売却益80を修正するとともに，連結上は取得後利益剰余金150をA社株式に加算しているため，売却分に相当する取得後利益剰余金50を減少させる必要がある。よって連結消去・振替仕訳は次のようになる。

　　（A社株式売却益）　　　　50　　（A　社　株　式）　　　　50

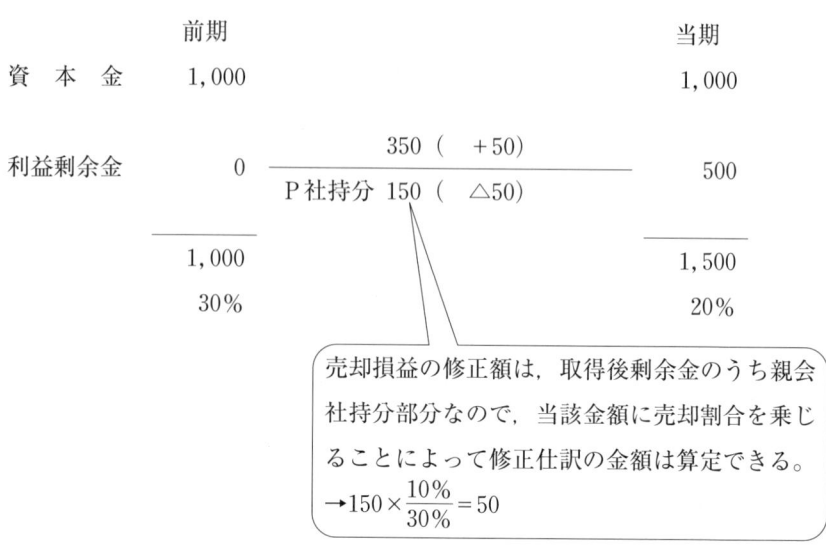

第 5 章 持 分 法

・クウィック・メソッド

	前期		当期
資 本 金	1,000		1,000
利益剰余金	0	350（ ＋50） P社持分 150（ △50）	500
	1,000		1,500
	30%		20%

> 売却損益の修正額は，取得後剰余金のうち親会社持分部分なので，当該金額に売却割合を乗じることによって修正仕訳の金額は算定できる。
> →$150 \times \dfrac{10\%}{30\%} = 50$

設例57　持分法と株式売却②

　P社は，X1年度（X1年1月1日から始まる事業年度）より，A社株式に対して持分法を適用している。なお，P社とA社は共に年1回決算で，各年12月31日を決算日としている。

　よって，以下の資料に基づき，1. X1年度の連結消去・振替仕訳，及び2. X2年度の開始仕訳を示しなさい。なお，A社はX1年度において，剰余金の配当等は行っていない。

【資料1】　P社によるA社株式の取得・売却状況とA社資本勘定の推移

（単位：円）

取得日 (売却日)	取得(売却) 原　　価	取得(売却) 割　　合	A社資本勘定の推移		
			資　本　金	利益準備金	繰越利益 剰　余　金
X0.12.31	6,400	40%	10,000	2,000	3,000
(X1.12.31)	(1,600)	(10%)	10,000	2,000	4,000

　なお，のれんは，発生の翌年度より20年間で均等償却するものとする。

③ 持分法と株式売却

【資料2】 X1年度におけるP社の財務諸表の一部
P/L項目　　A社株式売却益　　　580円
B/S項目　　A 社 株 式　　　4,800円

解 答（単位：円）
1．X1年度の連結消去・振替仕訳
 (1) のれんの償却
　　　（持分法による投資損益）　　20　　（A 社 株 式）　　20
　　※　$6,400 - (10,000 + 2,000 + 3,000) \times 40\% = 400$
　　　　$400 \times \dfrac{1年}{20年} = 20$
 (2) 当期純利益の計上
　　　（A 社 株 式）　　400　　（持分法による投資損益）　　400
　　※　$(4,000 - 3,000) \times 40\% = 400$
 (3) 株式の一部売却
　　　（A社株式売却益）　　95　　（A 社 株 式）　　95
　　※　$\left\{(4,000 - 3,000) \times 40\% - 400 \times \dfrac{1年}{20年}\right\} \times \dfrac{10\%}{40\%} = 95$

2．X2年度の開始仕訳
　　　（A 社 株 式）　　285　　（利益剰余金期首残高）　　285

解 説（単位：円）
1．売却益の修正

	個別会計上	連結会計上	
売　価	2,180	2,180	
原　価	1,600	1,695※	（連結上の簿価）
売却益	580	485	

売却益の修正　95

※　$\left\{6,400 + (4,000 - 3,000) \times 40\% - 400 \times \dfrac{1年}{20年}\right\} \times \dfrac{10\%}{40\%} = 1,695$

221

第5章 持 分 法

2．連結クウィック・メソッド

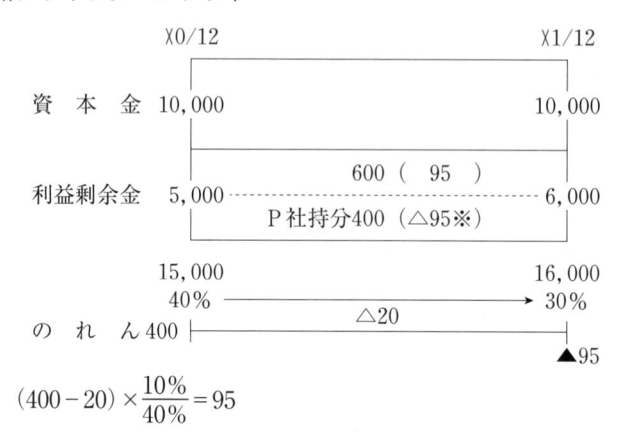

```
                    X0/12                        X1/12
    資 本 金    10,000                        10,000
                          600  (  95  )
    利益剰余金    5,000 ┄┄┄┄┄┄┄┄┄┄┄┄┄┄┄┄ 6,000
                        P社持分400（△95※）

              15,000                        16,000
              40%  ─────────────→  30%
                          △20
    のれん 400 ├─────────────────────┤
                                        ▲95
```

※　$(400-20) \times \dfrac{10\%}{40\%} = 95$

4 未実現利益の消去 ★

1. 概　要

未実現利益の消去の考え方は、基本的には連結と同様である。すなわち、投資の増減額の算定にあたっては、連結会社と持分法の適用会社との間の取引に係る未実現損益を消去するための修正を行う。

2. 取引形態と消去金額

(1) ダウン・ストリーム（連結会社から持分法適用会社への販売）

親会社から関連会社への販売の場合は、原則として当該関連会社に対する持分相当額（この場合は30％）のみを消去する。

```
                80％所有
   P 社 ───────────────→  S 社
     \
      \  30％所有        連結子会社
   販売\
        → A 社
          関連会社
```

なお、連結子会社から持分法適用会社への販売の場合も、上記親会社の場合と同様に処理するが、この場合、消去した未実現利益のうち、非支配株主持分に係る部分については、非支配株主に負担させる必要がある。

第5章 持 分 法

(2) アップ・ストリーム（持分法適用会社から連結会社への販売）

持分法適用会社（関連会社）から連結会社への販売の場合は，持分法適用会社に対する連結会社の持分相当額を消去する。

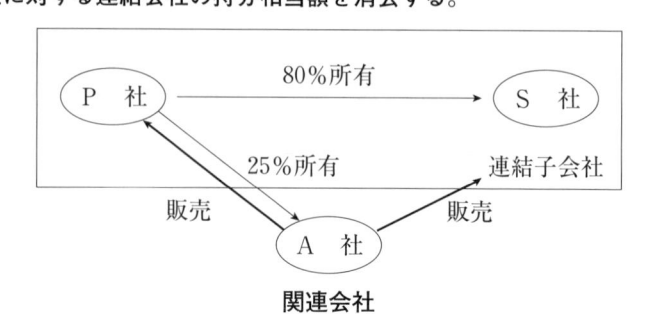

```
┌─────────────────────────────────────────┐
│         80％所有                         │
│    P 社 ─────────────→  S 社           │
│     ↑↓         ↗                        │
│     25％所有                連結子会社    │
│   販売  ↘    ↗  販売                    │
│          A 社                           │
└─────────────────────────────────────────┘
              関連会社
```

(3) まとめ

持分法は，持分法適用会社に対する投資会社持分を，投資勘定に反映させることによって連結財務諸表に取り込む方法なので，基本的には持分相当額を調整すればよい。

3．未実現利益の消去仕訳

(1) 売手側である連結会社に生じた未実現利益（ダウン・ストリーム）の処理方法

売手側である連結会社に生じた未実現利益の消去額は，売手側である連結会社の売上高等の損益項目と買手側である持分法適用会社に対する投資の額から控除する。

　（売　上　高）　　×××　　（Ａ 社 株 式）　　×××
　　又は固定資産売却益等

なお，利害関係者の判断を著しく誤らせない場合には，下記の仕訳のように，当該金額を「持分法による投資損益」から控除することができる。

　（持分法による
　　投 資 損 益）　×××　　（Ａ 社 株 式）　　×××

(2) 売手側である持分法適用会社に生じた未実現利益（アップ・ストリーム）の処理方法

売手側である持分法適用会社に生じた未実現利益の消去額は、「持分法による投資損益」と買手側である連結会社の未実現利益が含まれている資産の額から控除する。

(持分法による投資損益) ×××　（棚 卸 資 産）×××
　　　　　　　　　　　　　　　又は固定資産

なお、利害関係者の判断を著しく誤らせない場合には、下記の仕訳のように、当該金額を持分法適用会社に対する投資の額から控除することができる。

(持分法による投資損益) ×××　（Ａ 社 株 式）×××

【参　考】未実現利益の消去仕訳について

なぜ、前述のような形式になるのか？

持分法を適用している場合、持分法適用会社の財務諸表は単純合算を行わないのが連結との大きな違いとなる。

連結では、単純合算、その上で売上と仕入を相殺するとともに未実現利益を消去する。

この結果、連結財務諸表が企業集団として正しい金額になる。

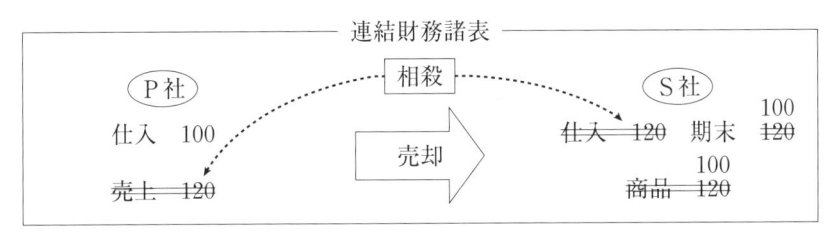

```
┌─────────────── 連結財務諸表 ───────────────┐
│                        相殺                         │
│   ⎛P社⎞         ┌──────┐          ⎛S社⎞           │
│                 │      │                    100    │
│   仕入  100 ⋯⋯⋯│ 売却 │⋯⋯⋯▶ 仕入 120  期末 120  │
│                 │      │                           │
│   売上  120     └──────┘           100            │
│                                    商品 120         │
└─────────────────────────────────────────────┘
```

225

第5章 持 分 法

ダウン・ストリームのケース

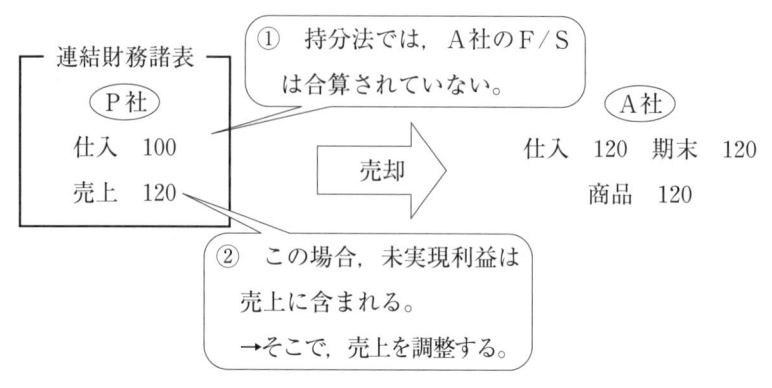

┌─ 連結財務諸表 ─┐
│   P社   │
│ 仕入 100 │
│ 売上 120 │
└──────────┘

① 持分法では，A社のF/Sは合算されていない。

売却 →

A社
仕入 120   期末 120
            商品 120

② この場合，未実現利益は売上に含まれる。
　→そこで，売上を調整する。

アップ・ストリームのケース

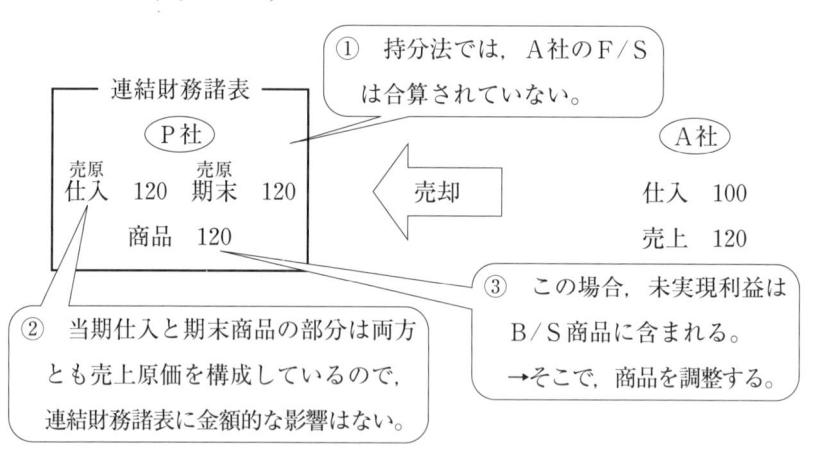

┌─ 連結財務諸表 ─┐
│   P社   │
│ 売原   売原 │
│ 仕入 120 期末 120│
│   商品 120   │
└──────────┘

① 持分法では，A社のF/Sは合算されていない。

← 売却

A社
仕入 100
売上 120

② 当期仕入と期末商品の部分は両方とも売上原価を構成しているので，連結財務諸表に金額的な影響はない。

③ この場合，未実現利益はB/S商品に含まれる。
　→そこで，商品を調整する。

設例58　未実現利益の消去

問1　当社はA社株式を30％保有し，A社を持分法適用会社（関連会社）としている。以下の資料に基づいて，未実現利益の消去の仕訳を示しなさい。

【資　料】

1．A社の棚卸資産のうち，当社より仕入れた金額

前期末	当期末
12,000円	15,000円

2．当社はA社に対して利益率20％にて商品を前期より販売している。

問2　当社はA社株式を30％保有し，A社を持分法適用会社（関連会社）としている。以下の資料に基づいて，未実現利益の消去の仕訳を示しなさい。

【資　料】

1．当社の棚卸資産のうち，A社より仕入れた金額

前期末	当期末
12,000円	15,000円

2．A社は当社に対して利益率20％にて商品を前期より販売している。

第 5 章　持　分　法

解答（単位：円）

問 1

1．開始・実現仕訳

|（利益剰余金期首残高）| 720 |（売　上　高）| 720 |

※　12,000×20％×30％＝720

2．当期末の未実現利益消去の仕訳

|（売　上　高）| 900 |（Ａ　社　株　式）| 900 |

※　15,000×20％×30％＝900

問 2

1．開始・実現仕訳

|（利益剰余金期首残高）| 720 |（持分法による投資損益）| 720 |

※　12,000×20％×30％＝720

2．当期末の未実現利益消去の仕訳

|（持分法による投資損益）| 900 |（棚　卸　資　産）| 900 |

※　15,000×20％×30％＝900

解説

1．ダウン・ストリームの場合（**問 1**）には，「売上高」を加減算する代わりに「持分法による投資損益」を加減算することも例外的に認められる。

2．アップ・ストリームの場合（**問 2**）には，「棚卸資産」を減算する代わりに「Ａ社株式」を減算することも例外的に認められる。

5 持分法適用会社が保有する投資会社株式の取扱い ★

1．持分法適用会社が保有する投資会社株式の取扱い

持分法の適用対象となっている関連会社が投資会社の株式を保有する場合は，投資会社の持分相当額を自己株式として純資産の部の株主資本から控除し，当該会社に対する投資勘定を同額減額する。

設例59 持分法適用会社が保有する投資会社株式の取扱い

P社はA社株式の30％を保有し，A社を持分法適用会社としている。A社は当期末にP社株式を10,000円で取得した。また，P社は，自己株式を当期末現在，25,000円（帳簿価額）保有している。

そこで，1．当該P社株式に係る持分法適用の仕訳を示すとともに，2．連結貸借対照表上，純資産の部に表示される自己株式の金額を答えなさい。

解答 解説 （単位：円）

1．P社株式に係る連結消去・振替仕訳

　（自 己 株 式）　3,000　　（A 社 株 式）　3,000
　　自己株式の取得　　　　　　　　　P社の投資勘定

　※　10,000×30％＝3,000

2．連結貸借対照表上，純資産の部に表示される自己株式の金額

　△28,000円

　※　25,000　＋3,000＝28,000
　　P社保有自己株式　1．

2．持分法適用会社が保有する投資会社株式の処分

持分法の適用対象となっている関連会社における投資会社株式の売却損益（内部取引によるものを除いた投資会社の持分相当額）は，投資会社における自己株式処分差額の会計処理と同様とし，また，当該会社に対する投資勘定を同額加減する。

第5章 持 分 法

当該会計処理に係る持分法の適用対象となっている関連会社における投資会社株式の売却損益は，関連する法人税，住民税及び事業税を控除後のものとする。

設例60　持分法適用会社が保有する投資会社株式の取扱い

　Ｐ社はＡ社株式の30％を保有し，Ａ社を持分法適用会社としている。前期末においてＡ社が保有するＰ社株式は帳簿価額が10,000円，時価が15,000円であり，Ａ社はＰ社株式をその他有価証券に分類した。また，当期中において，Ａ社は保有するＰ社株式の全てを20,000円で市場に売却し，当期末（決算日）において，Ａ社はＰ社株式売却益に対応する税金4,000円を計上した。
　そこで，当該Ｐ社株式に係る一連の仕訳を示しなさい。

解答　解説（単位：円）

1．個別上の処理（Ａ社）

(1) 評価差額の期首振戻仕訳

　　（その他有価証券評価差額金）　5,000　　（投資有価証券）　5,000

(2) Ａ社によるＰ社株式の売却

　　（現　金　預　金）　20,000　　（投資有価証券）　10,000
　　　　　　　　　　　　　　　　　（投資有価証券売　却　益）　10,000

(3) Ａ社によるＰ社株式の売却益に対応する税金の計上

　　（法　人　税　等）　4,000　　（未払法人税等）　4,000

2．連結上の処理

　　（Ａ　社　株　式）　1,800　　（持分法による投　資　損　益）　1,800
　　（持分法による投　資　損　益）　1,800　　（資 本 剰 余 金）　1,800
　　　　　　　　　　　　　　　　　自己株式処分差益

　※　（10,000 − 4,000）× 30％ ＝ 1,800

第6章　税効果会計

1　税効果会計の適用　★★

1．税効果会計の意義

　税効果会計とは，会計上と税務上の収益または費用（益金または損金）の認識時点の相違や会計上と税務上の資産または負債の額に相違がある場合において，法人税等を適切に期間配分するための会計処理をいう。

　税効果会計を適用しない場合には，課税所得を基礎にした法人税等の額が計上され，会計上の利益と課税所得とに差異があるときには，法人税等の額が税引前当期純利益と期間的に対応せず，その影響が重要な場合には財務諸表の比較性を損なうことになる。

2．税効果会計の対象となる差異について

　会計上と税務上の収益または費用の認識，あるいは会計上と税務上の資産または負債の額の相違は一般に以下の差異に分類される。

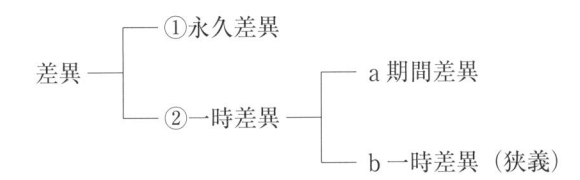

```
差異 ─┬─ ①永久差異
      └─ ②一時差異 ─┬─ a 期間差異
                     └─ b 一時差異（狭義）
```

① 永久差異

　例えば，交際費，寄付金の損金不算入額のように，永久に修正されない会計上と税務上の収益または費用の認識の相違により生じる差異をいう。

② 一時差異

　期間差異と（狭義の）一時差異を含んだ概念である。

a　期間差異

　　　例えば，貸倒引当金の有税引当を行っている場合のように，会計上は費用計上されたものが，税務上は費用（損金）として認識されない場合でも，将来一定の要件を満たせば税務上の費用として認められる。このように，会計上と税務上の収益または費用の認識の期間的ズレにより生じる差異をいう。

　　b　一時差異

　　　例えば連結子会社の資産の評価の際に生じる評価差額のように，資産または負債の額の相違により生じる差異をいい，当該資産を売却すれば解消される。

　税効果会計の対象となる差異は，上記のうち，将来解消される見込みのある一時差異（期間差異と狭義の一時差異）である。

　連結会社の法人税その他利益に関連する金額を課税標準とする税金（住民税，事業税）については，一時差異に係る税金の額を期間配分しなければならない。

　なお，「税効果会計に係る会計基準」では，一時差異の生ずる例として，次のものをあげている。

(1) 財務諸表上の一時差異

　① 収益又は費用の帰属年度が相違する場合

　② 資産の評価替えにより生じた評価差額が直接純資産の部に計上され，かつ，課税所得の計算に含まれていない場合

(2) 連結財務諸表固有の一時差異

　① 資本連結に際し，子会社の資産及び負債の時価評価により評価差額が生じた場合

　② 連結会社相互間の取引から生ずる未実現利益を消去した場合

　③ 連結会社相互間の債権と債務の相殺消去により貸倒引当金を減額修正した場合

1 税効果会計の適用

設例61　税効果会計

当社の平成X1年度と平成X2年度の以下の資料に基づき，(1)税効果会計を適用した場合と，(2)税効果会計を適用しない場合の各期の税引後利益を算定しなさい。なお，実効税率はいずれも50%とする。

(1) 平成X1年度
  ① 税引前利益　1,000千円
  ② 貸倒引当金の有税による引当が1,000千円ある。

(2) 平成X2年度
  ① 税引前利益　1,000千円
  ② 前期に計上された貸倒引当金1,000千円が認容された。

(注)「有税」…税務上費用として認められない会計上の費用の計上。「否認」ともいう。

「認容」…過去において有税で計上されていた会計上の費用が，税務上も費用として認められること。

解答（単位：千円）

(1) 税効果会計を適用した場合

　平成X1年度：　500千円

　平成X2年度：　500千円

(2) 税効果会計を適用しない場合

　平成X1年度：　　0千円

　平成X2年度：1,000千円

解説（単位：千円）

次のように税金を算定する。

第6章 税効果会計

	平成X1年度	平成X2年度
税引前利益	1,000	1,000
税金調整計算	1,000	△1,000
課税所得	2,000	0
税金費用	1,000※	0

　　※　$2,000 \times 50\% = 1,000$

(1) 税効果会計を適用した場合

	平成X1年度	平成X2年度
税引前利益	1,000	1,000
税金費用	1,000	0
繰延税金	△500　※1	500　※2
税引後利益	500	500

　　※1　$1,000 \times 50\% = 500$

　　※2　貸倒引当金の認容により繰延税金を戻入れる。

(2) 税効果会計を適用しない場合

	平成X1年度	平成X2年度
税引前利益	1,000	1,000
税金費用	1,000	0
税引後利益	0	1,000

3．税効果会計の方法

税効果会計には，将来の税率の変更を考慮しない繰延法と，将来の税率の変更を考慮する資産負債法がある。

① 繰延法

繰延法とは，一時差異に係る税金を差異が解消する期まで繰べる考え方で，一時差異が発生した年度の税率により繰延税金資産または繰延税金負債を計上する方法である。繰延法は一時差異が生じた時点に重点がおかれている。

② 資産負債法

資産負債法とは，一時差異に係る税金を将来支払わなければならない税金（繰延税金負債）または将来に回収される税金（繰延税金資産）であるととらえる考え方で，将来還付または納付が行われる時の税率により，繰延税金資産または繰延税金負債を計上する方法である。資産負債法は将来に一時差異に係る税金が解消する時点に重点がおかれている。

一般に繰延法は損益計算を重視し，資産負債法は財産計算を重視しているといわれる。すなわち，損益法では税率の変更があったとしてもいったん計上された繰延税金資産または繰延税金負債は修正せず，一方，資産負債法では税率の変更があった場合には，将来還付または納付すべき金額に繰延税金資産または繰延税金負債の金額を修正し，資産及び負債の計上額の適正性を確保しようとする。

国際的には資産負債法の方が一般的であり，我が国の会計基準でもこちらが採用された。

繰延税金資産または繰延税金負債の金額は，回収または支払いが行われると見込まれる期の税率に基づいて計算するものとし，繰延税金資産については将来の回収の見込みについて毎期見直しを行わなければならない。

第 6 章　税効果会計

4．表　示

繰延税金資産または繰延税金負債として表示し，異なる納税主体の繰延税金資産と繰延税金負債は原則として相殺してはならない。

設例62　繰延法と資産負債法

会計上と税務上の差異として計上される一時差異（将来減算一時差異）が以下のとおりである時，必要な連結消去・振替仕訳を(1)繰延法及び(2)資産負債法によって示しなさい。

年　度	差異発生額	差異累計額	税　率
X1年	300千円	300千円	50%
X2年	300千円	600千円	45%
X3年	300千円	900千円	40%

解　答（単位：千円）

(1) 繰延法

・X1年度

　　（繰延税金資産）　　　150　　（法人税等調整額）　　　150

　　※　300×50％＝150

・X2年度

　　（繰延税金資産）　　　135　　（法人税等調整額）　　　135

　　※　300×45％＝135

・X3年度

　　（繰延税金資産）　　　120　　（法人税等調整額）　　　120

　　※　300×40％＝120

(2) 資産負債法

・X1年度

　　（繰延税金資産）　　　150　　（法人税等調整額）　　　150

　　※　300×50％＝150

・X2年度

（繰延税金資産）　　　120　　　（法人税等調整額）　　　120

※　600×45％－150＝120

・X3年度

（繰延税金資産）　　　90　　　（法人税等調整額）　　　90

※　900×40％－（150＋120）＝90

解説

繰延法は，年々の発生差異についてその年度の税率を乗じて法人税等調整額を算定する。このため，税引前利益に対する法人税等が適正に計上される一方，計上された繰延税金資産（負債）の金額は正しい資産（負債）の金額とはならない。

資産負債法では，税引前利益に対する法人税等が適正に計上されない一方，繰延税金資産（負債）は適正に計上される。

第6章　税効果会計

2　連結における未実現利益と税効果会計　★★

　期末に存在する資産に含まれる連結会社間取引による利益は，連結上未実現利益として資産から消去され，連結利益から減額される。これは未実現利益が連結上繰延べられていることになるが，個別法人の税務上の所得計算では販売会社側の実現した利益として課税の対象となる。したがって，未実現利益に対応する税効果を考慮しない場合には，連結上の利益は税効果相当額だけ少なく表示されることになる。

　翌期にそれらの資産が外部に売却されると実現利益となるが，対応する税金はすでに支払済となっているため，その期の税金として連結損益計算書上計上されないから，税金の期間配分を行わない場合には，連結上の利益は税効果分だけ過大に表示されることになる。

　そこで，税金を期間配分するために税効果会計が行われるのである。

設例63　連結と税効果会計

　連結第1年度に，P社（親会社）はS社（子会社）にP社商品200,000円（原価100,000円）を売却した。連結第1年度末にS社はP社から購入した商品を全部在庫として保有していたが，連結第2年度にその全部を第三者に300,000円（原価200,000円）で売却した。なお，税金は実効税率を53％として計算する。

　よって，連結第1年度と連結第2年度の連結損益計算書を(1)税効果会計を適用しない場合と，(2)税効果会計を適用した場合とで，それぞれ作成しなさい。

② 連結における未実現利益と税効果会計

解答（単位：円）

(1) 税効果会計を適用しない場合

連結第1年度

科　目	個別財務諸表 P社	個別財務諸表 S社	消去・振替仕訳	連結損益計算書
売　上　高	(200,000)		200,000	0
売　上　原　価	100,000		(100,000)	0
税金等調整前当期純利益	(100,000)		100,000	0
法　人　税　等	53,000			53,000
当期純利益／親会社株主に帰属する当期純利益	(47,000)		100,000	53,000

連結第2年度

科　目	個別財務諸表 P社	個別財務諸表 S社	消去・振替仕訳	連結損益計算書
売　上　高		(300,000)		300,000
売　上　原　価		200,000	(100,000)	(100,000)
税金等調整前当期純利益		(100,000)	(100,000)	(200,000)
法　人　税　等		53,000		53,000
当期純利益／親会社株主に帰属する当期純利益		(47,000)	(100,000)	(147,000)

239

第6章　税効果会計

(2) 税効果会計を適用する場合

連結第1年度

科目	個別財務諸表		消去・振替仕訳	連結損益計算書
	P社	S社		
売上高	(200,000)		200,000	0
売上原価	100,000		(100,000)	0
税金等調整前当期純利益	(100,000)		100,000	0
法人税等	53,000			53,000
法人税等調整額			(53,000)	(53,000)
当期純利益／親会社株主に帰属する当期純利益	(47,000)		47,000	0

連結第2年度

科目	個別財務諸表		消去・振替仕訳	連結損益計算書
	P社	S社		
売上高		(300,000)		(300,000)
売上原価		200,000	(100,000)	100,000
税金等調整前当期純利益		(100,000)	(100,000)	(200,000)
法人税等		53,000		53,000
法人税等調整額			53,000	53,000
当期純利益／親会社株主に帰属する当期純利益		(47,000)	(47,000)	(94,000)

解説 (単位：円)

(1) 税効果会計を適用しない場合

① 連結第1年度

　　（売上高）　　200,000　　（売上原価）　100,000
　　　　　　　　　　　　　　　（商品）　　　100,000

　※　税金等調整前当期純利益がゼロになっているにもかかわらず，P社の支払税金53,000はそのまま税金として計上されるため親会社株主に帰属する当期純損失53,000となる。

② 連結第2年度

| （利益剰余金 期首残高） | 100,000 | （売　上　原　価） | 100,000 |

※　税金はＳ社の支払税金53,000のみが計上され，親会社株主に帰属する当期純利益が147,000となり，税金等調整前当期純利益に対する税金の期間対応が害されている。

(2) 税効果会計を適用する場合

① 連結第1年度

（売　　上　　高）	200,000	（売　上　原　価）	100,000
		（商　　　　品）	100,000
（繰延税金資産）	53,000	（法人税等調整額）	53,000

※　Ｐ社の税金が計上されているが，これは繰延税金資産と考えられるので，全額繰延べる。したがって，税金はゼロとなる。

② 連結第2年度

| （利益剰余金 期首残高） | 100,000 | （売　上　原　価） | 100,000 |
| （法人税等調整額） | 53,000 | （利益剰余金 期首残高） | 53,000 |

※　Ｓ社の支払税金53,000とＰ社の繰延税金資産53,000が当期税金となるので，税金は税金等調整前当期純利益200,000に対して53％となり収益費用対応関係が保たれる。

期首商品に関する税効果

a．期首における開始仕訳

| （繰延税金資産） | 53,000 | （利益剰余金 期首残高） | 53,000 |

b．振戻仕訳

| （法人税等調整額） | 53,000 | （繰延税金資産） | 53,000 |

第6章 税効果会計

設例64　未実現利益の消去と税効果会計

P社は従来よりS社の発行済株式の80％を所有しているものとする。

(1)　S社建物のうち，取得原価5,000千円のものは，前期末にP社より購入（P社簿価3,000千円）したものである。S社は同建物を残存価額10％，耐用年数5年の定額法で償却している。なお，法人税等の実効税率は50％とする。

　　① 前期末に必要な連結消去・振替仕訳を示しなさい。

　　② 当期末に必要な連結消去・振替仕訳を示しなさい。

(2)　P社備品のうち，取得原価2,000千円のものは，前期末にS社より購入（S社簿価1,000千円）したものである。P社は同備品を残存価額10％，耐用年数3年の定額法で償却している。

　　① 前期末に必要な連結消去・振替仕訳を示しなさい。

　　② 当期末に必要な連結消去・振替仕訳を示しなさい。

解答（単位：千円）

(1)　① 前期末

　　　（固定資産売却益）　2,000　　（建　　　物）　2,000
　　　　※　5,000 − 3,000 = 2,000
　　　（繰延税金資産）　1,000　　（法人税等調整額）　1,000
　　　　※　2,000 × 50％ = 1,000
　　　未実現利益の消去に対応する法人税等を繰延べる。

　　② 当期末

　　　（利益剰余金期首残高）　1,000　　（建　　　物）　2,000
　　　（繰延税金資産）　1,000
　　　（建　　　物）　360　　（減価償却費）　360
　　　　※　$2,000 \times 90\% \times \dfrac{1年}{5年} = 360$　なお，直接控除法とした。
　　　（法人税等調整額）　180　　（繰延税金資産）　180
　　　　※　360 × 50％ = 180

(2) ① 前期末

(固定資産売却益)	1,000※1	(備　　品)	1,000
(非支配株主持分)	200※2	(非支配株主に帰属する当期純損益)	200

※1　2,000 − 1,000 = 1,000

※2　1,000 × 20% = 200

(繰延税金資産)	500※1	(法人税等調整額)	500
(非支配株主に帰属する当期純損益)	100※2	(非支配株主持分)	100

※1　1,000 × 50% = 500

※2　500 × 20% = 100

　　未実現利益に関する税効果を認識する。なお，純資産の変動を伴うため非支配株主にも負担させる。

② 当期末

(利益剰余金期首残高)	400	(備　　品)	1,000
(非支配株主持分)	100		
(繰延税金資産)	500		
(備　　品)	300	(減価償却費)	300

※　$1,000 \times 90\% \times \dfrac{1年}{3年} = 300$

(非支配株主に帰属する当期純損益)	60	(非支配株主持分)	60

※　300 × 20% = 60

(法人税等調整額)	150※1	(繰延税金資産)	150
(非支配株主持分)	30※2	(非支配株主に帰属する当期純損益)	30

※1　300 × 50% = 150

※2　150 × 20% = 30

第6章　税効果会計

3　貸倒引当金の調整に係る税効果会計　★★

設例65　貸倒引当金の調整に係る税効果会計

　P社は，第X1期中に，P社の100％子会社であるS社に対し，取得原価6,300千円の商品を9,000千円にて販売し，代金は掛とした。S社では，当該仕入商品をすべて第X1期の期末までに連結外部の第三者に販売済であるが，親会社P社に対する掛債務は第X1期の期末現在未決済であった。よってP社では，個別財務諸表上，子会社S社に対する売掛金につき，貸倒引当金180千円（すべて法人税法上の損金に該当するもの）を計上している。

　実効税率が50％である場合を想定して，税効果会計を適用している場合に，第X1期の期末において必要となる連結修正仕訳を示しなさい。なお，これ以前にP社S社間において債権債務関係は一切生じていなかったものとして考えること。

解答（単位：千円）

a．P社S社間取引の消去
　（売　上　高）　　9,000　　（売　上　原　価）　　9,000

b．債権債務の相殺
　（買　掛　金）　　9,000　　（売　掛　金）　　9,000

c．貸倒引当金の調整
　（貸 倒 引 当 金）　180　　（貸倒引当金繰入）　180

d．税効果会計の適用
　（法人税等調整額）　90　　（繰 延 税 金 負 債）　90

3 貸倒引当金の調整に係る税効果会計

解説

　連結会社間の債権債務の相殺に伴う貸倒引当金の調整額（減額修正額）は，いわゆる将来加算一時差異に該当するため，税効果会計の対象になる。この理屈を，仮に税効果会計を適用していなかった場合を想定して説明していく。

　親会社Ｐ社の個別財務諸表上では，子会社Ｓ社に対する売掛金を含む債権に対して貸倒引当金が計上されており，この繰入額をマイナスした後の税引前当期純利益（法人税法上の課税所得と一致しているものとする）に対し実効税率50％を乗じた金額が法人税等として支払われている。ところが，連結財務諸表上では，当該貸倒引当金の調整額（減額修正額）分だけ税金等調整前当期純利益が大きくなるため，法人税等の過小計上という結果を招くことになる。

第6章 税効果会計

4 資産・負債の時価評価に係る税効果会計 ★★

設例66　資産・負債の時価評価に係る税効果会計

　P社は，第X1期の期末において，S社の発行済議決権株式総数の80％を12,000千円で取得し，子会社とした。当日のP社及びS社の貸借対照表は以下のとおりであるが，S社の土地の公正な評価額は4,000千円となっている。
　実効税率が50％である場合を想定して，第X2期に関する次の各問に答えなさい。なお，本文中から合理的に判明する事項以外は一切考慮しなくてよい。

|問1| 税効果会計を適用していない場合について，以下のものを求めなさい。

　a．S社の資産・負債の評価に関する仕訳（S社の個別貸借対照表の修正仕訳）
　b．投資と資本の相殺消去に関する仕訳（資本連結・開始仕訳）

|問2| 税効果会計を適用している場合について，|問1|に示されている連結仕訳を求めなさい。

貸借対照表
P社　　　　　　　　　第X1期末　　　　　　　（単位：千円）

諸　資　産	51,000	諸　　負　　債	30,000
S　社　株　式	12,000	資　　本　　金	27,000
		利　益　剰　余　金	6,000
	63,000		63,000

246

4 資産・負債の時価評価に係る税効果会計

貸借対照表

S社　　　　　　　第X1期末　　　　　　（単位：千円）

諸　資　産	15,000	諸　負　債	5,400
土　　　地	3,000	資　本　金	9,000
		利益剰余金	3,600
	18,000		18,000

解　答（単位：千円）

問1

a．評価差額の計上

（土　　地）	1,000	（評　価　差　額）	1,000

b．開始仕訳（資本連結）

（資　本　金）	9,000	（S　社　株　式）	12,000
（利益剰余金期首残高）	3,600	（非支配株主持分）	2,720※1
（評　価　差　額）	1,000		
（の　れ　ん）	1,120※2		

※1　$(9,000 + 3,600 + 1,000) \times 20\% = 2,720$

※2　貸借差額

問2

a．評価差額の計上

（土　　地）	1,000	（評　価　差　額）	1,000
（評　価　差　額）	500	（繰延税金負債）	500※

※　$1,000 \times 50\% = 500$

b．開始仕訳（資本連結）

（資　本　金）	9,000	（S　社　株　式）	12,000
（利益剰余金期首残高）	3,600	（非支配株主持分）	2,620※1
（評　価　差　額）	500		
（の　れ　ん）	1,520※2		

第6章 税効果会計

※1 （9,000＋3,600＋500）×20％＝2,620
※2 貸借差額

解説（単位：千円）

問1 基本論点であり，当然に正解しなければならない部分である。

問2 子会社の資産・負債を時価評価した場合に生じる評価差額は，税効果会計の対象となってくる。本問の場合，子会社における土地の含み益の認識により評価増が行われているので，法人税等の増加をもたらすと考えられるからである。その理由は，例えば子会社Ｓ社が数年後に当該土地を連結外部の第三者に4,500千円で売却した場合を想定すれば理解できるであろう。この場合，子会社Ｓ社の個別損益計算書上には1,500千円（＝4,500千円－3,000千円）の土地売却益が計上され，これに実効税率50％を乗じた750千円が法人税等となる。これに対し，連結損益計算書上には，500千円（＝4,500千円－4,000千円）の土地売却益しか計上されないという結果になる。従って，連結損益計算書上の税金等調整前当期純利益と法人税等との対応関係が害されてしまうことになるのである。

なお，このケースの会計処理（税効果会計の適用に関するもの）で1つ注意すべきは，子会社株式取得時における処理で，繰延税金負債の相手科目が，法人税等調整額ではなく，評価差額となる点である。なぜなら，子会社の土地等を時価評価した場合に生ずる評価差額が，収益ではなく純資産の部の勘定として処理されるからである。

5　持分法における未実現利益と税効果会計　★★

　税効果会計を導入した場合，連結の場合は（未実現利益の額）×税率を繰延税金資産として認識し，法人税を減少させなければならない。持分法の場合は，未実現利益の金額に原則として親会社持分を乗じた金額を消去するが，その金額に税率を乗じて繰延税金資産を算定する。

設例67　持分法における未実現利益と税効果会計

　P社は自社製品の販売を確保するため，連結第1年度期首にA社の株式の30％を取得し，関連会社とした。P社がA社へ販売した製品の期末棚卸高に含まれる未実現利益は次のとおりであった。
　よって，未実現利益に関する連結消去・振替仕訳を示しなさい。法人税等の実効税率を53％として，税効果会計を実施するものとする。

	連結第1年度	連結第2年度
期末棚卸資産に含まれるP社購入分に係る未実現利益	1,000千円	2,000千円

解答（単位：千円）

(1) 連結第1年度

（売　上　高）	300	（A　社　株　式）	300
（繰延税金資産）	159	（法人税等調整額）	159

(2) 連結第2年度

（利益剰余金期首残高）	141	（A　社　株　式）	600
（売　上　高）	300		
（繰延税金資産）	318	（法人税等調整額）	159

解説（単位：千円）

(1) 連結第1年度

　① 期首未実現利益の実現

　　　仕訳なし

第 6 章　税効果会計

　② 期末未実現利益の消去

　　　（売　上　高）　　　　300　　　（Ａ　社　株　式）　　　　300
　　　　※　1,000×30%＝300
　　　（繰延税金資産）　　　159　　　（法人税等調整額）　　　159
　　　　※　300×53%＝159

(2)　連結第 2 年度

　① 期首未実現利益の調整

　　　（利益剰余金
期首残高）　　300　　　（売　上　高）　　　　300
　　　（法人税等調整額）　　　159　　　（利益剰余金
期首残高）　159

　② 期末未実現利益の消去

　　　（売　上　高）　　　　600　　　（Ａ　社　株　式）　　　　600
　　　　※　2,000×30%＝600
　　　（繰延税金資産）　　　318　　　（法人税等調整額）　　　318
　　　　※　600×53%＝318

第7章　連結キャッシュ・フロー計算書

1　キャッシュ・フロー計算書とは　★

1．意　義

　キャッシュ・フローは，キャッシュ（「資金」，または「現金及び現金同等物」ともいう）の増加及び減少のこと，すなわちキャッシュの流れを意味する言葉である。キャッシュ・フロー計算書は，企業の一会計期間におけるキャッシュ・フローの状況を一定の活動区分別にその算出過程を要約表示した計算書であり，財務諸表の一つとして位置づけられた。

　このキャッシュ・フロー計算書は，財政状態を表す貸借対照表（B／S）及び経営成績を表す損益計算書（P／L）では表すことのできない企業の資金収支の状況を示すことができる点に大きな特徴がある。例えば，損益計算書上利益が計上されているにもかかわらず経営活動が行き詰まるという，いわゆる"黒字倒産"は，主として資金繰りに起因するもので，損益計算書と資金繰りはあくまで別次元の話であることを顕著に示している。このような資金繰り情報は，貸借対照表や損益計算書では表現できないのである。

2．必　要　性

　今日において，企業のキャッシュ・フローが貴重な会計情報として重視される理由として，次のことがあげられる。
① 　客観的な指標としてのキャッシュ・フロー
　　今日の企業会計は，発生主義の原則に従って損益計算がなされている。また，損益計算の基準となる会計方針，例えば，有価証券の評価基準・評価方法や，棚卸資産の評価基準・評価方法等は，その企業に最も適した方法を経営者が選択することによって決定される。これは，その選択された会計方針

により，異なる損益が算定されることになることを意味している。

　従って，会計情報の利用者の立場からは，発生主義会計で求められた利益でもって単純に企業間比較を行うことは困難ということになる。また，利益は各国の会計基準の違いによって影響を受けるのに対し，キャッシュ・フローは現金及び現金同等物の増加及び減少たる事実に基づいて算出されることから，恣意的な会計処理が入り込む余地のない透明性の高い会計情報が提供されることになる。つまり，キャッシュ・フローによる会計情報は，"資金の増減"という客観的な指標を用いて，企業間比較，場合によっては国際間での企業間比較をも可能にするのである。

② キャッシュ・フロー重視の企業価値判断

　近時，一般に用いられる企業評価の指標にはキャッシュ・フローを用いるものが増えている。また，企業価値は，配当額と株価水準で判断されるというのが国際的動向となっている。つまり，人為的に作られた利益よりもキャッシュ・フローを稼ぎ出す経営者の能力が注目されているわけである。株主の立場からは，企業が成長し，発展してより多くのキャッシュ・フローを生み出すために，現在保有している経営資源がいかに効率的に運用されているかが重要となる。キャッシュ・フロー計算書はキャッシュを通して，その経営資源の運用状況をディスクローズするものである。"企業は株主のもの"という考え方にたてば，経営者はそれに応えるためにキャッシュ・フロー重視の経営をしなければならないことになろう。

2 キャッシュ・フロー計算書の概要 ★

1．概　要

キャッシュ・フロー計算書を簡単に示せば，以下のような構成になる。

	キャッシュ・フロー計算書	
Ⅰ	営業活動によるキャッシュ・フロー	×××
Ⅱ	投資活動によるキャッシュ・フロー	×××
Ⅲ	財務活動によるキャッシュ・フロー	×××
Ⅳ	現金及び現金同等物に係る換算差額	×××
Ⅴ	現金及び現金同等物の増加額	×××
Ⅵ	現金及び現金同等物の期首残高	×××
Ⅶ	現金及び現金同等物の期末残高	×××

2．表示区分

キャッシュ・フロー計算書は，一会計期間におけるキャッシュ・フローの表示を3つに区分してキャッシュ・フローの増減を計算することになる。

〈表示区分〉
① 営業活動によるキャッシュ・フロー……営業活動で獲得した資金収支
② 投資活動によるキャッシュ・フロー……投資活動に伴う資金収支
③ 財務活動によるキャッシュ・フロー……財務活動で生じた資金収支

① 営業活動によるキャッシュ・フロー

　営業活動によるキャッシュ・フローの金額は，企業が外部からの資金調達に頼ることなく，営業能力を維持し，新規投資を行い，借入金を返済し，配当金を支払うために，どの程度の資金を主たる営業活動から獲得したかを示す主要な会計情報となる。この区分には，商品及び役務の販売による収入，商品及び役務の購入による支出等，営業損益計算の対象となった取引のほ

か，投資活動及び財務活動以外の取引によるキャッシュ・フローを記載することとする，とされている。また，商品及び役務の販売により取得した手形の割引による収入等，営業活動に係る債権・債務から生ずるキャッシュ・フローはこの区分に表示することになる。

② 投資活動によるキャッシュ・フロー

投資活動によるキャッシュ・フローは，将来の利益獲得及び資金運用のために，どのくらいの資金を支出し，または回収したかを示す会計情報である。固定資産の取得及び売却，現金同等物に含まれない短期投資の取得及び売却等によるキャッシュ・フローを記載することとされている。

③ 財務活動によるキャッシュ・フロー

財務活動によるキャッシュ・フローは，営業活動及び投資活動を維持するためにどのくらいの資金が調達または返済されたかを示す会計情報である。この区分には，株式の発行による収入，自己株式の取得による支出，社債の発行・償還及び借入れ・返済による収入・支出等，資金の調達及び返済によるキャッシュ・フローを記載することとされている。

3 営業活動によるキャッシュ・フローの表示方法 ★

　営業活動によるキャッシュ・フローの表示方法には，直接法と間接法の2つの方法があり，どちらの方法でも任意に選択することができる。但し，一度採用すると継続して適用することが必要になる。なお，どちらの方法でも，営業活動によるキャッシュ・フローの合計額は一致する。

1．直 接 法
　主要な取引ごとに収入総額と支出総額を表示する方法を直接法という。すなわち，営業収入，原材料又は商品の仕入支出，人件費支出，その他の営業支出につき，それぞれキャッシュ・フローを総額表示する方法である。

2．間 接 法
　純利益に必要な調整項目を加減して表示する方法を間接法という。すなわち，税金等調整前当期純利益に，非資金損益項目，営業活動に係る資産及び負債の増減額並びに投資活動及び財務活動の区分に含まれるキャッシュ・フローに関連して発生した損益項目を加減して表示する方法である。

4 間接法によるキャッシュ・フロー計算書の作成 ★

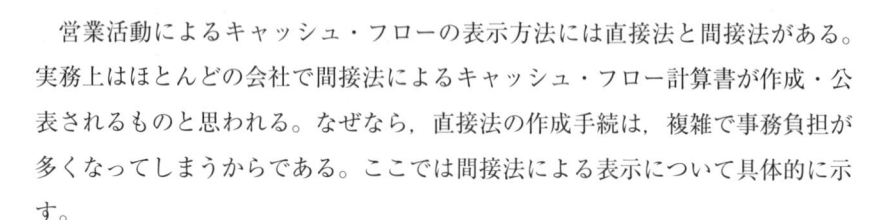

　営業活動によるキャッシュ・フローの表示方法には直接法と間接法がある。実務上はほとんどの会社で間接法によるキャッシュ・フロー計算書が作成・公表されるものと思われる。なぜなら，直接法の作成手続は，複雑で事務負担が多くなってしまうからである。ここでは間接法による表示について具体的に示す。

〈営業活動によるキャッシュ・フローの内容〉

```
　税金等調整前当期純利益
　　① 損益計算書に含まれている非資金損益項目の調整
　　　　　　　　｛ ＋ 減価償却費
　　　　　　　　　 ＋ のれん償却額など
　　② 営業損益ベースに逆算するための損益調整
　　　　（営業外損益・特別損益が対象：費用は＋，収益は▲）
　　　　　　　　｛ ▲ 受取利息及び受取配当金
　　　　　　　　　 ＋ 支払利息
　　　　　　　　　 ＋ 有形固定資産の売却損・有価証券評価損など
　　　　　　　　　 ＋ 損害賠償損失
　　③ 営業活動に係る資産負債項目の調整
　　　　　　　　｛ ▲ 売上債権の増加額
本来の営業活動による　 ＋ たな卸資産の減少額
キャッシュ・フロー　　　▲ 仕入債務の減少額
　　　　　　　　⇨　　小　　　計
　　④ 投資・財務活動以外の取引によるキャッシュ・フロー
　　　　　　　　｛ ＋ 利息及び配当金の受取額
　　　　　　　　　 ▲ 利息の支払額
　　　　　　　　　 ▲ 損害賠償金の支払額
```

④ 間接法によるキャッシュ・フロー計算書の作成

⑤ 法人税等の調整

▲ 法人税等の支払額

営業活動によるキャッシュ・フロー

①の項目は，税金等調整前当期純利益の計算には反映されているが，資金（現金及び現金同等物）の増減を伴わない損益計算書項目であり，税金等調整前当期純利益に加算するものである。

②の項目は，投資活動によるキャッシュ・フロー及び財務活動によるキャッシュ・フローの区分に分類される取引に関連して発生した損益項目であり，税金等調整前当期純利益に反映されているが，営業損益計算の対象となった取引ではないので，税金等調整前当期純利益に加減することにより，本来の営業損益ベースに引戻す必要がある。よって，税金等調整前当期純利益に加減することになる。

③の項目は，営業活動によるキャッシュ・フローを算出するために必要となる調整である。

これらにより，本来の営業活動によるキャッシュ・フロー（小計の金額）が算定される。

この小計の金額に，④の項目（投資活動及び財務活動以外の取引によるキャッシュ・フロー）及び⑤の項目（法人税等の支払額）を加減算して，営業活動によるキャッシュ・フローを計算することになる。

5　連結キャッシュ・フロー計算書　★★

これまでは，キャッシュ・フロー計算書の基本的内容を説明してきたが，ここからは本格的に連結キャッシュ・フロー計算書特有の内容を説明していく。

1．連結キャッシュ・フロー計算書の作成方法

連結キャッシュ・フロー計算書の作成方法には，①原則法と②簡便法の2つがある。

① 原則法による作成

原則法は，各連結会社のキャッシュ・フロー計算書を合算して連結キャッシュ・フロー計算書を作成する方法である。この方法は，連結会社間の取引や債権債務の相殺・消去等を行うため，大変な手間がかかる。

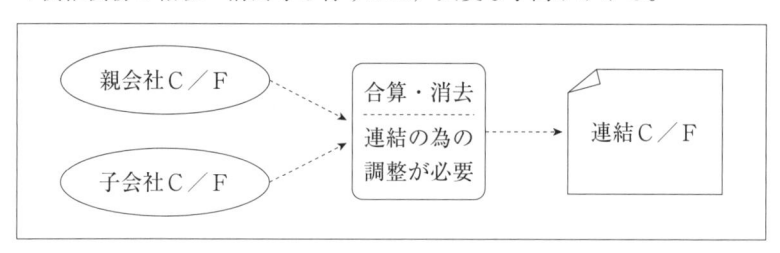

```
親会社C／F  ┐
            ├→ 合算・消去          → 連結C／F
子会社C／F  ┘   連結の為の
                調整が必要
```

② 簡便法による作成

簡便法は，連結損益計算書と連結貸借対照表の増減調整により，連結キャッシュ・フロー計算書を作成する方法である。この方法は，連結会社間の取引及び債権債務はすでに相殺・消去済みであるため，一部，連結キャッシュ・フロー計算書に特有の処理があるものの，ほぼ個別キャッシュ・フロー計算書の作成と同様の調整だけなので，事務の効率化をはかることができる。

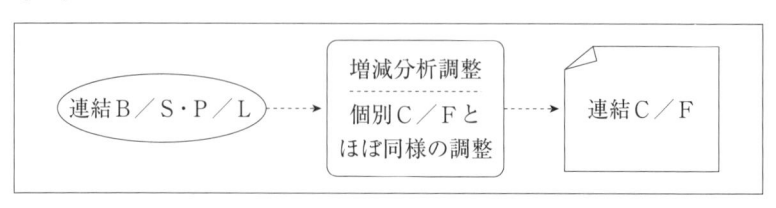

```
連結B／S・P／L → 増減分析調整        → 連結C／F
                  個別C／Fと
                  ほぼ同様の調整
```

③ 「原則法・簡便法」と「直接法・間接法」

連結キャッシュ・フロー計算書を作成する場合，前述のように，a 原則法 b 簡便法の違いの他に，「営業活動によるキャッシュ・フロー」の表示方法について，c 直接法 d 間接法のどちらにするかも考慮しなければならない。実務では，事務処理の負担を考慮して，b 簡便法で，かつ d 間接法の組み合わせが多いようである。

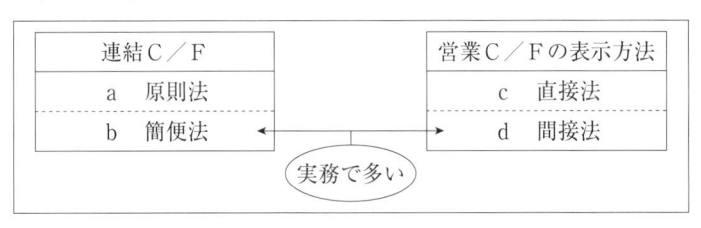

連結C／F		営業C／Fの表示方法	
a	原則法	c	直接法
b	簡便法 ←	→ d	間接法

実務で多い

2．連結キャッシュ・フロー計算書特有の内容

ここでは，連結キャッシュ・フロー計算書に特有の内容の表示場所を示す。

なお，連結キャッシュ・フロー計算書は，連結損益計算書の税金等調整前当期純利益からスタートすることになる。

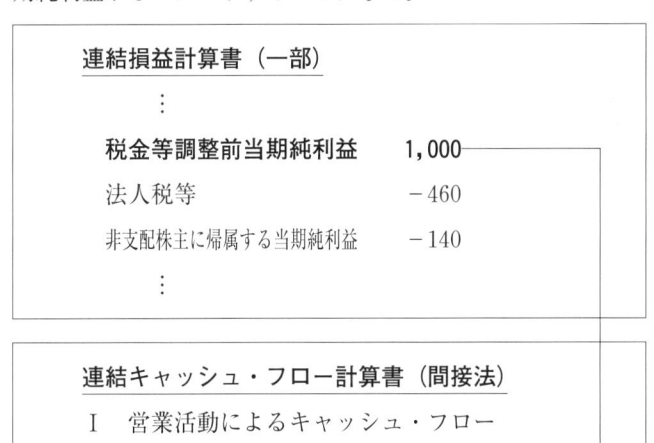

```
連結損益計算書（一部）
    ⋮
  税金等調整前当期純利益    1,000
  法人税等                  -460
  非支配株主に帰属する当期純利益  -140
    ⋮
```

```
連結キャッシュ・フロー計算書（間接法）
 Ⅰ 営業活動によるキャッシュ・フロー
     税金等調整前当期純利益    1,000
       ⋮
     ＋のれん償却額 ←
     ▲持分法による投資利益 ←
```

第7章 連結キャッシュ・フロー計算書

```
              ⋮
          （小計）
              ⋮
       営業活動によるキャッシュ・フロー        ⇦ 連結特有の内容
  Ⅱ  投資活動によるキャッシュ・フロー
              ⋮
       投資活動によるキャッシュ・フロー
  Ⅲ  財務活動によるキャッシュ・フロー
              ⋮
    ▲非支配株主への配当金の支払額 ⬅┄┄┄┄┘
       財務活動によるキャッシュ・フロー
  Ⅳ  現金及び現金同等物に係る換算差額
  Ⅴ  現金及び現金同等物の増加額
  Ⅵ  現金及び現金同等物の期首残高
  Ⅶ  現金及び現金同等物の期末残高
```

① のれん償却額

　のれん償却額は，連結損益計算書における税金等調整前当期純利益の計算に考慮されているものである。しかし，減価償却費と同様，キャッシュ・フローを伴わない非資金損益項目のため，税金等調整前当期純利益に加算する必要がある。

② 持分法による投資利益

　持分法による投資利益も，のれん償却額と同様，キャッシュ・フローを伴わない非資金損益項目のため，税金等調整前当期純利益から減額（投資損失の場合は加算）する。

③ 非支配株主への配当金

　連結会社間で行われた配当金は，連結財務諸表を作成する時に相殺されるが，非支配株主への配当金も連結キャッシュ・フロー計算書を作成する上で認識する必要がある。

5 連結キャッシュ・フロー計算書

設例68 連結会社間取引（営業取引の相殺）

P社は，S社の発行済株式総数の100％を保有し，連結子会社としている。以下の資料を参考にしてP社の連結キャッシュ・フロー計算書（営業活動の区分）を作成しなさい（単位：千円）。

損益計算書

借　　方	P社	S社	貸　　方	P社	S社
売 上 原 価	1,800	1,080	売　上　高	2,000	1,200
当 期 純 利 益	200	120			
	2,000	1,200		2,000	1,200

キャッシュ・フロー計算書

	P社	S社
Ⅰ　営業活動によるC・F		
営　業　収　入	2,000	1,200
原材料又は商品の仕入支出	△1,800	△1,080

1．当期のP社S社間の取引高は500千円であり，すべて現金にて行われている。
2．棚卸資産，債権・債務等は存在しない。

解　答（単位：千円）

① 直接法

Ⅰ　営業活動によるキャッシュ・フロー	
営　業　収　入	2,700
原材料又は商品の仕入支出	△ 2,380
営業活動によるキャッシュ・フロー	320

② 間接法

Ⅰ　営業活動によるキャッシュ・フロー	
税金等調整前当期純利益	320
営業活動によるキャッシュ・フロー	320

第7章 連結キャッシュ・フロー計算書

解説 (単位：千円)

① 直接法

I 営業活動によるキャッシュ・フロー	
営業収入	2,700 ※1
原材料又は商品の仕入支出	△2,380 ※2
営業活動によるキャッシュ・フロー	320

※1　2,000 + 1,200 － 500 = 2,700
　　　P社　　S社　　相殺

※2　1,800 + 1,080 － 500 = 2,380
　　　P社　　S社　　相殺

a．精算表上の仕訳

（営業収入）　500　（原材料又は商品の仕入支出）　500

② 間接法

I 営業活動によるキャッシュ・フロー	
税金等調整前当期純利益	320
営業活動によるキャッシュ・フロー	320

a．連結仕訳

（売上高）　500　（売上原価）　500

b．連結財務諸表

連結損益計算書

借方	金額	貸方	金額
売上原価	2,380	売上高	2,700
親会社株主に帰属する当期純利益	320		
	2,700		2,700

c．精算表上の仕訳

　　間接法は，取引を合計額で表示するものではないため，修正の必要はない。

5 連結キャッシュ・フロー計算書

設例69　連結会社間取引（配当金の相殺・非支持あり）

P社は，S社の発行済株式総数の80％を保有し，連結子会社としている。以下の資料を参考にしてP社の連結キャッシュ・フロー計算書（営業活動，財務活動の区分）を作成しなさい（単位：千円）。

損益計算書（一部）

借　　方	P社	S社	貸　　方	P社	S社
売 上 原 価	1,800	1,080	売　上　高	2,000	1,200
当 期 純 利 益	226	120	受 取 配 当 金	26	—
	2,026	1,200		2,026	1,200

キャッシュ・フロー計算書

	P社	S社
Ⅰ　営業活動によるC・F		
営　業　収　入	2,000	1,200
原材料又は商品の仕入支出	△1,800	△1,080
小　　　　計	200	120
配 当 金 の 受 取 額	26	—
営業活動によるC・F	226	120
Ⅱ　財務活動によるC・F		
配 当 金 の 支 払 額	—	△20

1．P社の受取配当金のうち，16千円はS社より受取ったものである。
2．配当金の授受以外に，連結会社間の取引は存在しない。

解　答（単位：千円）

① 直接法

Ⅰ　営業活動によるキャッシュ・フロー	
営　業　収　入	3,200
原材料又は商品の仕入支出	△2,880
小　　　　計	320

	配当金の受取額	10
	営業活動によるキャッシュ・フロー	330
Ⅱ	**財務活動によるキャッシュ・フロー**	
	非支配株主への配当金の支払額	△ 4

② 間接法

Ⅰ	**営業活動によるキャッシュ・フロー**	
	税金等調整前当期純利益	330
	受取配当金	△ 10
	小　　計	320
	配当金の受取額	10
	営業活動によるキャッシュ・フロー	330
Ⅱ	**財務活動によるキャッシュ・フロー**	
	非支配株主への配当金の支払額	△ 4

解説（単位：千円）

① 直接法

Ⅰ	**営業活動によるキャッシュ・フロー**	
	営　業　収　入	3,200
	原材料又は商品の仕入支出	△ 2,880
	小　　計	320
	配当金の受取額	10
	営業活動によるキャッシュ・フロー	330
Ⅱ	**財務活動によるキャッシュ・フロー**	
	非支配株主への配当金の支払額	△ 4※

※　20×20％ ＝ 4
　　　　　非支配割合

a．精算表上の仕訳（原則法）

　　（配当金の受取額）　　　16　　（配当金の支払額）　　　20
　　（非支配株主への配当金の支払額）　　4

　　※　非支配株主に対する配当金の支払額は財務活動によるキャッシュ・フローの区分に独立して非支配株主への配当金の支払額として記載する。

② 間接法

　a．連結仕訳

　　（受取配当金）　　　　　16　　（配　当　金）　　　　　20
　　（非支配株主持分）　　　 4

　b．連結財務諸表

連結損益計算書

借　方	金　額	貸　方	金　額
売　上　原　価	2,880	売　上　高	3,200
税金等調整前当期純利益	330	受　取　配　当　金	10
	3,210		3,210

　c．精算表上の仕訳（簡便法）

　　（受取配当金）　　　　　10　　（配当金の受取額）　　　10
　　（非支配株主への配当金の支払額）　　4　　（非支配株主持分）　　　4

設例70　連結会社間取引（有形固定資産の売却）

　P社は，S社の発行済株式総数の100％を保有し，連結子会社としている。以下の資料を参考にしてP社の連結キャッシュ・フロー計算書（営業活動及び投資活動の区分）を作成しなさい（単位：千円）。

貸借対照表（一部）

借　方	P社 前期末	P社 当期末	S社 前期末	S社 当期末	貸　方	P社 前期末	P社 当期末	S社 前期末	S社 当期末
備　品	12,000	9,000	10,000	13,000	減価償却累計額	5,400	4,410	4,500	5,670

第7章 連結キャッシュ・フロー計算書

損益計算書

借　　方	P社	S社	貸　　方	P社	S社
売 上 原 価	18,000	10,800	売 上 高	20,000	12,000
減 価 償 却 費	810	1,170	固定資産売却益	800	—
当 期 純 利 益	1,990	30			
	20,800	12,000		20,800	12,000

キャッシュ・フロー計算書

	P社	S社
Ⅰ　営業活動によるC・F		
営　業　収　入	20,000	12,000
原材料又は商品の仕入支出	△18,000	△10,800
営業活動によるC・F	2,000	1,200
Ⅱ　投資活動によるC・F		
固定資産の売却による収入	3,000	—
固定資産の購入による支出	△1,000	3,000

1．P社は当期首に，備品（取得原価4,000千円，減価償却累計額1,800）をS社に3,000千円にて売却している。
2．備品の減価償却は，残存価額10％，耐用年数10年，定額法にて行われている。
3．備品の売買取引以外に，連結会社間取引は存在しない。

解　答（単位：千円）

① 直接法

Ⅰ　営業活動によるキャッシュ・フロー	
営　業　収　入	32,000
原材料又は商品の仕入支出	△ 28,800
営業活動によるキャッシュ・フロー	3,200

5 連結キャッシュ・フロー計算書

Ⅱ　投資活動によるキャッシュ・フロー	
有形固定資産の取得による支出	△ 1,000

② 間接法

Ⅰ　営業活動によるキャッシュ・フロー	
税金等調整前当期純利益	1,292
減 価 償 却 費	1,908
営業活動によるキャッシュ・フロー	3,200
Ⅱ　投資活動によるキャッシュ・フロー	
有形固定資産の取得による支出	△ 1,000

解説 （単位：千円）

① 直接法

　a．精算表上の仕訳（原則法）

（有形固定資産の売却による収入）	3,000	（有形固定資産の取得による支出）	3,000

② 間接法

　a．連結仕訳

（固定資産売却益）	800	（備　　　品）	800
（減価償却累計額）	72	（減 価 償 却 費）	72

　　※　800×0.9÷10年＝72

　b．連結財務諸表

連結損益計算書

借　　方	金　額	貸　　方	金　額
売 上 原 価	28,800	売　上　高	32,000
減 価 償 却 費	1,908		
税金等調整前当期純利益	1,292		
	32,000		32,000

第7章　連結キャッシュ・フロー計算書

　　c．精算表上の仕訳（簡便法）

　　（減価償却累計額）　1,908　　（減価償却費）　1,908
　　（有形固定資産の取得による支出）　1,000　　（備　　品）　1,000

設例71　連結会社間取引（債権・債務の相殺）

　Ｐ社は，Ｓ社の発行済株式総数の100％を保有し，連結子会社としている。以下の資料を参考にしてＰ社の連結キャッシュ・フロー計算書（営業活動の区分）を作成しなさい（単位：千円）。

貸借対照表(一部)

借　方	P 社 前期末	P 社 当期末	S 社 前期末	S 社 当期末	貸　方	P 社 前期末	P 社 当期末	S 社 前期末	S 社 当期末
売上債権	200	250	150	180	仕入債務	150	100	80	90

損益計算書

借　方	P 社	S 社	貸　方	P 社	S 社
売上原価	1,800	1,080	売上高	2,000	1,200
当期純利益	200	120			
	2,000	1,200		2,000	1,200

キャッシュ・フロー計算書

	P 社	S 社
Ⅰ　営業活動によるＣ・Ｆ		
営　業　収　入	1,950	1,170
原材料又は商品の仕入支出	△1,850	△1,070
営業活動によるＣ・Ｆ	100	100

1．当期のＰ社Ｓ社間の取引高は500千円であり，すべて掛にて行われている。
2．Ｐ社のＳ社に対する売上債権は，期首が50千円，期末が80千円である。
3．棚卸資産は存在しない。

5 連結キャッシュ・フロー計算書

解答（単位：千円）

① 直接法

I　営業活動によるキャッシュ・フロー	
営　業　収　入	2,650
原材料又は商品の仕入支出	△ 2,450
営業活動によるキャッシュ・フロー	200

② 間接法

I　営業活動によるキャッシュ・フロー	
税金等調整前当期純利益	320
売 上 債 権 の 増 加 額	△ 50
仕 入 債 務 の 減 少 額	△ 70
営業活動によるキャッシュ・フロー	200

解説（単位：千円）

① 直接法

I　営業活動によるキャッシュ・フロー	
営　業　収　入	2,650※1
原材料又は商品の仕入支出	△ 2,450※2
営業活動によるキャッシュ・フロー	200

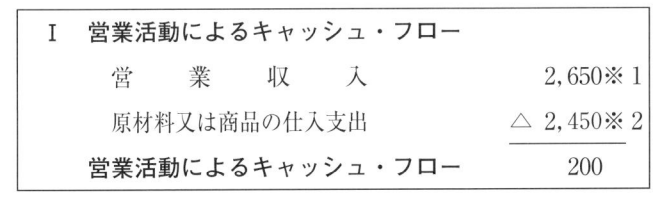

※1　$1,950 + 1,170 - (50 + 500 - 80) = 2,650$

※2　$1,850 + 1,070 - (50 + 500 - 80) = 2,450$

　a．精算表上の仕訳（原則法）

　　（営　業　収　入）　　470　　（原材料又は商品の仕入支出）　　470

　　※　$50 + 500 - 80 = 470$

② 間接法

　a．連結仕訳

（売　　　　上）　　500　　（売　上　原　価）　　500
（仕　入　債　務）　　 80　　（売　上　債　権）　　 80

　b．連結財務諸表

連結損益計算書

借　　方	金　額	貸　　方	金　額
売　上　原　価	2,380	売　上　高	2,700
税金等調整前当期純利益	320		
	2,700		2,700

連結貸借対照表（一部）

借　　方	前期末	当期末	貸　　方	前期末	当期末
売　上　債　権	300	350	仕　入　債　務	180	110

　c．精算表上の仕訳（簡便法）

（売上債権の増加額）　　50　　（売　上　債　権）　　50
（仕入債務の減少額）　　70　　（仕　入　債　務）　　70

設例72　連結会社間取引（未実現利益の消去）

　P社は，S社の発行済株式総数の100％を保有し，連結子会社としている。以下の資料を参考にしてP社の連結キャッシュ・フロー計算書（営業活動の区分）を作成しなさい（単位：千円）。

貸借対照表（一部）

借　方	P 社		S 社		貸　方	P 社		S 社	
	前期末	当期末	前期末	当期末		前期末	当期末	前期末	当期末
売上債権	200	250	150	180	仕入債務	150	100	80	90
商　品	300	350	120	140					

5 連結キャッシュ・フロー計算書

損益計算書

借 方	P 社	S 社	貸 方	P 社	S 社
売 上 原 価	1,800	1,080	売 上 高	2,000	1,200
当 期 純 利 益	200	120			
	2,000	1,200		2,000	1,200

キャッシュ・フロー計算書

	P 社	S 社
Ⅰ 営業活動によるC・F		
営 業 収 入	1,950	1,170
原材料又は商品の仕入支出	△1,900	△1,090
営業活動によるC・F	50	80

1. 当期のP社S社間の取引高は500千円であり，すべて掛にて行われている。
2. P社のS社に対する売上債権は，期首が50千円，期末が80千円である。
3. S社の商品のうち，P社から仕入れたものは，前期末が30千円，当期末が40千円である。なお，利益率は前期も当期も10％である。

解 答（単位：千円）

① 直接法

Ⅰ 営業活動によるキャッシュ・フロー	
営 業 収 入	2,650
原材料又は商品の仕入支出	△ 2,520
**　営業活動によるキャッシュ・フロー**	130

② 間接法

Ⅰ 営業活動によるキャッシュ・フロー	
税金等調整前当期純利益	319
売 上 債 権 の 増 加 額	△ 50

第7章　連結キャッシュ・フロー計算書

棚卸資産の増加額	△ 69
仕入債務の減少額	△ 70
営業活動によるキャッシュ・フロー	130

解説（単位：千円）

① 直接法

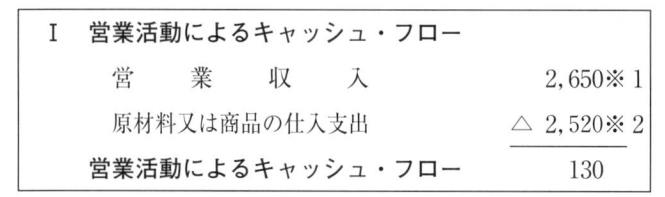

Ⅰ　営業活動によるキャッシュ・フロー	
営業収入	2,650 ※1
原材料又は商品の仕入支出	△ 2,520 ※2
営業活動によるキャッシュ・フロー	130

※1　$1,950 + 1,170 - (50 + 500 - 80) = 2,650$

※2　$1,900 + 1,090 - (50 + 500 - 80) = 2,520$

　a．精算表上の仕訳（原則法）

（営業収入）　470　　（原材料又は商品の仕入支出）　470

※　$50 + 500 - 80 = 470$

直接法では，キャッシュ・フローそのものを消去するので，未実現利益に関する修正仕訳は必要ない。

② 間接法

　a．連結仕訳

（売　　　　上）　500　　（売　上　原　価）　500
（利益剰余金期首残高）　3　　（売　上　原　価）　3
（売　上　原　価）　4　　（商　　　　品）　4
（仕　入　債　務）　80　　（売　上　債　権）　80

⑤ 連結キャッシュ・フロー計算書

b．連結財務諸表

連結損益計算書

借　　方	金　額	貸　　方	金　額
売 上 原 価	2,381	売 上 高	2,700
税金等調整前当期純利益	319		
	2,700		2,700

連結貸借対照表（一部）

借　　方	前期末	当期末	貸　　方	前期末	当期末
売 上 債 権	300	350	仕 入 債 務	180	110
商　　　品	417	486			

c．精算表上の仕訳（簡便法）

（売上債権の増加額）	50	（売 上 債 権）	50
（棚卸資産の増加額）	69	（商　　品）	69
（仕入債務の減少額）	70	（仕 入 債 務）	70

※　間接法では，連結ベースの棚卸資産の増減額の修正をするだけでよい。

設例73　非資金損益項目

P社は，S社の発行済株式総数の100％を保有し，連結子会社としている。以下の資料を参考にしてP社の連結キャッシュ・フロー計算書（営業活動）を作成しなさい（単位：千円）。

連結損益計算書

勘 定 科 目	借　方	勘 定 科 目	貸　方
売 上 原 価	8,000	売 上 高	10,000
のれん償却額	200		
税金等調整前当期純利益	1,800		
	10,000		10,000

273

1．連結会社間での取引は一切発生していない。
2．債権・債務，棚卸資産等は一切発生していない。

解答（単位：千円）

① 直接法

I 営業活動によるキャッシュ・フロー	
営　業　収　入	10,000
原材料又は商品の仕入支出	△ 8,000
営業活動によるキャッシュ・フロー	2,000

② 間接法

I 営業活動によるキャッシュ・フロー	
税金等調整前当期純利益	1,800
の　れ　ん　償　却　額	200
営業活動によるキャッシュ・フロー	2,000

解説（単位：千円）

① 直接法

のれん償却額は，キャッシュ・フローを伴わないので，調整の対象とはならない。

② 間接法

　a．連結仕訳

　　（のれん償却額）　　　200　　（の　れ　ん）　　　200

　b．精算表上の仕訳（簡便法）

　　（の　れ　ん）　　　200　　（のれん償却額）　　　200

5 連結キャッシュ・フロー計算書

設例74　持分法による投資損益

P社は，S社を連結子会社とし，A社を持分法適用会社としている。以下の資料を参考にしてP社の連結キャッシュ・フロー計算書（営業活動）を作成しなさい（単位：千円）。

連結損益計算書

勘　定　科　目	借　　方	勘　定　科　目	貸　　方
売　上　原　価	8,000	売　　上　　高	10,000
税金等調整前当期純利益	3,000	持分法による投資利益	1,000
	11,000		11,000

1．連結会社間での取引は一切発生していない。
2．債権・債務，棚卸資産等は一切存在していない。
3．当期のA社からの受取配当金の金額は400千円であった。

解　答　（単位：千円）

① 直接法

I　営業活動によるキャッシュ・フロー	
営　業　収　入	10,000
原材料又は商品の仕入支出	△ 8,000
小　　　計	2,000
配　当　金　の　受　取　額	400
営業活動によるキャッシュ・フロー	2,400

② 間接法

I　営業活動によるキャッシュ・フロー	
税金等調整前当期純利益	3,000
持分法による投資損益	△ 1,000
小　　　計	2,000

配 当 金 の 受 取 額	400
営業活動によるキャッシュ・フロー	2,400

解説（単位：千円）

① 直接法

　持分法による投資利益（損失）は，キャッシュ・フローを伴わないので，調整の対象とはならない。

② 間接法

　a．連結仕訳

　　（A 社 株 式）　　600　　（持分法による投資利益）　1,000
　　（受 取 配 当 金）　400

　b．精算表上の仕訳（簡便法）

　　（持分法による投資利益）　1,000　　（A 社 株 式）　　600
　　　　　　　　　　　　　　　　　　　（配当金の受取額）　400

＜参考＞

間接法では，持分法適用会社からの配当金受取額を持分法による投資利益と相殺して表示することができる。この場合，以下のキャッシュ・フロー計算書が作成される。

Ⅰ　営業活動によるキャッシュ・フロー	
税金等調整前当期純利益	3,000
持分法による投資利益	△ 600※
**　営業活動によるキャッシュ・フロー**	2,400

※　1,000 − 400 = 600

6　表示様式　★★

　受取利息，受取配当金及び支払利息は「営業活動によるキャッシュ・フロー」の区分に記載し，支払配当金は「財務活動によるキャッシュ・フロー」の区分に記載する方法による場合の連結キャッシュ・フロー計算書の標準的な様式は，次のとおりである。

様式1　（「営業活動によるキャッシュ・フロー」を直接法により表示する場合）

Ⅰ　営業活動によるキャッシュ・フロー	
営業収入	×××
原材料又は商品の仕入支出	－×××
人件費支出	－×××
その他の営業支出	－×××
小　計	×××
利息及び配当金の受取額	×××
利息の支払額	－×××
損害賠償金の支払額	－×××
………	×××
法人税等の支払額	－×××
営業活動によるキャッシュ・フロー	×××
Ⅱ　投資活動によるキャッシュ・フロー	
有価証券の取得による支出	－×××
有価証券の売却による収入	×××
有形固定資産の取得による支出	－×××
有形固定資産の売却による収入	×××
投資有価証券の取得による支出	－×××
投資有価証券の売却による収入	×××

第 7 章　連結キャッシュ・フロー計算書

連結範囲の変更を伴う子会社株式の取得による支出	－×××
連結範囲の変更を伴う子会社株式の売却による収入	×××
貸付けによる支出	－×××
貸付金の回収による収入	×××
………	×××
投資活動によるキャッシュ・フロー	×××
Ⅲ　財務活動によるキャッシュ・フロー	
短期借入れによる収入	×××
短期借入金の返済による支出	－×××
長期借入れによる収入	×××
長期借入金の返済による支出	－×××
社債の発行による収入	×××
社債の償還による支出	－×××
株式の発行による収入	×××
自己株式の取得による支出	－×××
配当金の支払額	－×××
非支配株主への配当金の支払額	－×××
………	×××
財務活動によるキャッシュ・フロー	×××
Ⅳ　現金及び現金同等物に係る換算差額	×××
Ⅴ　現金及び現金同等物の増加額	×××
Ⅵ　現金及び現金同等物の期首残高	×××
Ⅶ　現金及び現金同等物の期末残高	×××

様式2　(「営業活動によるキャッシュ・フロー」を間接法により表示する場合)

Ⅰ	営業活動によるキャッシュ・フロー	
	税金等調整前当期純利益	×××
	減価償却費	×××
	のれん償却額	×××
	貸倒引当金の増加額	×××
	受取利息及び受取配当金	－×××
	支払利息	×××
	為替差損	×××
	持分法による投資利益	－×××
	有形固定資産売却益	－×××
	損害賠償損失	×××
	売上債権の増加額	－×××
	たな卸資産の減少額	×××
	仕入債務の減少額	－×××
	………	×××
	小計	×××
	利息及び配当金の受取額	×××
	利息の支払額	－×××
	損害賠償金の支払額	－×××
	………	×××
	法人税等の支払額	－×××
	営業活動によるキャッシュ・フロー	×××
Ⅱ	投資活動によるキャッシュ・フロー (様式1に同じ)	
Ⅲ	財務活動によるキャッシュ・フロー (様式1に同じ)	

第 7 章　連結キャッシュ・フロー計算書

　　Ⅳ　現金及び現金同等物に係る換算差額　　　×××
　　Ⅴ　現金及び現金同等物の増加額　　　　　　×××
　　Ⅵ　現金及び現金同等物の期首残高　　　　　×××
　　Ⅶ　現金及び現金同等物の期末残高　　　　　×××

第8章 特殊論点

1 その他の包括利益累計額が生じている場合の資本連結 ★★

1．概　要

　子会社の個別財務諸表における純資産の部にその他の包括利益累計額が生じている場合，連結上どのように取り扱うのであろうか。ここでは，その他の包括利益累計額に該当する項目として，その他有価証券評価差額金を例に挙げて学習していく。

2．意　義

　『金融商品に関する会計基準』において，その他有価証券については時価評価を行うことが必要となり，その評価差額は全部純資産直入法又は部分純資産直入法により処理される。個別会計上における当該評価差額のうち，全部純資産直入法による場合と部分純資産直入法による場合の時価評価益については，損益計算書を経由することなく，直接貸借対照表に純資産直入される。

　連結会計上，連結子会社の個別貸借対照表上にその他有価証券評価差額金が計上されている場合，当該評価差額金は通常の剰余金に準じて連結処理がなされる。

　以下，支配獲得日又は支配獲得日以降の連結子会社の個別貸借対照表にその他有価証券評価差額金が計上されていた場合の連結処理についてみていくこととする。

第8章 特殊論点

3．会計処理

(1) 支配獲得日の資本連結

親会社の子会社に対する投資とこれに対応する子会社の資本は，相殺消去する。

① 親会社の子会社に対する投資の金額は，支配獲得日の時価による。

② 子会社の資本は，子会社の個別貸借対照表上の純資産の部における**株主資本及びその他の包括利益累計額**と評価差額からなる。

上記規定より，**その他の包括利益累計額も投資勘定と相殺される子会社の資本に含まれる。**

（資　本　金）	×××	（S　社　株　式）	×××
（利　益　剰　余　金）	×××	（非支配株主持分）	×××
（その他有価証券評価差額金）	×××		
（の　れ　ん）	×××		

(2) 支配獲得日以降の連結処理

支配獲得日において算定した子会社の資本のうち親会社に帰属する部分を投資と相殺消去し，支配獲得日後に生じた子会社の利益剰余金及び**その他の包括利益累計額**のうち親会社に帰属する部分は，利益剰余金及びその他の包括利益累計額として処理する。

支配獲得日後に生じた子会社の利益剰余金及びその他の包括利益累計額のうち非支配株主に帰属する部分は，非支配株主持分として処理する。

| （その他有価証券評価差額金） | ××× | （非支配株主持分） | ××× |

※ その他有価証券評価差額金の当期増加額×非支配株主持分割合（なお，減少する場合には，上記仕訳の逆仕訳となる）

282

1 その他の包括利益累計額が生じている場合の資本連結

設例75　その他有価証券評価差額金に係る連結処理

以下の資料により，問1 及び 問2 に答えなさい。

問1　X1年度の連結修正仕訳を示しなさい。

問2　X2年度の連結修正仕訳を示しなさい。

【資料1】　P社のS社株式の取得状況

取得年月日	取得比率	取得価額
X1年12月31日	80%	125,000千円

【資料2】　S社の各決算日の資本勘定の推移

	資本金	利益剰余金	その他有価証券評価差額金
X1年12月31日	100,000千円	50,000千円	3,125千円
X2年12月31日	100,000千円	65,000千円	5,000千円

【資料3】　S社のX2年中に実施された配当及びX2年度の当期純利益

配　当　金　　7,500千円

当期純利益　　22,500千円

【資料4】　連結方針

1．のれんは発生の翌年度より20年間にわたって均等償却を行う。
2．X1年度末において，S社の資産及び負債のうち，その他有価証券の帳簿価額（5,000千円）と時価（8,125千円）以外，両者の乖離が生じているものはなかった。なお，上記のその他有価証券評価差額金のうち，親会社株式から生じたものは存在しない。
3．税効果会計は無視する。

第8章 特殊論点

解答（単位：千円）

問1

（資　本　金）	100,000	（S　社　株　式）	125,000
（利　益　剰　余　金）	50,000	（非支配株主持分）	30,625※1
（その他有価証券 　評　価　差　額　金）	3,125		
（の　れ　ん）	2,500※2		

※1　$(100{,}000 + 50{,}000 + 3{,}125) \times (1 - 80\%) = 30{,}625$

※2　$125{,}000 - (100{,}000 + 50{,}000 + 3{,}125) \times 80\% = 2{,}500$

問2

① 開始仕訳

（資　本　金）_{当期首残高}	100,000	（S　社　株　式）	125,000
（利　益　剰　余　金）_{当期首残高}	50,000	（非支配株主持分）_{当期首残高}	30,625
（その他有価証券 　評　価　差　額　金）_{当期首残高}	3,125		
（の　れ　ん）	2,500		

② のれんの償却

（のれん償却額）	125	（の　れ　ん）	125

※　$2{,}500 \div 20\text{年} = 125$

③ 当期純利益の按分

（非支配株主に帰属 　する当期純損益）	4,500	（非支配株主持分）_{当期変動額}	4,500

※　$22{,}500 \times 20\% = 4{,}500$

④ その他有価証券評価差額金の按分

　S社資本の当期増加額のうち非支配株主に帰属する金額を非支配株主持分に振り替える。ただし，当期純利益に係る非支配株主持分は非支配株主に帰属する当期純損益として計上するが，その他有価証券評価差額金は当期の損益に計上されていないため，それに係る非支配株主持分はその他有価証券評価差額金の当期増減額から直接振り替える。

① その他の包括利益累計額が生じている場合の資本連結

(その他有価証券評価差額金)当期変動額 375 (非支配株主持分)当期変動額 375

※ $(5,000-3,125)\times(1-80\%)=375$

⑤ 剰余金の配当の振替

(非支配株主持分)当期変動額 1,500 (利益剰余金)剰余金の配当 1,500

※ $7,500\times(1-80\%)=1,500$

⑥ 配当金の相殺消去

(受取配当金) 6,000 (利益剰余金)剰余金の配当 6,000

※ $7,500\times80\%=6,000$

解説 (単位：千円)

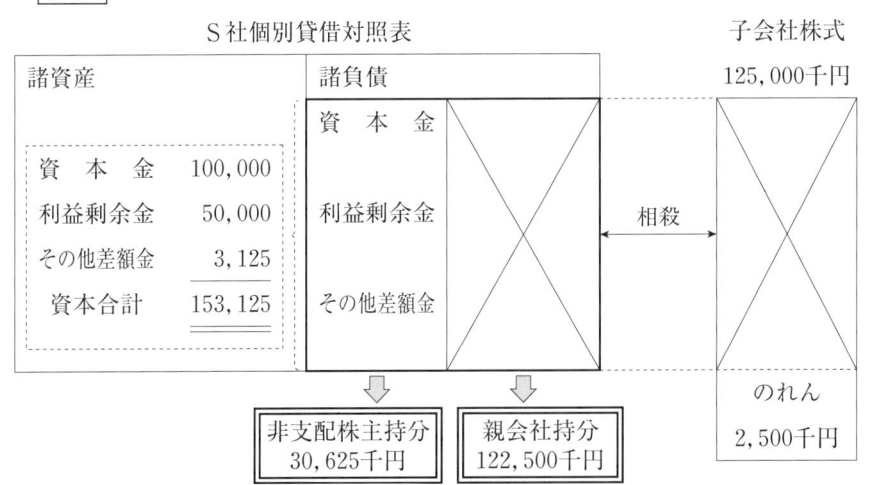

問1

S社個別貸借対照表

諸資産
- 資本金 100,000
- 利益剰余金 50,000
- その他差額金 3,125
- 資本合計 153,125

諸負債
- 資本金
- 利益剰余金
- その他差額金

↓ ↓

非支配株主持分 30,625千円　　親会社持分 122,500千円

相殺

子会社株式 125,000千円

のれん 2,500千円

第8章 特殊論点

問2

クウィック・メソッド

	X1年12月31日		X2年12月31日
資 本 金	100,000		100,000
利益剰余金	50,000	3,000 / 12,000	65,000
その他有価証券評価差額金	3,125	375 / 1,500	5,000
合　計	153,125		170,000
持分比率	80%		80%
の れ ん	2,500	△125	

以上より，翌年度の資本連結に係る開始仕訳は以下のとおりである。

（資　本　金）_{当期首残高}	100,000	（S 社 株 式）	125,000
（利益剰余金）_{当期首残高}	53,125 ※2	（非支配株主持分）_{当期首残高}	34,000 ※1
（その他有価証券評価差額金）_{当期首残高}	3,500 ※3		
（の　れ　ん）	2,375 ※4		

※1　$170,000 \times (1 - 80\%) = 34,000$

※2　$50,000 + 3,000 + 125 = 53,125$

※3　$3,125 + 375 = 3,500$

※4　$2,500 - 125 = 2,375$

2 配当権利落ち株式 ★★

1．意　義

　配当金は通常，各決算期末（中間配当の場合には中間配当基準日）現在の株主に対して支払われるので，その日を過ぎて株主になった者は配当金を受取る権利を有さない。このような配当金を受取る権利のない株式を配当権利落ち株式という。

　この配当権利落ち株式の連結上の処理については，これを取得した場合と売却した場合とが考えられる。以下，それぞれについてみていくことにする。

2．配当権利落ち株式の取得

(1) 配当金について

　　配当金に相当する部分は，親会社持分から除外して持分計算を行う。なぜならば，親会社持分から除外しないと，受取る権利のない配当金部分まで，親会社の持分に含まれてしまうからである。

(2) 概　要

　　上記の親会社持分とならない，配当金に相当する部分については，旧株主の持分としてそれぞれ「**未払配当金**」の科目を用いて，連結消去・振替仕訳を行うこととなる。以下，該当する部分のみ仕訳を示しておく。

① 開始仕訳

（資　本　金）	×　×　×	（S　社　株　式）	×　×　×
（利益剰余金 期首残高）	×　×　×	（非支配株主持分）	×　×　×
（評　価　差　額）	×　×　×	（**未 払 配 当 金**） －旧株主持分－	×　×　×
（の　れ　ん）	×　×　×		

② 剰余金の配当の振替

（**未 払 配 当 金**） －旧株主持分－	×　×　×	（配　　当　　金）	×　×　×

第8章 特殊論点

設例76　配当権利落ち株式の取得

以下の資料により，平成X3年度の連結消去・振替仕訳を示しなさい。

【資料1】　P社のS社株式の取得状況

取得年月日	取得比率	取得価額
平成X1年12月22日	60%	230,000千円
平成X3年1月15日	10%	40,300千円

【資料2】　S社の各決算日の資本勘定の推移

	資本金	利益準備金	繰越利益剰余金
平成X1年12月31日	200,000千円	6,000千円	173,000千円
平成X2年12月31日	200,000千円	7,000千円	190,000千円
平成X3年12月31日	200,000千円	7,700千円	220,300千円

【資料3】　S社の平成X3年3月25日における株主総会での剰余金の配当と平成X3年度の当期純利益

利益準備金　　700千円
配　当　金　7,000千円
当期純利益　38,000千円

【資料4】　連結方針

1．のれんは発生年度の翌年より20年間にわたって均等償却を行う。
2．決算日と異なる日に子会社株式を取得した場合には，前後最寄りの決算日に取得したものとみなして処理する。
3．配当金の基準日は，P社，S社とも，毎年12月31日である。

2　配当権利落ち株式

解　答（単位：千円）

① 開始仕訳（追加購入分以外）

（資　本　金）　200,000　　（S 社 株 式）　230,000
（利益剰余金期首残高）　186,330※3　（非支配株主持分）　158,800※1
（の　れ　ん）　2,470※2

　　※1　397,000×40％＝158,800
　　※2　2,600−130＝2,470
　　※3　貸借差額，または179,000＋7,200＋130＝186,330

② 開始仕訳（追加購入分）

（非支配株主持分）　39,700※2　（S 社 株 式）　40,300
（資本剰余金）　1,300※3　（未払配当金）　700※1

　　※1　7,000×10％＝700
　　※2　397,000×10％＝39,700
　　※3　貸借差額

③ のれんの償却

（のれん償却額）　130　　（の　れ　ん）　130

④ 当期純利益の按分

（非支配株主に帰属する当期純損益）　11,400　　（非支配株主持分）　11,400

　　※　38,000×30％＝11,400

⑤ 剰余金の配当の振替

（非支配株主持分）　2,100　　（配　当　金）　2,100※1
（未払配当金）　700　　（配　当　金）　700※2

　　※1　7,000×30％＝2,100
　　※2　7,000×10％＝700

⑥ 配当金の相殺消去

（受取配当金）　4,200　　（配　当　金）　4,200

　　※　7,000×60％＝4,200

第8章 特殊論点

解説（単位：千円）

クウィック・メソッド

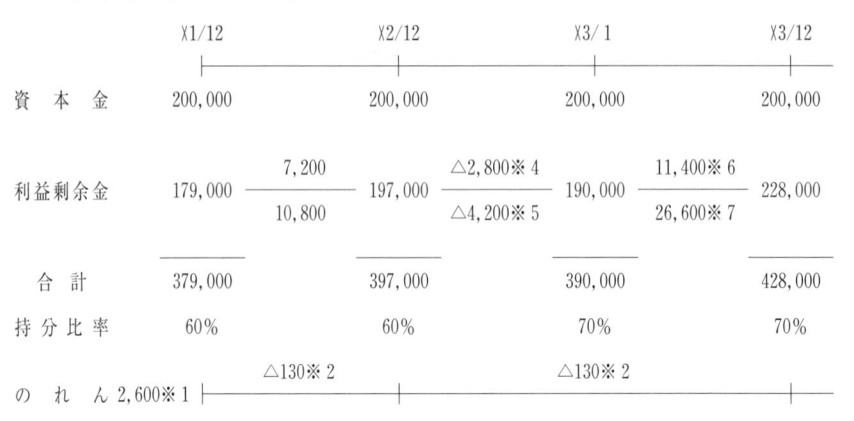

	X1/12	X2/12	X3/1	X3/12
資本金	200,000	200,000	200,000	200,000
利益剰余金	179,000 —— 7,200 / 10,800 ——	197,000 —— △2,800※4 / △4,200※5 ——	190,000 —— 11,400※6 / 26,600※7 ——	228,000
合計	379,000	397,000	390,000	428,000
持分比率	60%	60%	70%	70%
のれん	2,600※1 ├── △130※2 ──┼── △130※2 ──┤			

資本剰余金 △1,300※3

※1　230,000 − 379,000 × 60% = 2,600

※2　2,600 ÷ 20年 = 130

※3　40,300 − 390,000 × 10% = 1,300

※4　7,000 × 40% = 2,800
　　　　配当

※5　7,000 × 60% = 4,200

※6　38,000 × 30% = 11,400
　　　　当純

※7　38,000 × 70% = 26,600

3．配当権利落ち株式の一部売却

設例77　配当権利落ち株式の一部売却

以下の資料により，持分の一部売却に係る連結消去・振替仕訳を示しなさい。

【資料１】　Ｐ社のＳ社株式の取得・売却状況

取得(売却)年月日	取得(売却)比率	取得(売却)価額
平成X1年12月22日	80％	310,000千円
平成X4年１月８日	(10％)	(44,000千円)

【資料２】　Ｓ社の各決算日の資本勘定の推移

	資　本　金	利益準備金	繰越利益剰余金
平成X1年12月31日	200,000千円	6,000千円	173,000千円
平成X2年12月31日	200,000千円	7,000千円	190,000千円
平成X3年12月31日	200,000千円	7,700千円	217,300千円

【資料３】　Ｓ社の平成X4年３月25日における株主総会での剰余金の配当

利益準備金　　　　700千円

配　当　金　　7,000千円

【資料４】　連結方針
1．のれんは発生年度の翌年より20年間にわたって均等償却を行う。
2．決算日と異なる日に子会社株式を取得又は売却した場合には，前後最寄の決算日に取得又は売却したものとみなして処理する。
3．配当金の基準日は，Ｐ社，Ｓ社とも，毎年12月31日である。

解答　解説 （単位：千円）

（Ｓ　社　株　式）　　38,750※１　　（非支配株主持分）　　41,800※２
（Ｓ社株式売却益）　　 5,250※３　　（資本剰余金）　　　　 2,200※４

※１　$310,000 \times \dfrac{10\%}{80\%} = 38,750$

※２　$(200,000 + 7,700 + 217,300 - 7,000) \times 10\% = 41,800$

※３　$44,000 - 38,750 = 5,250$

第8章 特殊論点

※4 貸借差額

クウィック・メソッド

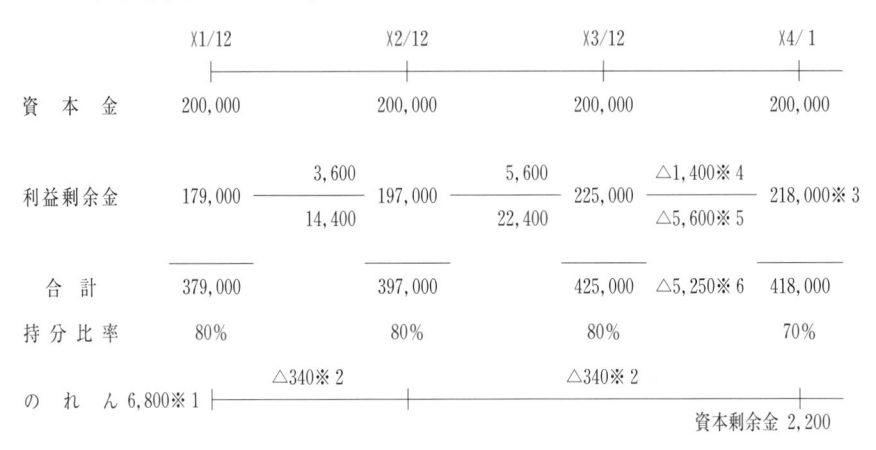

```
                X1/12           X2/12           X3/12           X4/1
                 |               |               |               |
資 本 金       200,000         200,000         200,000         200,000

                        3,600            5,600         △1,400※4
利益剰余金    179,000 ───── 197,000 ───── 225,000 ──────── 218,000※3
                       14,400           22,400         △5,600※5

合   計       379,000         397,000         425,000  △5,250※6  418,000
持 分 比 率     80%             80%             80%             70%
                       △340※2          △340※2
の れ ん 6,800※1 ├──────────────┼──────────────┤
                                                      資本剰余金 2,200
```

※1　310,000 − 379,000 × 80% = 6,800

※2　6,800 ÷ 20年 = 340

※3　225,000 − 7,000 = 218,000
　　　　　　　　　配当金

※4　(218,000 − 225,000) × 20% = △1,400

※5　(218,000 − 225,000) × 80% = △5,600

※6　44,000 − 38,750 = 5,250

3 自己株式 ★★

1．連結子会社が保有する親会社株式

　連結子会社が保有する親会社株式は，親会社の保有する自己株式と合わせて，純資産の部の株主資本に対する控除項目として表示する。ここで，純資産の部の株主資本から控除する金額は，親会社株式の親会社持分相当額とし，非支配株主持分相当額は非支配株主持分より控除する。

設例78　子会社が保有する親会社株式①

　P社はS社株式の80％を保有し，S社を連結子会社としている。S社は当期末にP社株式を20,000円で取得した。また，P社は，自己株式を当期末現在，40,000円（帳簿価額）保有している。

　そこで，①当該P社株式に係る連結消去・振替仕訳を示すとともに，②連結貸借対照表上，純資産の部に表示される自己株式の金額を答えなさい。

解答　解説（単位：円）

① P社株式にかかる連結消去・振替仕訳

（自　己　株　式）　　16,000※1　（親 会 社 株 式）　　20,000
　　　　　　　　　　　　　　　　　　　　－S社が保有する親会社株式－
（非支配株主持分）　　 4,000※2

※1　20,000×80％＝16,000（親会社持分相当額）

※2　20,000×20％＝4,000（非支配株主持分相当額）

② 連結貸借対照表上，純資産の部に表示される自己株式の金額

△56,000円

※　40,000　＋16,000＝56,000
　　P社保有自己株式　①参照

第 8 章　特殊論点

設例79　子会社が保有する親会社株式②

　P社はS社株式の80％を保有し，S社を連結子会社としている。S社は当期首にP社株式を20,000円で取得し（その他有価証券に分類），当期末に保有している（期末時価：25,000円）。また，P社は，自己株式を当期末現在，40,000円（帳簿価額）保有している。

　そこで，S社がP社株式（親会社株式）をその他有価証券として保有している場合について①当該P社株式に係る連結消去・振替仕訳を示すとともに，②連結貸借対照表上，純資産の部に表示される自己株式の金額を答えなさい。

解　答　解　説（単位：円）

1. P社株式に係るS社の個別上の仕訳

　　（親 会 社 株 式）　　5,000　　（その他有価証券評価差額金）　　5,000
　　　-S社が保有するP社株式-

　　※　25,000 − 20,000 = 5,000

2. 連結消去・振替仕訳及び連結貸借対照表上，純資産の部に表示される自己株式の金額

　①　P社株式にかかる連結消去・振替仕訳

　　a．S社の個別上の処理の修正

　　　（その他有価証券評価差額金）　　5,000　　（親 会 社 株 式）　　5,000
　　　　　　　　　　　　　　　　　　　　　　　　　-S社が保有するP社株式-

　　b．子会社が保有する親会社株式の自己株式への振替

　　　（自 己 株 式）　　16,000※1　（親 会 社 株 式）　　20,000
　　　　　　　　　　　　　　　　　　　-S社が保有するP社株式-
　　　（非支配株主持分）　　4,000※2

　　　※1　20,000 × 80％ = 16,000（親会社持分相当額）
　　　※2　20,000 × 20％ = 4,000（非支配株主持分相当額）

　②　連結貸借対照表上，純資産の部に表示される自己株式の金額

　　　△56,000円

　　　※　40,000　＋16,000 = 56,000
　　　　　P社保有自己株式　①参照

③ 自己株式

設例80　子会社が保有する親会社株式③

P社はS社株式の80％を保有し，S社を連結子会社としている。S社は当期首にP社株式を20,000円で取得し，当期中に25,000円で売却した。
そこで，当該P社株式に係る連結消去・振替仕訳を示しなさい。

解　答（単位：円）

1．P社株式に係るS社の個別上の仕訳

（現　金　預　金）　25,000　　（親 会 社 株 式）　20,000
　　　　　　　　　　　　　　　　－S社が保有するP社株式－
　　　　　　　　　　　　　　　（親 会 社 株 式 売 却 益）　5,000

2．連結消去・振替仕訳

（親 会 社 株 式 売 却 益）　4,000　　（自 己 株 式 処 分 差 益）　4,000

※　5,000×80％＝4,000（親会社持分相当額）

2．子会社が保有する自己株式

　子会社が保有する自己株式は，子会社の資本勘定を構成する項目として，親会社の投資勘定と相殺消去されることとなる。

　また，子会社が自己株式を非支配株主から取得した場合は，親会社による子会社株式の追加取得に準じて処理をする。すなわち，自己株式取得の対価と非支配株主持分の減少額との差額を資本剰余金として処理する。一方で，子会社が自己株式を非支配株主へ処分した場合には，子会社株式の一部売却に準じて（子会社による非支配株主への第三者割当有償増資に準じて）処理する。

第8章 特殊論点

設例81 子会社が保有する自己株式①

問1 P社はX4年12月31日にS社株式9,000株を90,750円で取得し、S社を連結子会社にしている。以下の資料を参照して、X5年度にかかる連結消去・振替仕訳を示しなさい。

【資 料】
1. S社のX4年12月31日現在の資本勘定は、資本金100,000円、利益剰余金50,000円、自己株式△36,000円であった。
2. S社のX4年12月31日現在の発行済株式総数は12,000株（自己株式3,000株が控除されている）である。さらに、S社は、X5年12月31日に非支配株主より自己株式を2,000株（取得価額：30,000円）取得している。
3. X5年度のS社の当期純利益は12,000円であった。剰余金の配当は一切行われていない。
4. のれんは発生の翌年度から10年間にわたって毎期均等額を償却する。
5. P社・S社ともに、会計年度は毎年12月末日を決算日とする1年間である。

問2 仮に **問1**【資 料】2.について以下のように変更した際、X5年度の連結・消去振替仕訳を示しなさい。

【資 料】
2. S社のX4年12月31日現在の発行済株式総数は12,000株（自己株式3,000株が控除されている）である。S社は、X5年12月31日に保有する自己株式を全て非支配株主に対して36,000円で処分した。

解答 解説 （単位：円）

問1

① 開始仕訳

（資　本　金）	100,000	（S 社 株 式）	90,750
（利益剰余金)(期首残高)	50,000	（非支配株主持分）	28,500※1
（の　れ　ん）	5,250※2	（自 己 株 式）	36,000

296

3 自己株式

※1　親会社持分割合：$\dfrac{9{,}000株}{12{,}000株}=75\%$

　　　非支配株主持分割合：$\dfrac{3{,}000株}{12{,}000株}=25\%$
　　　$(100{,}000+50{,}000-36{,}000)\times 25\%=28{,}500$

※2　$90{,}750-(100{,}000+50{,}000-36{,}000)\times 75\%=5{,}250$

② のれん償却

(のれん償却額)　　　　525　　　(の れ ん)　　　　525

※　$5{,}250\div 10年=525$

③ 当期純利益の非支配株主への按分

(非支配株主に帰属する当期純損益)　3,000　　　(非支配株主持分)　　3,000

※　$12{,}000\times 25\%=3{,}000$

④ 非支配株主からの自己株式の取得に係る修正

(非支配株主持分)　　21,900※1　(自 己 株 式)　　30,000
　　　　　　　　　　　　　　　　　　自己株式の取得

(資 本 剰 余 金)　　 8,100※2

※1　自己株式取得後のP社持分割合
　　　$\Rightarrow \dfrac{9{,}000株}{(12{,}000株-2{,}000株)}=90\%$

　　　S社の自己株式取得直前の非支配株主持分：$(100{,}000+62{,}000$
　　　　　　　　　　　　　　　　　　　　　　　　　$-36{,}000)\times 25\%$
　　　　　　　　　　　　　　　　　　　　　　　　$=31{,}500$

　　　S社の自己株式取得直後の非支配株主持分：$(100{,}000+62{,}000$
　　　　　　　　　　　　　　　　　　　　　　　　　$-66{,}000)\times 10\%$
　　　　　　　　　　　　　　　　　　　　　　　　$=9{,}600$

　　　∴　非支配株主持分の増減額：$9{,}600-31{,}500=-21{,}900$

※2　貸借差額

問2

①〜③までは，問1 と同じ。

第8章 特殊論点

④ 自己株式の非支配株主への処分にかかる修正仕訳

(自　己　株　式) 　36,000 　　(非支配株主持分) 　33,300※1
　自己株式の処分
　　　　　　　　　　　　　　　　(資 本 剰 余 金) 　 2,700※2

※1　自己株式処分後のP社持分割合
　　　$\Rightarrow \dfrac{9,000株}{(12,000株 + 3,000株)} = 60\%$

　　　S社の自己株式処分直前の非支配株主持分：$(100,000 + 62,000$
　　　　　　　　　　　　　　　　　　　　　　$- 36,000) \times 25\%$
　　　　　　　　　　　　　　　　　　　　　　$= 31,500$

　　　S社の自己株式処分直後の非支配株主持分：$(100,000 + 62,000)$
　　　　　　　　　　　　　　　　　　　　　　$\times 40\% = 64,800$

　　　∴非支配株主持分の増減額：$64,800 - 31,500 = +33,300$

※2　貸借差額

【参　考】連結子会社が自己株式を非支配株主に処分した際に、自己株式処分差益が計上された場合の処理

設例82　子会社が保有する自己株式②

前の設例 問2 について、仮に、S社が、X5年12月31日に保有する自己株式を全て非支配株主に対して40,000円で処分した場合の連結消去・振替仕訳（自己株式の非支配株主への処分にかかる修正仕訳）を示しなさい。

③ 自己株式

解答（単位：円）

1. S社の自己株式処分時の個別上の仕訳

（現 金 預 金）　40,000　　（自 己 株 式）　36,000
　　　　　　　　　　　　　　（資 本 剰 余 金）　4,000

2. 連結消去・振替仕訳

（自 己 株 式）　36,000　　（非支配株主持分）　34,900※1
（資 本 剰 余 金）　4,000　　（資 本 剰 余 金）　5,100※2

※1　自己株式処分後のP社持分割合

$$\Rightarrow \frac{9{,}000株}{(12{,}000株 + 3{,}000株)} = 60\%$$

S社の自己株式処分直前の非支配株主持分：$(100{,}000 + 62{,}000 - 36{,}000) \times 25\%$
$= 31{,}500$

S社の自己株式処分直後の非支配株主持分：$(100{,}000 + 62{,}000 + 4{,}000) \times 40\% = 66{,}400$

∴　非支配株主持分の増減額：$66{,}400 - 31{,}500 = +34{,}900$

※2　貸借差額

4 支配獲得時の未実現利益 ★★

　支配獲得時に保有している棚卸資産に含まれている連結会社の利益部分をどのように取扱うかについて，2つの見解が存在する。

(1) 利益未実現説

　　親会社が以前に販売した商品を連結により再取得したものと考え，連結外の第三者に販売されるまでは，親会社の原価で評価すべきものであるとする見解である。

(2) 利益実現説

　　支配従属関係が生ずる前の売買取引は公正な取引であって，親会社の統制の及ばない価格によって行われていたのであるから，棚卸資産に含まれる当該利益部分はすでに実現しているものと考え，会社利益の消去は不要であるとする見解である。

　今日の見解としては(2)の利益実現説が有力と思われるが，その主な根拠は次のとおりである。

① 　子会社の取得がパーチェス方式によって処理されている以上，投資勘定の消去は取得した会社の資産を適正な価値で評価したうえで行うべきものとされており，これにはその資産がどこから購入されたものであるかは関係ない。

② 　支配獲得後において未実現利益を用いての粉飾決算がなされやすいため，それ以前は消去する必要はない。

5 未実現損失の消去 ★★

　棚卸資産の会社間の売買に基づく損失は，未実現利益の場合と同様，当該棚卸資産が連結外部へ販売されたときに初めて実現するものであるから，連結上消去しなければならない。

　しかし，これについては以下のような2つの見解がみられる。

(1) 消去すべきでないとする見解

　　販売会社の購入原価よりも時価が下落し，当該時価で連結会社へ販売した場合の未実現損失は，販売会社の政策的な未実現損失（この場合は当然，消去しなければならない）と違い，連結上の正しい原価と考えられ，むしろ消去すべきではないとする。

　　この見解は以下の点で問題があると思われる。

① 未実現損失の消去の問題と，次の連結上の資産評価の問題を混同している。

② 未実現損失の消去を行わない場合，正しい売上原価が算定されない。

(2) 連結基準の立場

　　したがって，以下のように考えるべきであると思われる。

　「連結会社相互間の取引によって取得した棚卸資産，固定資産その他の資産に含まれる未実現損益は，その全額を消去しなければならない。ただし，未実現損失については，売手側の帳簿価額のうち回収不能と認められる部分は，消去しないものとする。」

　　すなわち，未実現損失には，個別財務諸表上の資産評価損に相当するものがあり，未実現損失を含んだ資産の原価が回収不能な場合に未実現損失の消去を行うと，実質的には評価損が資産として計上されることになるからである。

　　なお，従来はたな卸資産の未実現損失の取扱いのみを定めていたが，新連結原則では，たな卸資産に限定せず，固定資産及びその他の資産にまで拡大させている。

6 債務超過に係る連結処理 ★★

1．連結子会社の債務超過

　子会社の欠損のうち，当該子会社に係る非支配株主持分に割当てられる額が当該非支配株主の負担すべき額を超える場合には，当該超過額は，親会社の持分に負担させる。この場合において，その後当該子会社に利益が計上されたときは，親会社が負担した欠損が回収されるまで，その利益の金額を親会社の持分に加算するものとする。

　株式会社の株主は，株主有限責任の原則により出資額を限度とする責任を負えばよいこととなっている。しかし，親会社は子会社の債権者に対して，保証債務等の契約に基づく責任を負う場合が多いだけでなく，親会社の経営責任や信用保持のための経営判断等から当該子会社の債務の肩代わりなどを行う可能性も高い。このような場合，通常，非支配株主の負担すべき額は非支配株主の出資額に限定される。

設例83　子会社の欠損の処理①

以下の資料により，平成X2年度の連結消去・振替仕訳を示しなさい。

【資料1】　P社のS社株式の取得状況

取得年月日	取得比率	取得価額
平成X1年12月31日	80％	256,000千円

【資料2】　S社の各決算日の資本勘定の推移

	資本金	利益剰余金
平成X1年12月31日	300,000千円	20,000千円
平成X2年12月31日	300,000千円	△130,000千円

【資料3】　平成X2年度の当期純損失

当期純損失　150,000千円

6 債務超過に係る連結処理

解答(単位：千円)

① 開始仕訳

| (資　本　金) | 300,000 | (S　社　株　式) | 256,000 |
| (利益剰余金)
(期首残高) | 20,000 | (非支配株主持分) | 64,000※ |

※　(300,000 + 20,000) × (1 − 80%) = 64,000

② 当期純損失の按分

| (非支配株主持分) | 30,000 | (非支配株主に帰属)
(する当期純損益) | 30,000 |

※　△150,000 × (1 − 80%) = △30,000

解説(単位：千円)

クウィック・メソッド

	X1年12月31日		X2年12月31日
資　本　金	300,000		300,000
利益剰余金	20,000	△ 30,000 △ 120,000	△130,000
合　　計	320,000		170,000
持 分 比 率	80%		80%

以上より，翌年度の資本連結に係る開始仕訳は以下のとおりである。

(資　本　金)	300,000	(S　社　株　式)	256,000
		(非支配株主持分)	34,000※1
		(利益剰余金) (期首残高)	10,000※2

※1　170,000 × (1 − 80%) = 34,000

※2　20,000 − 30,000 = △10,000

第8章 特殊論点

設例84　子会社の欠損の処理②

【設例83】に以下の資料を追加し，平成X3年度の連結仕訳を示しなさい。
【追加資料1】　S社の平成X3年度末の資本勘定

	資　本　金	利益剰余金
平成X3年12月31日	300,000千円	△330,000千円

【追加資料2】　平成X3年度の当期純損失
　　当期純損失　200,000千円

解答（単位：千円）

① 開始仕訳

（資　本　金）　　300,000　　（S 社 株 式）　　256,000
　　　　　　　　　　　　　　　（非支配株主持分）　34,000※1
　　　　　　　　　　　　　　　（利益剰余金）　　 10,000※2
　　　　　　　　　　　　　　　（期 首 残 高）

※1　170,000×(1−80％)＝34,000

※2　20,000−30,000＝△10,000

② 当期純損失の按分

（非支配株主持分）　　34,000　　（非支配株主に帰属　）　34,000
　　　　　　　　　　　　　　　　（する当期純損益　　）

※　△200,000×20％＝△40,000＜34,000より，非支配株主の当期純損失負担額は34,000となる。

解説（単位：千円）

② 当期純損失の按分

　平成X3年度において，S社では200,000の当期純損失が計上されているため，連結上の当期純損失の按分仕訳では，以下の仕訳が行われるはずである。

（非支配株主持分）　　40,000　　（非支配株主に帰属　）　40,000
　　　　　　　　　　　　　　　　（する当期純損益　　）

　しかし，前述のように，株主の責任は有限であり，非支配株主は自己の投資額以上の欠損は負担しない。すなわち，原則として，非支配株主持分は負の値とならない。したがって，当期純損失の負担は，連結貸借対照

6 債務超過に係る連結処理

上の非支配株主持分が借方残高とならない限り行うこととなる。

　これにより，P社は，非支配株主が本来負担すべき欠損のうち6,000（40,000 − 34,000）を肩代わりしたこととなる。

クウィック・メソッド

	X1年12月31日	X2年12月31日	X3年12月31日
資 本 金	300,000	300,000	300,000
利益剰余金	20,000　△ 30,000 　　　　　△ 120,000	△130,000　△ 34,000 　　　　　　△ 166,000	△330,000
合 計	320,000	170,000	△30,000
持分比率	80%	80%	80%

　以上より，翌年度の資本連結に係る開始仕訳は以下のとおりである。

　　（資 本 金）　　300,000　　（S 社 株 式）　　256,000
　　　　　　　　　　　　　　　　（利益剰余金）　　 44,000※
　　　　　　　　　　　　　　　　（期 首 残 高）

　　※　20,000 − 30,000 − 34,000 = △44,000

設例85　子会社の欠損の処理③

【設例84】に以下の資料を追加し，平成X4年度の連結仕訳を示しなさい。

【追加資料1】　S社の平成X4年度末の資本勘定

	資　本　金	利益剰余金
平成X4年12月31日	300,000千円	△320,000千円

【追加資料2】　平成X4年度の当期純利益

　　当期純利益　　10,000千円

解　答（単位：千円）

① 開始仕訳

　　（資 本 金）　　300,000　　（S 社 株 式）　　256,000
　　　　　　　　　　　　　　　　（利益剰余金）　　 44,000※
　　　　　　　　　　　　　　　　（期 首 残 高）

　　※　20,000 − 30,000 − 34,000 = △44,000

② 当期純利益の按分

仕訳なし

※ 10,000×20％＝2,000＜6,000より，非支配株主への当期純利益按分額はゼロとなる。

解説（単位：千円）

② 当期純利益の按分

平成X4年度において，Ｓ社では10,000の当期純利益が計上されているため，連結上の当期純利益の按分では，以下の仕訳が行われるはずである。

(非支配株主に帰属する当期純損益)	2,000	(非支配株主持分)	2,000

しかし，平成X3年度においてＰ社は，本来非支配株主が負担すべきであったＳ社の欠損のうち，6,000を負担している（**【設例84】**参照）。当該欠損額は，その後子会社に利益が生じた場合に，非支配株主に代わって肩代わりした欠損を回収するまで，優先的に親会社持分として加算される。

したがって，平成X4年度におけるＳ社の当期純利益10,000の20％相当額である2,000では，平成X3年度にＰ社が肩代わりした欠損6,000を回収しきれないため，非支配株主持分の増加は生じない。この時点では，まだＰ社が子会社欠損を4,000（＝6,000－2,000）肩代わりしている状態となる。

クウィック・メソッド

	X1年12月31日	X2年12月31日	X3年12月31日	X4年12月31日
資本金	300,000	300,000	300,000	300,000
利益剰余金	20,000 △30,000 △120,000	△130,000 △34,000 △166,000	△330,000 0 10,000	△320,000
合計	320,000	170,000	△30,000	△20,000
持分比率	80％	80％	80％	80％

6 債務超過に係る連結処理

以上より，翌年度の資本連結に係る開始仕訳は以下のとおりである。

（資　本　金）　　300,000　　（S　社　株　式）　256,000
　　　　　　　　　　　　　　　（利 益 剰 余 金）　 44,000※
　　　　　　　　　　　　　　　（期　首　残　高）

※　20,000－30,000－34,000＝△44,000

設例86　子会社の欠損の処理④

【設例84】に以下の資料を追加し，平成X4年度の連結仕訳を示しなさい。

【追加資料1】　S社の平成X4年度末の資本勘定

	資　本　金	利 益 剰 余 金
平成X4年12月31日	300,000千円	△280,000千円

【追加資料2】　平成X4年度の当期純利益

当期純利益　　50,000千円

解答（単位：千円）

① 開始仕訳

（資　本　金）　　300,000　　（S　社　株　式）　256,000
　　　　　　　　　　　　　　　（利 益 剰 余 金）　 44,000※
　　　　　　　　　　　　　　　（期　首　残　高）

※　20,000－30,000－34,000＝△44,000

② 当期純利益の按分

（非支配株主に帰属
する当期純損益）　　4,000　　（非支配株主持分）　　4,000

※　50,000×20％（＝10,000）－6,000＝4,000

解説（単位：千円）

② 当期純利益の按分

平成X4年度において，S社では50,000の当期純利益が計上されているため，連結上の当期純利益の按分では，以下の仕訳が行われるはずである。

（非支配株主に帰属
する当期純損益）　　10,000　　（非支配株主持分）　　10,000

第8章 特殊論点

しかし，平成X3年度においてP社は，本来非支配株主が負担すべきであったS社の欠損のうち，6,000を負担している（【設例84】参照）。

したがって，平成X4年度におけるS社の当期純利益50,000の20％相当額である10,000から，まず，平成X3年度にP社が肩代わりした欠損6,000を回収し，残額の4,000が非支配株主持分の増加額となる。

クウィック・メソッド

	X1年12月31日	X2年12月31日	X3年12月31日	X4年12月31日
資 本 金	300,000	300,000	300,000	300,000
利益剰余金	20,000 →△30,000→ △120,000	△130,000 →△34,000→ △166,000	△330,000 →4,000→ 46,000	△280,000
合 計	320,000	170,000	△30,000	20,000
持分比率	80％	80％	80％	80％

以上より，翌年度の資本連結に係る開始仕訳は以下のとおりである。

（資 本 金）	300,000	（S 社 株 式）	256,000
		（非支配株主持分）	4,000※1
		（利益剰余金 期首残高）	40,000※2

※1　$20,000 \times (1 - 80\%) = 4,000$

※2　$20,000 - 30,000 - 34,000 + 4,000 = △40,000$

2．持分法適用会社（関連会社）の債務超過

　本節では，持分法適用会社のうち，関連会社についてみていくことにする。

　まず，投資会社とその他の株主間での欠損の負担関係からみていくことにする。

　関連会社の場合には，投資会社（親会社）が，当該投資先会社の筆頭株主であるのか否かで場合分けが必要である。

　投資会社（親会社）が，投資先会社の筆頭株主の場合には，連結子会社が債務超過に陥った場合と同様に，投資会社は出資額を超えて欠損を負担することになる。なぜならば，持分法適用会社が他の会社の子会社ではなく，投資会社（親会社）が筆頭株主であるような場合には，子会社ではなくとも，他に欠損を負担できる株主が存在しておらず，実質的には投資会社（親会社）が当該投資先会社に対する経営責任を負っていると考えられるためである。

　これに対して，投資会社（親会社）が，投資先会社の筆頭株主でない場合には，株主有限責任の原則どおり，投資会社（親会社）は，投資額を超える欠損を負担しない。

　次に，会計処理についてみていくことにする。会計処理についても，上記の場合分けに従う。

　投資会社（親会社）が，投資先会社の筆頭株主の場合には，投資会社（親会社）は，自己の投資額を超えた欠損を負担することとなる。

　これに対して，投資会社（親会社）が，投資先会社の筆頭株主でない場合には，投資会社（親会社）は，投資額を超える欠損を負担しない。このため，会計処理においては，持分法適用に伴う負債は生じずに，投資勘定をゼロまで減額するのみである（ただし，持分法適用会社に対し設備資金もしくは運転資金の貸付金等がある場合には，投資勘定を超える損失負担額を貸付金勘定から減額する）。本節では，このケースについてのみ例題で確認していく。

第8章 特殊論点

設例87 持分法適用会社（関連会社）の債務超過①

以下の資料により，平成X2年度の連結消去・振替仕訳を示しなさい。

【資料1】　P社のB社株式の取得状況

P社はB社の株式の20%を取得しており，連結財務諸表上，B社に対しては持分法を適用している。

取得年月日	取得比率	取得価額
平成X1年12月31日	20%	20,000千円

【資料2】　B社の各決算日の資本勘定の推移

	資本金	利益剰余金
平成X1年12月31日	95,000千円	5,000千円
平成X2年12月31日	95,000千円	△20,000千円

【資料3】　平成X2年度の当期純損失

当期純損失　25,000千円

解答（単位：千円）

① 開始仕訳

　　仕訳なし

② 当期純損失の按分

　（持分法による投資損益）　5,000　　（B社株式）　5,000

　　※　25,000×20%＝5,000

解説（単位：千円）

クウィック・メソッド

	X1年12月31日		X2年12月31日
資本金	95,000		95,000
利益剰余金	5,000	△20,000 △5,000	△20,000
合　計	100,000		75,000
持分比率	20%		20%

6 債務超過に係る連結処理

以上より，翌年度の持分法に係る開始仕訳は以下のとおりである。

| (利益剰余金 期首残高) | 5,000 | （B 社 株 式） | 5,000 |

※ 25,000×20％＝5,000

設例88 持分法適用会社（関連会社）の債務超過②

【設例87】に以下の資料を追加し，平成X3年度の連結仕訳を示しなさい。

【追加資料1】 B社の平成X3年度末の資本勘定

	資 本 金	利 益 剰 余 金
平成X3年12月31日	95,000千円	△100,000千円

【追加資料2】 平成X3年度の当期純損失

当期純損失　80,000千円

解答（単位：千円）

① 開始仕訳

| (利益剰余金 期首残高) | 5,000 | （B 社 株 式） | 5,000 |

※ 25,000×20％＝5,000

② 当期純損失の按分

| (持分法による 投資損益) | 15,000 | （B 社 株 式） | 15,000 |

※ 20,000 － 5,000 ＝15,000
　　取得価額　開始仕訳

解説（単位：千円）

② 当期純損失の按分

平成X3年度において，B社では80,000の当期純損失が計上されているため，連結上の当期純損失の按分仕訳では，以下の仕訳が行われるはずである。

| (持分法による 投資損益) | 16,000 | （B 社 株 式） | 16,000 |

311

第8章 特殊論点

しかし，持分法適用会社が関連会社である場合には，他に欠損を負担できる株主がいる限り，投資会社であるP社は，株主有限責任の原則に従い，自己の投資額以上の欠損を負担しない。このため，当期純損失の按分仕訳は，P社の投資勘定がゼロになるまで行うこととなる。

クウィック・メソッド

	X1年12月31日	X2年12月31日	X3年12月31日
資 本 金	95,000	95,000	95,000
利益剰余金	5,000 △20,000 △ 5,000	△20,000 △65,000 △15,000	△100,000
合 計	100,000	75,000	△5,000
持 分 比 率	20%	20%	20%

以上より，翌年度の持分法に係る開始仕訳は以下のとおりである。

(利益剰余金 期首残高)　20,000　（B 社 株 式）　20,000

※　P社におけるB社株式の取得価額

7 連結範囲の変更

1．連結範囲の変更と連結対象財務諸表の範囲

(1) 連結範囲の変更と連結対象財務諸表の範囲

「連結財務諸表に関する会計基準」では，「支配獲得日，株式の取得日又は売却日等が子会社の決算日以外の日である場合には，当該日の前後いずれかの決算日に支配獲得，株式の取得又は売却等が行われたものとみなして処理することができる。」とされている。その結果，子会社の当期首又は当期末のいずれにおいて支配の獲得又は解消が生じたとみなすかにより，連結対象となる子会社の財務諸表の範囲が異なるので留意する必要がある。

なお，財務諸表にはキャッシュ・フロー計算書及び株主資本等変動計算書が含まれるが，これらは損益計算書が連結される期間と同一の期間について作成し，連結する。

《子会社の支配の獲得又は解消が行われた時点と連結対象財務諸表の範囲》
① 当期首に支配を獲得した場合：すべての財務諸表を連結
② 当期末に支配を獲得した場合：貸借対照表のみ連結
③ 当期首に支配を解消した場合：連結除外
④ 当期末に支配を解消した場合：損益計算書等を連結

《当期末に支配を獲得した場合の連結対象財務諸表（左記②）》

期首　　　　　　　　　　　　　　　　　　　　　期末＝支配獲得

期中，新規連結の子会社は企業集団を構成していない
⇒連結財務諸表上，**フロー項目**の計算書である損益計算書，キャッシュ・フロー計算書及び株主資本等変動計算書について，新規連結子会社の数値は**連結しない**。

期末，新規連結の子会社は企業集団を構成している
⇒連結財務諸表上，期末時点での**ストック項目**の計算書である貸借対照表は，新規連結子会社の数値を**連結する**。

《当期末に支配を解消した場合の連結対象財務諸表（左記④）》

期首　　　　　　　　　　　　　　　　　　　　　期末＝支配解消

期中，支配を解消した子会社は企業集団を構成している
⇒連結財務諸表上，**フロー項目**の計算書である損益計算書，キャッシュ・フロー計算書及び株主資本等変動計算書について，支配を解消した子会社の数値は**連結する**。

期末，支配を解消した子会社は企業集団を構成していない
⇒連結財務諸表上，期末時点での**ストック項目**の計算書である貸借対照表は，支配を解消した子会社の数値を**連結しない**。

2．当期末に支配を獲得した場合の処理

(1) 段階取得における会計処理

子会社株式の取得が複数の取引により達成された場合（段階取得）における子会社に対する投資の金額は，連結財務諸表上，支配獲得日における時価で算定する。この結果，支配獲得日における時価と支配を獲得するに至った個々の取引ごとの原価の合計額との差額は，当期の段階取得に係る損益として処理する。

設例89　段階取得

P社は，S社株式の10％をX1年3月31日に120千円（X2年3月31日時点の時価は150千円）で取得した。なお，当該S社株式は，P社ではその他有価証券として保有している。P社にはS社以外に連結子会社があり，すでに連結財務諸表を作成しているものとする。

P社は，S社株式の50％をX2年3月31日に750千円で追加取得し，S社を連結子会社とした。この時のS社の資産のうち土地（簿価800千円）の時価は1,200千円であった。

よって，下記資料に基づき，X2年3月期における連結財務諸表作成のための仕訳を示しなさい。なお，本問においては，税効果会計を考慮する必要はない。

【資　料】　S社資本の推移（単位：千円）

	資　本　金	利益剰余金	計
X1年3月31日	500	200	700
X2年3月31日	500	300	800

解　答（単位：千円）

1．時価評価

（土　　　地）　400　　（評　価　差　額）　400

2．連結仕訳

（資　本　金）	500	（S　社　株　式）	870
（利益剰余金）	300	（非支配株主持分）	480
（評　価　差　額）	400	（段階取得に係る差益）	30
（の　れ　ん）	180		

解説（単位：千円）

1．時価評価

（土　　　地）	400	（評　価　差　額）	400

※　1,200 － 800 ＝ 400

2．連結仕訳

（S　社　株　式）	30	（段階取得に係る差益）	30 ※1
（資　本　金）	500	（S　社　株　式）	900 ※2
（利益剰余金）	300	（非支配株主持分）	480 ※3
（評　価　差　額）	400		
（の　れ　ん）	180 ※4		

※1　150 － 120 ＝ 30

※2　150 ＋ 750 ＝ 900

※3　(500 ＋ 300 ＋ 400) × 40％ ＝ 480

※4　貸借差額

(2) 持分法から連結への移行

　　子会社の資産及び負債の帳簿価額と時価評価額との差額（評価差額）は，親会社の投資と子会社の資本の相殺消去及び非支配株主持分への振替によってすべて消去される。全面時価評価法においては，取得日ごとの子会社の資本を用いて相殺消去を行わず，支配獲得日における子会社の資本を用いて一括して相殺消去を行う。なお，この処理は，相殺消去の対象となる投資にすでに持分法を適用している場合であっても同様であり，持分法評価額を子会社に対する投資とみなして相殺消去を行うこととなる。

[7] 連結範囲の変更

設例90　段階取得（持分法から連結）

P社は，S社株式の30％をX1年3月31日に450千円（X2年3月31日時点の時価は480千円）で取得し，S社を持分法適用関連会社とした。P社にはS社以外に連結子会社があり，連結財務諸表を作成しているものとする。この時のS社の資産のうち土地（簿価800千円）の時価は1,000千円であった。

P社は，S社株式の30％をX2年3月31日に480千円で追加取得し，S社を連結子会社とした。この時のS社の資産のうち土地（簿価800千円）の時価は1,200千円であった。

よって，下記資料に基づき，X2年3月期における連結財務諸表作成のための仕訳を示しなさい。なお，のれんは，発生の翌年度から10年間で均等償却を行うこと。また，本問においては，税効果会計を考慮する必要はない。

【資　料】　S社資本の推移（単位：千円）

	資本金	利益剰余金	計
X1年3月31日	500	200	700
X2年3月31日	500	300※	800

※　当期純利益は100千円である。

解　答　（単位：千円）

1．S社修正仕訳

　　（土　　　地）　　400　　（評　価　差　額）　　400

2．連結仕訳

　①　のれんの償却

　　　（持分法による投資損益）　　18　　（S　社　株　式）　　18

　②　当期純利益の認識

　　　（S　社　株　式）　　30　　（持分法による投資損益）　　30

317

第8章　特殊論点

③　追加取得の処理

（資　本　金）	500	（S 社 株 式）	942
（利 益 剰 余 金）	300	（非支配株主持分）	480
（評 価 差 額）	400	（段階取得に係る差益）	18
（の　れ　ん）	240		

解説（単位：千円）

1．時価評価

　　（土　　　地）　400　　（評 価 差 額）　400

　　※　1,200 − 800 = 400

　　　S社の支配獲得日（X2年3月31日）の土地に係る評価差額について、その全額をS社の資本として計上する。

2．連結仕訳

①　のれんの償却

　　（持分法による投資損益）　18　　（S 社 株 式）　18

　　※　450 − {500 + 200 + (1,000 − 800)} × 30% = 180

　　∴　180 ÷ 10年 = 18

　　　S社の株式取得日（X1年3月31日）に認識されたのれんについて、X2年3月期から10年間で均等償却を行う。

②　当期純利益の認識

　　（S 社 株 式）　30　　（持分法による投資損益）　30

　　※　100 × 30% = 30

③　追加取得の処理

（資　本　金）	500	（S 社 株 式）	942※1
（利 益 剰 余 金）	300	（非支配株主持分）	480※2
（評 価 差 額）	400		
（の　れ　ん）	222※3		

※1　450＋480－18＋30＝942

　　　※2　(500＋300＋400)×40％＝480

　　　※3　貸借差額

　④　のれんの修正

　　　(の　れ　ん)　　　　18　　　(段階取得に係る差益)　　　　18

　　　※　480－(450－18＋30)＝18

【参　考】持分法を適用していた場合におけるのれんの計上

　相殺消去の対象となる投資に持分法を適用していた場合には，持分法評価額に含まれていたのれんも含めて，のれん（又は負ののれん）が新たに計算されることとなる。

3．当期末に支配を解消した場合の処理

(1) 連結子会社が関連会社（持分法）となった場合

　子会社株式の一部を売却し連結子会社が関連会社となった場合，当該会社の個別貸借対照表はもはや連結されないため，連結貸借対照表上，**親会社の個別貸借対照表に計上している当該関連会社株式の帳簿価額に，当該会社に対する支配を解消する日まで連結財務諸表に計上した取得後剰余金及びのれん償却累計額の合計額のうち売却後持分額を加減し，持分法による投資評価額に修正することが必要である。**

　ただし，売却前の連結財務諸表では投資の修正額は売却前の株式に対応する部分を計上しているため，**売却前の投資の修正額と，このうち売却後の株式に対応する部分との差額を子会社株式売却損益の修正として処理する。**

第8章 特殊論点

設例91　連結除外（連結から持分法）

　P社は，S社株式の80％をX2年3月31日に880千円で取得し，同社を連結子会社とした。

　P社は，S社株式の50％（簿価550千円）をX3年3月31日に610千円で売却し，S社を持分法適用会社とした。P社にはS社以外に連結子会社があり，連結財務諸表を作成するものとする。

　よって，下記資料に基づき，X3年3月期における連結財務諸表作成のための仕訳（S社に関するもののみ）を示しなさい。なお，問題の便宜上，のれんの償却は行わないものとする。

【資料1】　X3年3月31日時点のS社個別貸借対照表（単位：千円）

貸　借　対　照　表

諸　資　産	1,400	諸　負　債	500
		資　本　金	500
		利益剰余金	400
	1,400		1,400

【資料2】　S社資本の推移（単位：千円）

	資　本　金	利益剰余金	計
X2年3月31日	500	300	800
X3年3月31日	500	400※	900

※　当期純利益は100千円である。

解答（単位：千円）

① 開始仕訳（資本連結）

⇒当期末に支配が解消された会社であっても，前期以前に行われた仕訳は開始仕訳として引き継ぐことが必要となる。

（資　本　金）	500	（S　社　株　式）	880
（利益剰余金期首残高）	300	（非支配株主持分）	160※1
（の　れ　ん）	240※2		

※1　$(500+300) \times 20\% = 160$

※2　$880 - (500+300) \times 80\% = 240$

② 当期純利益の按分

⇒当期末に支配が解消された会社であっても，損益計算書は連結されるため，非支配株主に帰属する当期純損益は連結損益計算書に計上する。

（非支配株主に帰属する当期純損益）	20	（非支配株主持分）	20

※　$100 \times 20\% = 20$

③ 開始仕訳の振り戻し仕訳

⇒当期末に連結の範囲から除外されているため，①で行われた開始仕訳を振り戻す（逆仕訳）ことによって，連結貸借対照表上に計上される連結特有の勘定科目を消去する。

（S　社　株　式）	880	（資　本　金）	500
（非支配株主持分）	160	（利益剰余金）	300
		（の　れ　ん）	240

④ S社貸借対照表連結除外仕訳

⇒連結精算表上，個別財務諸表欄に記入された貸借対照表項目を消去する。

（諸　負　債）	500	（諸　資　産）	1,400
（資　本　金）	500		
（利 益 剰 余 金）	300		
（利 益 剰 余 金 － 連 結 除 外）	100		

⑤ 持分法による評価及び非支配株主持分の振り戻し

⇒上記の《利益剰余金－連結除外》に含まれているP社持分を，S社株式に振り替えて持分法上の評価額に修正する。

（S 社 株 式）	80※1	（利 益 剰 余 金 － 連 結 除 外）	100
（非支配株主持分）	20※2		

※1　$100 \times 80\% = 80$

※2　$100 \times 20\% = 20$

⑥ 株式売却損益の修正

⇒S社株式の投資の修正額のうち，売却持分に対応する部分をS社株式売却損益から控除する。

（S 社 株 式 売 却 損 益）	50	（S 社 株 式）	50

※　$80 \times \dfrac{50\%}{80\%} = 50$

7　連結範囲の変更

解説（単位：千円）

④　利益剰余金－連結除外について

（諸　負　債）	500	（諸　資　産）	1,400
（資　本　金）	500		
（利 益 剰 余 金）	300		
（利 益 剰 余 金 － 連 結 除 外）	100		

《x3年3月31日時点のS社個別貸借対照表（二重線部が開始仕訳）》

貸　借　対　照　表

諸資産		諸負債	500
	1,400	資本金	500
当期末利益剰余金		支配獲得時利益剰余金	
	400		300
		x2年度当期純利益	
			100

取得後剰余金　100

　上記貸借対照表より，本問の連結除外仕訳において，計上される**利益剰余金－連結除外**は，S社の取得後剰余金から**構成されている**ことが理解できる。よって，⑤の仕訳において，利益剰余金－連結除外に含まれているP社持分をS社株式勘定に振り替えることによって，持分法上の評価額となるのである。

(2)　連結子会社が関連会社にも該当しなくなった場合

　子会社株式の一部を売却することによって，当該会社が連結子会社及び関連会社のいずれにも該当しなくなった場合，残存する当該株式の個別貸借対照表上の評価額をもって評価することとなる。

　この場合の子会社株式売却損益の修正額は，関連会社になった場合と同様に行う。

第8章 特殊論点

さらに，売却後の投資の修正額を取り崩すことが必要であり，当該取崩額を連結株主資本等変動計算書の利益剰余金の区分に**連結範囲の変動**（連結子会社の減少）等その内容を示す適当な名称をもって計上する。

設例92　連結除外

P社は，S社株式の80％をX2年3月31日に880千円で取得し，同社を連結子会社とした。

P社は，S社株式の70％（簿価770千円）をX3年3月31日に870千円で売却し，S社を連結から除外した。P社にはS社以外に連結子会社があり，連結財務諸表を作成するものとする。

よって，下記資料に基づき，X3年3月期における連結財務諸表作成のための仕訳（S社に関するもののみ）を示しなさい。なお，問題の便宜上，のれんの償却は行わないものとする。

【資料1】 X3年3月31日時点のS社個別貸借対照表（単位：千円）

貸　借　対　照　表

諸　資　産	1,400	諸　負　債	500
		資　本　金	500
		利　益　剰　余　金	400
	1,400		1,400

【資料2】 S社資本の推移（単位：千円）

	資　本　金	利益剰余金	計
X2年3月31日	500	300	800
X3年3月31日	500	400※	900

※　当期純利益は100千円である。

324

7 連結範囲の変更

解　答（単位：千円）

① 開始仕訳（資本連結）

⇒当期末に支配が解消された会社であっても，前期以前に行われた仕訳は開始仕訳として引き継ぐことが必要となる。

（資　本　金）	500	（S　社　株　式）	880
（利益剰余金 期首残高）	300	（非支配株主持分）	160※1
（の　れ　ん）	240※2		

※1　$(500+300) \times 20\% = 160$

※2　$880 - (500+300) \times 80\% = 240$

② 当期純利益の按分

⇒当期末に支配が解消された会社であっても，損益計算書は連結されるため，非支配株主に帰属する当期純損益は連結損益計算書に計上する。

（非支配株主に帰属する当期純損益）	20	（非支配株主持分）	20

※　$100 \times 20\% = 20$

③ 開始仕訳の振り戻し仕訳

⇒当期末に連結の範囲から除外されているため，①で行われた開始仕訳を振り戻す（逆仕訳）ことによって，連結貸借対照表上に計上される連結特有の勘定科目を消去する。

（S　社　株　式）	880	（資　本　金）	500
（非支配株主持分）	160	（利益剰余金）	300
		（の　れ　ん）	240

④ S社貸借対照表連結除外仕訳

⇒連結精算表上，個別財務諸表欄に記入された貸借対照表項目を消去する。

（諸　負　債）	500	（諸　資　産）	1,400
（資　本　金）	500		
（利　益　剰　余　金）	300		
（利　益　剰　余　金 －連結除外）	100		

⑤ 持分法による評価及び非支配株主持分の振り戻し

⇒上記の《利益剰余金－連結除外》に含まれているP社持分を，S社株式に振り替えて持分法上の評価額に修正する。

（S　社　株　式）	80※1	（利　益　剰　余　金 －連結除外）	100
（非支配株主持分）	20※2		

※1　100×80％＝80

※2　100×20％＝20

⑥ 株式売却損益の修正

⇒S社株式の投資の修正額のうち，売却持分に対応する部分をS社株式売却損益から控除する。

（S　社　株　式 売　却　損　益）	70	（S　社　株　式）	70

※　$80 \times \dfrac{70\%}{80\%} = 70$

⑦ 帳簿価額への修正

⇒S社株式は個別貸借対照表上の帳簿価額をもって評価することとなるため，売却後のS社株式に含まれる投資の修正額を取り崩して，利益剰余金に振り替える。

（利　益　剰　余　金） 連結範囲の変動	10	（S　社　株　式）	10

※　$80 \times \dfrac{10\%}{80\%} = 10$

解説

⑦ 帳簿価額への修正について

〔各財務諸表別に合算する会社の数値（P社及びS社のみ）〕

連 結 貸 借 対 照 表

諸　資　産　　　　P社	諸　負　債　　　　P社
	資　本　金　　　　P社
	利 益 剰 余 金　　　P社

連 結 損 益 計 算 書

諸　費　用　　P社・S社	諸　収　益　　P社・S社
当 期 純 利 益　　P社・S社	

連結株主資本等変動計算書（利益剰余金）

剰余金の配当等　　P社・S社	当 期 首 残 高　　P社・S社
連結範囲の変動　　　　S社	
当 期 末 残 高　　　　P社	当 期 純 利 益　　P社・S社

⇩

連結貸借対照表の利益剰余金と連結株主資本等変動計算書上の利益剰余金の期末残高は一致する。そこで，期末に連結除外を行った場合，除外時までの子会社の取得後利益剰余金（P社帰属分）を連結株主資本等変動計算書で減算する。

8 在外子会社の連結

1．在外子会社の財務諸表項目の換算
(1) 各財務諸表項目の換算方法
① 資産及び負債

資産及び負債については，決算時の為替相場による円換算額を付する。

② 資本

親会社による株式の取得時における資本に属する項目については，株式取得時の為替相場による円換算額を付する。親会社による株式の取得後に生じた資本に属する項目については，当該項目の発生時の為替相場による円換算額を付する。

③ 収益及び費用

収益及び費用については，原則として期中平均相場による円換算額を付する。ただし，決算時の為替相場による円換算額を付することを妨げない。なお，親会社との取引による収益及び費用の換算については，親会社が換算に用いる為替相場による。この場合に生じる差額は当期の為替差損益として処理する。

④ 換算差額の処理

換算によって生じた換算差額については，為替換算調整勘定として貸借対照表の純資産の部に記載する。

《まとめ》

			財務諸表項目	換算基準
B／S			資産及び負債	C R
	S／S	株主資本	親会社による株式取得時における項目	H R（株式取得時）
			親会社による株式取得後に生じた項目	H R（当該項目発生時）
P／L	収益及び費用		親会社との取引以外により生じた項目	原則：A R　容認：C R
			親会社との取引により生じた項目	親会社と同じレート

(2) **財務諸表の換算手順**
① P/Lの諸項目をそれぞれの適用レートにより換算する。当期純利益もARもしくはCRにより換算する。
② P/Lの貸借差額が為替差損益となる。
③ P/Lの当期純利益をそのままS/Sに移す。
④ S/S（株主資本等変動計算書）の諸項目をそれぞれの適用レートにより換算する。なお，当期首残高は前期末に計算された円換算額を用いる。
⑤ S/Sの貸借差額が当期末残高となる。
⑥ ⑤で求めた当期末残高をそのままB/Sに移す。
⑦ B/Sの諸項目をそれぞれの適用レートにより換算する。
⑧ B/Sの貸借差額が為替換算調整勘定となる。

第8章 特殊論点

【図　解】（□□□□は貸借差額で算定）

P/L

① 費　用	① 収　益
① 当期純利益	② 為替差損益※

※　P/L項目で収益及び費用の項目を親会社と同じレートで換算した場合には，当期純利益の金額をAR（または，CR）で換算した金額になるように為替差損益を計上する。

S/S（利益剰余金）

④ 剰余金の配当	④ 当期首残高
⑤ 当期末残高	③ 当期純利益

B/S

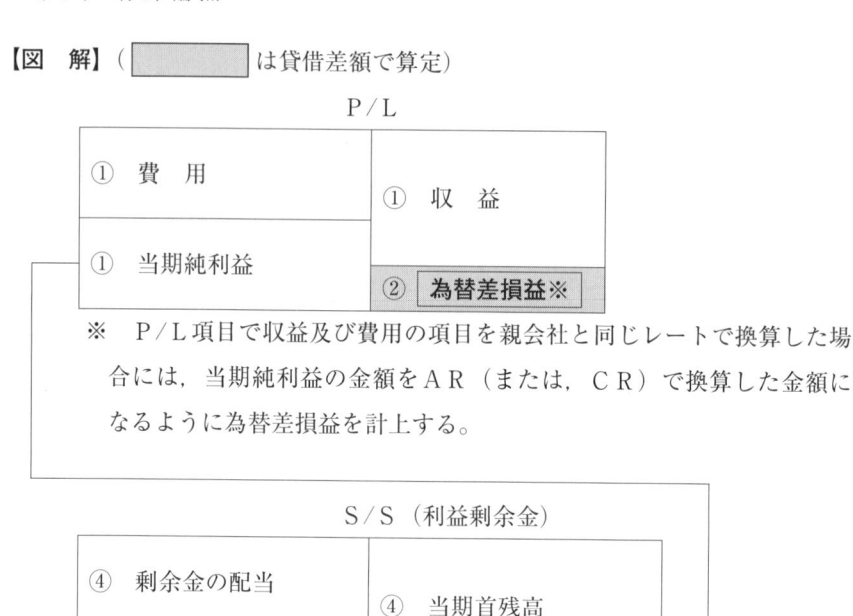

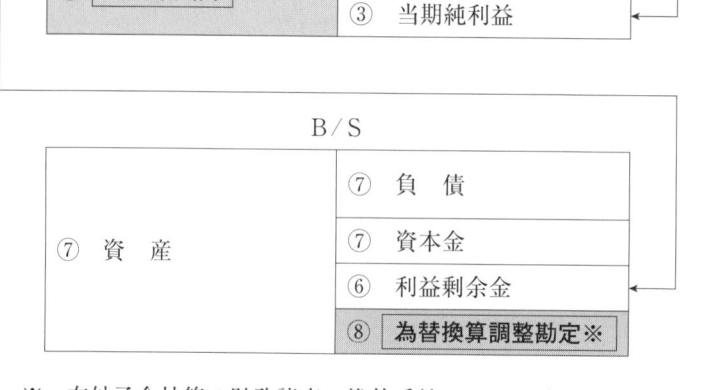

	⑦ 負　債
⑦ 資　産	⑦ 資本金
	⑥ 利益剰余金
	⑧ 為替換算調整勘定※

※　在外子会社等の財務諸表の換算手続において発生する為替換算調整勘定は，決算時の為替相場で換算される資産及び負債項目の円貨額と取得時又は発生時の為替相場で換算される資本項目の円貨額との差額として計算される。このように為替換算調整勘定は在外子会社等の貸借対照表項目の円貨への換算手続の結果発生し，在外子会社等の経営成績とは無関係に発生するものであるため，純資産の部の独立項目として累積されることになる。

2．評価差額の換算

資本連結手続上，在外子会社の資産及び負債の時価評価によって生じた簿価修正額とそれに対応して計上した繰延税金資産及び繰延税金負債は，在外子会社の個別財務諸表上の他の資産及び負債と同様に，毎期決算時の為替相場により円換算する。

また，在外子会社の資本連結手続において相殺消去の対象となる子会社の個別財務諸表上の資本の額は，支配獲得時の為替相場により換算する。

つまり，評価差額の換算は，全面時価評価法により資産及び負債の時価評価を支配獲得時に一度だけ行うため，親会社持分と非支配株主持分を合計した全体の持分に係る評価差額が支配獲得時の為替相場により円換算されることになる。

設例93　在外子会社の財務諸表項目の換算（評価差額があるケース）

P社はX5年12月31日現在，アメリカに本社を置くS社の株式の70%を保有しており，S社を連結子会社としている。以下の資料に基づいて，当連結会計年度（X5年1月1日～X5年12月31日）のS社の個別財務諸表を円貨に換算しなさい。

【資料1】

1．X5年度末S社貸借対照表

S社	貸借対照表		（単位：ドル）
現　金　預　金	400	借　入　金	200
商　　　　　品	1,200	資　本　金	2,800
土　　　　　地	2,000	利益剰余金	600
	3,600		3,600

第8章 特殊論点

2．X5年度S社損益計算書

S社	損　益　計　算　書	（単位：ドル）	
期首商品棚卸高	1,380	売　上　高	6,000
当期商品仕入高	4,000	期末商品棚卸高	1,200
販　売　費	1,710		
支　払　利　息	10		
当　期　純　利　益	100		
	7,200		7,200

3．X5年度S社株主資本等変動計算書（利益剰余金のみ）

S社	株主資本等変動計算書	（単位：ドル）	
当　期　末　残　高	600	当　期　首　残　高	500
		当　期　純　利　益	100
	600		600

【資料2】　P社のS社株式の取得状況

　X3年12月31日　取得割合70％

【資料3】　その他参照事項

1．S社は土地2,000ドル（簿価）を保有しており，ここ数年来増減はない。この土地のX3年12月31日現在の時価は2,400ドルであった。なお，それ以外の資産・負債の時価は簿価と一致している。また，実効税率40％として時価評価差額について税効果会計を適用するものとする。

2．各為替レートは以下のとおりである。

	X3年度	X4年度	X5年度
期中平均レート	（省　略）	1ドル＝108円	1ドル＝116円
決算日レート	1ドル＝100円	1ドル＝110円	1ドル＝120円

3．S社の資本勘定の推移は以下のとおりである。

	X3年度末	X4年度末	X5年度末
資 本 金	2,800ドル	2,800ドル	2,800ドル
利益剰余金	300ドル	500ドル	600ドル

　S社のX4年度，X5年度の当期純利益は200ドル，100ドルであった。なお，S社はここ数年来，剰余金の配当等は一切行っていない。

4．P社は当期中にS社に対して120ドルの商品を販売している（販売時の為替レート：1ドル＝112円）。また，P社は，S社に対して，200ドルの貸付を行っており，当期に10ドルの利息を受領している（受領時の為替レート：1ドル＝120円）。

5．P社，S社の会計期間は12月31日を決算日とする1年間である。

解答 解説 （単位：円）

1．資産・負債の時価評価に伴う個別財務諸表の修正（仕訳の単位：ドル）

（土　　　地）	400※1	（評　価　差　額）	240
		（繰延税金負債）	160※2

※1　2,400ドル－2,000ドル＝400ドル
※2　400ドル×40％＝160ドル

2．損益計算書の換算

S社　　　　　　　　　　損　益　計　算　書　（単位：外貨 ドル，換算後 円）

	外　貨	円換算後		外　貨	円換算後
期首商品棚卸高	1,380	160,080※1	売　　上　　高	6,000	696,000※1
当期商品仕入高	4,000	463,520※2	期末商品棚卸高	1,200	139,200※1
販　　売　　費	1,710	198,360※1			
支　払　利　息	10	1,200※3			
為　替　差　損	－	440※4			
当　期　純　利　益	100	11,600※1			
	7,200	835,200		7,200	835,200

第8章 特殊論点

※1　外貨建損益計算書の金額(ドル)× @116
　　　　　　　　　　　　　　　　　X5年度AR

※2　(4,000ドル－120ドル)×@116＋120ドル× @112
　　　　　外部仕入分　　　　　　　　　　　親会社が換算に用いた為替相場
　　　＝463,520

※3　10ドル× @120 ＝1,200
　　　　　親会社が換算に用いた為替相場

※4　貸借差額

収益・費用の全ての項目をAR換算した場合，貸借差額は生じないが，親会社との取引についてはHRで換算するため，貸借差額が生じる。この差額が為替差損益として処理される。

3．株主資本等変動計算書（利益剰余金のみ）の換算

S社　　　　　　　　　　　　株主資本等変動計算書（単位：外貨 ドル，換算後 円）

	外貨	円換算後		外貨	円換算後
当期末残高	600	63,200※3	当期首残高	500	51,600※1
			当期純利益	100	11,600※2
	600	63,200		600	63,200

※1　300ドル× @100 ＋200ドル× @108 ＝51,600
　　　　　　　X3年度末CR　　　　　　X4年度AR

※2　損益計算書より

※3　貸方合計

4．修正後貸借対照表の換算

S社　　　　　　　　　　　　貸　借　対　照　表　（単位：外貨 ドル，換算後 円）

	外貨	円換算後		外貨	円換算後
現　金　預　金	400	48,000※1	借　入　金	200	24,000※1
商　　　　品	1,200	144,000※1	繰延税金負債	160	19,200※1
土　　　　地	2,400	288,000※1	資　本　金	2,800	280,000※2
			利益剰余金	600	63,200※3
			評　価　差　額	240	24,000※4
			為替換算調整勘定	―	69,600※5
	4,000	480,000		4,000	480,000

8 在外子会社の連結

※1 修正後外貨建貸借対照表の金額(ドル)× @120(X5年度末CR)

※2 2,800ドル× @100(X3年度末CR) ＝280,000

※3 300ドル× @100(X3年度末CR) ＋200ドル× @108(X4年度AR) ＋100ドル× @116(X5年度AR)
　　＝63,200

※4 (2,400ドル－2,000ドル)×(1－40％)× @100(X3年度末CR) ＝24,000

※5 貸借差額

3．在外子会社の連結

(1) 概　　要

　在外子会社の連結は，まず在外子会社の財務諸表項目を円換算したうえで，連結手続を行うことになる。したがって，在外子会社の財務諸表項目を円換算してしまえば，基本的な連結手続については，国内子会社の連結と異なるところはない。

(2) 為替換算調整勘定（のれんに係る部分を除く）の非支配株主持分への按分

　為替換算調整勘定の内容は，全面時価評価法により在外子会社の資産及び負債について非支配株主持分割合を含めて時価評価を行うため，評価差額に係る為替換算調整勘定も非支配株主持分を含む全持分から発生することになる。

貸借対照表

諸資産	諸負債
	資本
	為調（評差以外）
	為調（評差）

非持

連結子会社については，非支配株主の持分についても時価評価している。
→この場合，非支配株主持分についても評価差額に係る為替換算調整勘定が発生している。

　非支配株主持分についても評価差額に係る為替換算調整勘定が発生しているので，評価差額から生じた為替換算調整勘定についても非支配株主持分へ振り替える。

第8章 特殊論点

(3) のれんの取扱い

のれん又は負ののれんは，子会社に対する投資と子会社の資本のうち親会社持分との消去差額である。親会社が在外子会社（財務諸表項目が外国通貨表示）を連結する場合，のれんを原則として支配獲得時（みなし取得日を用いる場合には子会社の決算日（みなし取得日））に当該外国通貨で把握する。また，当該外国通貨で把握されたのれんの期末残高については決算時の為替相場により換算し，のれんの当期償却額については，原則として在外子会社の会計期間に基づく期中平均相場により他の費用と同様に換算する。したがって，為替換算調整勘定はのれんの期末残高とのれん償却額の両方の換算から発生することになる。

なお，負ののれんは外国通貨で把握するが，その処理額は取得時又は発生時の為替相場で換算し負ののれんが生じた事業年度の利益として処理するために為替換算調整勘定は発生しない。

設例94　在外子会社の資本連結（のれんあり）

P社はX5年12月31日現在，アメリカに本社を置くS社の株式の70％を保有しており，S社を連結子会社としている。以下の資料に基づいて，X5年度の連結貸借対照表を作成しなさい。

【資料1】　X5年度末における各社貸借対照表

貸借対照表（単位：P社円，S社ドル）

	P社	S社		P社	S社
現　金　預　金	40,000	100	借　　入　　金	14,000	50
商　　　　　品	46,550	300	資　　本　　金	175,000	700
土　　　　　地	125,000	500	利　益　剰　余　金	85,000	150
S　社　株　式	62,450	—			
	274,000	900		274,000	900

【資料2】　P社のS社株式の取得状況

　X3年12月31日　取得割合70％　取得価額　624.5ドル

8 在外子会社の連結

【資料3】 その他参照事項

1. S社は土地500ドル（簿価）を保有しており，ここ数年来増減はない。この土地のX3年12月31日現在の時価は600ドルであった。なお，それ以外の資産・負債の時価は簿価と一致している。また，実効税率40％として時価評価差額について税効果会計を適用するものとする。

2. 各為替レートは以下のとおりである。

	X3年度	X4年度	X5年度
期中平均レート	（省　略）	1ドル＝108円	1ドル＝116円
決算日レート	1ドル＝100円	1ドル＝110円	1ドル＝120円

3. S社の資本勘定の推移は以下のとおりである。

	X3年度末	X4年度末	X5年度末
資本金	700ドル	700ドル	700ドル
利益剰余金	75ドル	125ドル	150ドル

S社のX4年度，X5年度の当期純利益は50ドル，25ドルであった。なお，S社はここ数年来，剰余金の配当等は一切行っていない。

4. のれんは，発生の翌年度から10年にわたって毎期均等額を償却する。

5. P社，S社の会計期間は12月31日を決算日とする1年間である。

解答　解説（単位：円）

1. X4年度の連結修正仕訳

 (1) 資産・負債の時価評価に伴う個別財務諸表の修正（仕訳の単位：ドル）

 （土　　地）　　100 ※1　　（評　価　差　額）　　60
 　　　　　　　　　　　　　　（繰延税金負債）　　　40 ※2

 ※1　600ドル － 500ドル ＝ 100ドル
 ※2　100ドル × 40％ ＝ 40ドル

第8章 特殊論点

(2) 開始仕訳

(資 本 金)	70,000※1	(S 社 株 式)	62,450※5
当期首残高			
(利 益 剰 余 金)	7,500※2	(非支配株主持分)	25,050※3
当期首残高		当期首残高	
(評 価 差 額)	6,000※4		
(の れ ん)	4,000※6		

※1　700ドル×@100＝70,000

※2　75ドル×@100＝7,500

※3　(700ドル＋75ドル＋60ドル)×@100×(1－70％)＝25,050
　　　　　　　　　　　評価差額

※4　(600ドル－500ドル)×(1－40％)×@100＝6,000

※5　624.5ドル×@100＝62,450

※6　貸借差額(外貨のれん：624.5ドル－(700ドル＋75ドル＋60ドル)
　　　×70％＝40ドル)

(3) のれんの償却

(のれん償却額)	432	(の れ ん)	432

※　40ドル÷10年＝4ドル(外貨ベースの1年当たりのれん償却額)
　　4ドル×@108＝432

(4) 当期純利益の非支配株主への按分

(非支配株主に帰属する当期純損益)	1,620	(非支配株主持分)	1,620
		当期変動額	

※　50ドル×@108×(1－70％)＝1,620

(5) 為替換算調整勘定の非支配株主持分への振替

(為替換算調整勘定)	2,535	(非支配株主持分)	2,535
当期変動額		当期変動額	

※　8,450×(1－70％)＝2,535(3．クウィック・メソッド参照)

(6) のれんに関する為替換算調整勘定

(の れ ん)	392	(為替換算調整勘定)	392
		当期変動額	

※　(40ドル－4ドル)×@110－(4,000－4ドル×@108)＝392

8 在外子会社の連結

2．X5年度の連結修正仕訳
(1) 資産・負債の時価評価に伴う個別財務諸表の修正（仕訳の単位：ドル）

（土　　　地）	100	（評　価　差　額）	60
		（繰延税金負債）	40

(2) 開始仕訳

（資　本　金）_{当期首残高}	70,000	（S　社　株　式）	62,450
（利益剰余金）_{当期首残高}	9,552※2	（非支配株主持分）_{当期首残高}	29,205※1
（評　価　差　額）	6,000		
（為替換算調整勘定）_{当期首残高}	2,535		
（の　れ　ん）	3,568※3		

※1　（700ドル＋125ドル＋60ドル）×＠110×（1－70％）＝29,205
※2　貸借差額，または，7,500＋1,620＋432＝9,552
※3　4,000－432＝3,568

(3) のれんの償却

（のれん償却額）	464	（の　れ　ん）	464

※　4ドル×＠116＝464

(4) 当期純利益の非支配株主への按分

（非支配株主に帰属する当期純損益）	870	（非支配株主持分）_{当期変動額}	870

※　25ドル×＠116×（1－70％）＝870

(5) 為替換算調整勘定の非支配株主持分への振替
① 期首計上額の戻入れ

（非支配株主持分）_{当期変動額}	2,535	（為替換算調整勘定）_{当期変動額}	2,535

② X5年度発生額の計上

（為替換算調整勘定）_{当期変動額}	5,220	（非支配株主持分）_{当期変動額}	5,220

※　17,400×（1－70％）＝5,220（3．クウィック・メソッド参照）

第8章 特殊論点

(6) のれんに関する為替換算調整勘定

(の れ ん)	736※1	(為替換算調整勘定) 当期首残高	392
		(為替換算調整勘定) 当期変動額	344※2

※1　(40ドル－4ドル×2年)×@120－(4,000－4ドル×@108－4ドル×@116)＝736

※2　736－392＝344

3．クウィック・メソッド（カッコ内の金額は外貨ベースの金額）

	X3/12		X4/12		X5/12
資本金	70,000		70,000		70,000
利益剰余金	7,500	1,620 / 3,780	12,900	870 / 2,030	15,800
評価差額	6,000		6,000		6,000
為　調	0	2,535 / 5,915	8,450※2	2,685 / 6,265	17,400※4
合　計	83,500		97,350※1		109,200※3
持分比率	70%		70%		70%
邦貨のれん (外貨のれん)	4,000 (40)	△432 (△4)	3,960 (36)	△464 (△4)	3,840 (32)
のれんに 係る為調	0	392	392※5	344	736※6

※1　(700ドル＋125ドル＋60ドル)×@110＝97,350

※2　97,350－(70,000＋12,900＋6,000)＝8,450

※3　(700ドル＋150ドル＋60ドル)×@120＝109,200

※4　109,200－(70,000＋15,800＋6,000)＝17,400

※5　(40ドル－4ドル)×@110－(4,000－4ドル×@108)＝392

※6　(40ドル－4ドル×2年)×@120－(4,000－4ドル×@108－4ドル×@116)＝736

4．X5年度の連結貸借対照表

P社　　　　　　　連結貸借対照表　　　　（単位：円）

現　金　預　金	52,000	借　　入　　金　　20,000
商　　　　　品	82,550	繰 延 税 金 負 債　　4,800
土　　　　　地	197,000	資　　本　　金　　175,000
の　れ　ん	3,840	利　益　剰　余　金　　89,914
		為替換算調整勘定　　12,916
		非支配株主持分　　32,760
	335,390	335,390

9 包括利益

1．包括利益の意義
(1) 包括利益

「**包括利益**」とは，ある企業の特定期間の財務諸表において認識された純資産の変動額のうち，当該企業の純資産に対する持分所有者との直接的な取引によらない部分をいう。当該企業の純資産に対する持分所有者には，当該企業の株主のほか当該企業の発行する新株予約権の所有者が含まれ，連結財務諸表においては，当該企業の子会社の非支配株主も含まれる。

(2) その他の包括利益

「**その他の包括利益**」とは，包括利益のうち当期純利益に含まれない部分をいう。連結財務諸表におけるその他の包括利益には，親会社株主に係る部分と非支配株主に係る部分が含まれる。

2．包括利益の表示

包括利益を表示する計算書は，2計算書方式，または，1計算書方式のいずれかの形式による。

(1) 包括利益を表示する計算書の形式

① **2計算書方式**

当期純利益を表示する損益計算書と包括利益を表示する包括利益計算書からなる形式

② **1計算書方式**

当期純利益の表示と包括利益の表示を1つの計算書（「損益及び包括利益計算書」）で行う形式

(2) 包括利益の計算の表示

当期純利益にその他の包括利益の内訳項目を加減して包括利益を表示する。

3．連結財務諸表間の相互関係

　連結包括利益計算書においては，その他の包括利益の内訳項目は，その内容に基づいて，その他有価証券評価差額金，繰延ヘッジ損益，為替換算調整勘定等に区分して表示する。連結貸借対照表上における表示と異なり連結包括利益計算書においては，その他の包括利益の各内訳項目は非支配株主持分相当額を含んだ金額となる。

4．その他の包括利益累計額

　連結財務諸表上は，これまでに公表された会計基準等で使用されている純資産の部の「評価・換算差額等」という用語は，「その他の包括利益累計額」と読み替えるものとする。

5．連結財務諸表における表示例

2計算書方式

〔連結損益計算書〕

売上高	×××
：	
税金等調整前当期純利益	×××
法人税等	×××
当期純利益	4,600
非支配株主に帰属する当期純利益	1,000
親会社株主に帰属する当期純利益	3,600

〔連結包括利益計算書〕

当期純利益	4,600
その他の包括利益：	
その他有価証券評価差額金	×××
繰延ヘッジ損益	×××
為替換算調整勘定	×××
持分法適用会社に対する持分相当額	×××
その他の包括利益合計	3,400
包括利益	8,000

（内訳）

親会社株主に係る包括利益	6,000
非支配株主に係る包括利益	2,000

1計算書方式

〔連結損益及び包括利益計算書〕

売上高	×××
：	
税金等調整前当期純利益	×××
法人税等	×××
当期純利益	4,600
（内訳）	
親会社株主に帰属する当期純利益	3,600
非支配株主に帰属する当期純利益	1,000
その他の包括利益：	
その他有価証券評価差額金	×××
繰延ヘッジ損益	×××
為替換算調整勘定	×××
持分法適用会社に対する持分相当額	×××
その他の包括利益合計	3,400
包括利益	8,000

（内訳）

親会社株主に係る包括利益	6,000
非支配株主に係る包括利益	2,000

9 包括利益

設例95　包括利益計算書

以下の資料を参照して、当期（X6年3月31日を決算日とする1年間）におけるP社の連結株主資本等変動計算書及び連結包括利益計算書を示しなさい。

【資　料】

1. P社はX4年3月31日に、S社株式の80％を968,800千円で取得しS社を連結子会社とした。同日におけるS社の資本金は1,000,000千円、利益剰余金は200,000千円、その他有価証券評価差額金は6,000千円（税効果会計考慮後）である。なお、資産・負債の時価と簿価に乖離はない。
2. 各社の個別株主資本等変動計算書（一部）
   (1) 利益剰余金

   利　益　剰　余　金
   自X5年4月1日　至X6年3月31日　（単位：千円）

借　　方	P社	S社	貸　　方	P社	S社
剰余金の配当	60,000	20,000	当期首残高	400,000	240,000
当期末残高	480,000	270,000	当期純利益	140,000	50,000
合　　計	540,000	290,000	合　　計	540,000	290,000

   (2) その他有価証券評価差額金

   その他有価証券評価差額金
   自X5年4月1日　至X6年3月31日　（単位：千円）

借　　方	P社	S社	貸　　方	P社	S社
当期末残高	10,800	18,600	当期首残高	8,400	12,000
			当期変動額	2,400	6,600
合　　計	10,800	18,600	合　　計	10,800	18,600

3. P社の資本金は2,000,000千円である。なお、P社及びS社の資本金の金額につき、近年増資等による変動はない。
4. のれんは発生の翌年度より20年で均等償却する。
5. 実効税率は40％であり、その他有価証券の評価差額につき税効果会計を適用する。

第8章 特殊論点

解答 解説（単位：千円）

1．クウィック・メソッド

	X4/3/31		X5/3/31		X6/3/31
資本金	1,000,000		1,000,000		1,000,000
利益剰余金	200,000	8,000 / 32,000	240,000	6,000 / 24,000	270,000
その他有価証券評価差額金	6,000	1,200 / 4,800	12,000	1,320 / 5,280	18,600
	1,206,000		1,252,000		1,288,600
持株比率	80%		80%		80%
のれん	4,000※1	△200※2	3,800	△200	3,600

※1　968,800 − 1,206,000 × 80% = 4,000

※2　4,000 ÷ 20年 = 200

2．連結修正仕訳

(1) 開始仕訳

（資　本　金）	1,000,000	（S　社　株　式）	968,800
－当期首残高－			
（利益剰余金）	208,200※1	（非支配株主持分）	250,400※3
－当期首残高－		－当期首残高－	
（その他有価証券評価差額金）	7,200※2		
－当期首残高－			
（の　れ　ん）	3,800		

※1　200,000 + 8,000 + 200 = 208,200

※2　6,000 + 1,200 = 7,200

※3　1,252,000 × 20% = 250,400

(2) 当期純利益の非支配株主持分への按分

（非支配株主に帰属する当期純損益）	10,000	（非支配株主持分）	10,000
		－当期変動額－	

※　50,000 × 20% = 10,000

346

9 包括利益

(3) 剰余金の配当

(非支配株主持分) 4,000※1　(利益剰余金) 20,000
　－当期変動額－　　　　　　　　　　　－剰余金の配当－

(受取配当金) 16,000※2

※1　20,000×20%＝4,000

※2　20,000×80%＝16,000

(4) その他有価証券評価差額金の非支配株主持分への按分

(その他有価証券評価差額金) 1,320　(非支配株主持分) 1,320
　－当期変動額－　　　　　　　　　　　　　－当期変動額－

(5) のれんの償却

(のれん償却額) 200　(の れ ん) 200

3．連結株主資本等変動計算書

	株主資本		その他の包括利益累計額	非支配株主持分
	資本金	利益剰余金	その他有価証券評価差額金	
当期首残高	2,000,000	431,800※1	13,200※3	250,400
剰余金の配当		△60,000		
親会社株主に帰属する当期純利益		163,800※2		
株主資本以外の項目の当期変動額(純額)			7,680※4	7,320※5
当期末残高	2,000,000	535,600	20,880	257,720

※1　(400,000＋240,000)－208,200＝431,800
　　　　個別F/S　　　　　連結修正仕訳

※2　(140,000＋50,000)－(10,000＋16,000＋200)＝163,800
　　　　個別F/S　　　　　連結修正仕訳

※3　(8,400＋12,000)－7,200＝13,200
　　　　個別F/S　　連結修正仕訳

※4　(2,400＋6,600)－1,320＝7,680
　　　　個別F/S　　連結修正仕訳

※5　10,000－4,000＋1,320＝7,320
　　　連結修正仕訳

第8章 特殊論点

4．連結包括利益計算書

連 結 包 括 利 益 計 算 書

当期純利益	173,800 ※1
その他の包括利益：	
その他有価証券評価差額金	9,000 ※2
包括利益	182,800

（内訳）

　　親会社株主に係る包括利益　　　171,480 ※3

　　非支配株主に係る包括利益　　　 11,320 ※4

※1　163,800＋10,000＝173,800

※2　2,400＋6,600＝9,000
　　　　個別F／S

※3　163,800＋7,680＝171,480
　　　　　　　　連結S／S

※4　10,000　＋　1,320　＝11,320
　　利益の按分　差額金の按分

【参　考】包括利益計算書の表示について

　その他の包括利益の表示は，税効果を控除した後の金額で表示するほか，税効果を控除する前の金額で表示して，それらに関連する税効果の金額を一括して加減する方法で記載することができる。

連 結 包 括 利 益 計 算 書

当期純利益	173,800
その他の包括利益：	
その他有価証券評価差額金	15,000 ※1
その他の包括利益に係る税効果額	△6,000 ※2
包括利益	182,800

※1　9,000÷（1－40％）＝15,000

※2　9,000÷（1－40％）×40％＝6,000

10 企業結合会計

1．企業結合取引の概要

「企業結合」とは，ある企業又はある企業を構成する事業と他の企業又は他の企業を構成する事業とが1つの報告単位に統合されることをいう。

(1) 対象取引

合併，株式交換，株式移転，会社分割等の独立企業間の結合のほか，共通支配下の取引等及び共同支配企業の形成等も当該基準の適用対象としている。

(2) 取　　得

「取得」とは，ある企業が他の企業又は企業を構成する事業に対する支配を獲得することをいう。

共同支配企業の形成及び共通支配下の取引以外の企業結合は取得とする。取得とされた企業結合の会計処理はパーチェス法による。

(3) パーチェス法（取得企業の決定）

パーチェス法の会計処理を行うに際しては，取得企業を決定する必要がある。

「取得企業」とは，ある企業又は企業を構成する事業を取得する企業をいい，当該取得される企業を「被取得企業」という。

取得とされた企業結合においては，いずれかの結合当事企業を取得企業として決定する。被取得企業の支配を獲得することとなる取得企業を決定するために，「連結財務諸表に関する会計基準」の考え方（＝支配力基準）を用いる。

また，連結会計基準の考え方によってどの結合当事企業が取得企業となるかが明確ではない場合には，以下の要素を考慮して取得企業を決定する。

主な対価の種類として，現金若しくは他の資産を引き渡す又は負債を引き受けることとなる企業結合の場合には，通常，当該現金若しくは他の資産を引き渡す又は負債を引き受ける企業（結合企業）が取得企業となる。

主な対価の種類が株式（出資を含む。以下同じ。）である企業結合の場合には，**通常，当該株式を交付する企業（結合企業）が取得企業となる**。ただし，必ずしも株式を交付した企業が取得企業にならないとき（逆取得）もあるため，対価の種類が株式である場合の取得企業の決定にあたっては，次のような要素を総合的に勘案しなければならない。

① 総体としての株主が占める相対的な議決権比率の大きさ

　ある結合当事企業の総体としての株主が，結合後企業の議決権比率のうち最も大きい割合を占める場合には，通常，当該結合当事企業が取得企業となる。なお，結合後企業の議決権比率を判断するにあたっては，議決権の内容や潜在株式の存在についても考慮しなければならない。

② 最も大きな議決権比率を有する株主の存在

　結合当事企業の株主又は株主グループのうち，ある株主又は株主グループが，結合後企業の議決権を過半には至らないものの最も大きな割合を有する場合であって，当該株主又は株主グループ以外には重要な議決権比率を有していないときには，通常，当該株主又は株主グループのいた結合当事企業が取得企業となる。

③ 取締役等を選解任できる株主の存在

　結合当事企業の株主又は株主グループのうち，ある株主又は株主グループが，結合後企業の取締役会その他これに準ずる機関（重要な経営事項の意思決定機関）の構成員の過半数を選任又は解任できる場合には，通常，当該株主又は株主グループのいた結合当事企業が取得企業となる。

④ 取締役会等の構成

　結合当事企業の役員若しくは従業員である者又はこれらであった者が，結合後企業の取締役会その他これに準ずる機関（重要な経営事項の意思決定機関）を事実上支配する場合には，通常，当該役員又は従業員のいた結合当事企業が取得企業となる。

⑤ 株式の交換条件

　ある結合当事企業が他の結合当事企業の企業結合前における株式の時価を超えるプレミアムを支払う場合には，通常，当該プレミアムを支払った

結合当事企業が取得企業となる。

結合当事企業のうち，いずれかの企業の相対的な規模（例えば，総資産額，売上高あるいは純利益）が著しく大きい場合には，通常，当該相対的な規模が著しく大きい結合当事企業が取得企業となる。

結合当事企業が3社以上である場合の取得企業の決定にあたっては，前項に加えて，いずれの企業がその企業結合を最初に提案したかについても考慮する。

以下，個々の企業結合の形態につき，会計処理を学習する。

2．合　　併
(1) 取引の概要

合併とは，2つ以上の会社の一部または全部が解散し，清算手続によらずにその権利義務を包括的に存続会社または新設会社に移転することである。その形態としては，**吸収合併**と**新設合併**がある。

合併は，通常，企業の規模拡大における方法の一つとして行われ，ほとんどが**吸収合併**の形態を採用している。

〈吸収合併〉

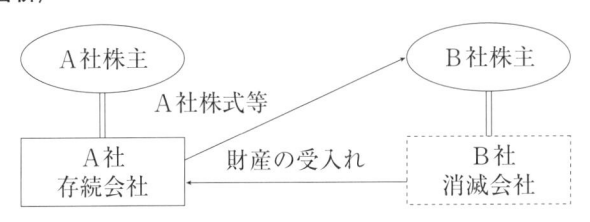

```
    ┌─────┐                    ┌─────┐
    │A社株主│                    │B社株主│
    └──┬──┘                    └──┬──┘
       │       A社株式等            │
       │   ←──────────            │
    ┌──┴──┐                    ┌──┴──┐
    │ A社  │    財産の受入れ     │ B社  │
    │存続会社│ ←────────────    │消滅会社│
    └─────┘                    └─────┘
```

351

〈吸収合併後〉

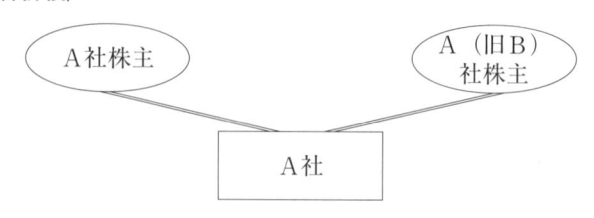

```
  A社株主            A（旧B）
                     社株主
        \    /
         A社
```

(2) **合併比率**

① **合併比率の意義**

合併においては，対価を合併会社の株式とした場合，被合併会社の株式と交換に合併会社の株式を交付することになる。その交換比率のことを**合併比率**という。

消滅会社の株主に交付する存続会社の株式総数
＝消滅会社の発行済株式総数×合併比率

設例96 合併比率の意義

第一株式会社（D社）と勧業株式会社（K社）は，このたび合併契約書に調印した。合併契約書によれば，D社が存続会社となりK社を吸収合併する形をとることとなっており，合併比率は1：0.8と決まった。以下の問に答えなさい。

問1 合併に際してD社が交付する株式は何株になるか。なお，K社の合併直前における発行済株式総数は10,000株である。

問2 あなたは現在，K社の株式を20株所有している。合併に際して，D社の株式を何株受け取ることができるか。

解 答

問1 8,000株

※ 10,000株×0.8＝8,000株

問2 16株

※ 20株×0.8＝16株

② 企業評価額の算定

合併比率は一般的に企業評価額に基づいて算定される。

企業評価額の算定方法には，株式市価法（株価評価法）等がある。

株式市価法（株価評価法）とは，合併当事会社が株式を上場している場合に，株式の市価に発行済株式総数を乗じて，企業価値を測定する方法である。

$$企業評価額＝平均株式市価 \times 発行済株式総数$$

③ 合併比率の算定

合併比率は，株式の交換比率のことであるから，合併当事会社の1株当たりの価値を対比して算定される。その合併当事会社の1株当たりの価値は，合併当事会社の総合的な企業価値（企業評価額と呼ばれる）を，発行済株式総数で除して求める。

$$合併当事会社の1株当たりの価値＝\frac{企業評価額}{発行済株式総数}$$

合併比率は合併当事会社の1株当たり企業評価額の比率で求める。

$$\frac{存続会社の企業評価額}{存続会社の発行済株式総数} : \frac{消滅会社の企業評価額}{消滅会社の発行済株式総数}$$

なお，具体的には，1：××の形で算定する。

設例97 合併比率の算定

甲社は乙社を吸収合併することになった。そこで次の資料を参考にし，株式市価法に従った場合における合併比率を求めなさい。

【資　料】

1．甲社・乙社の合併直前の貸借対照表

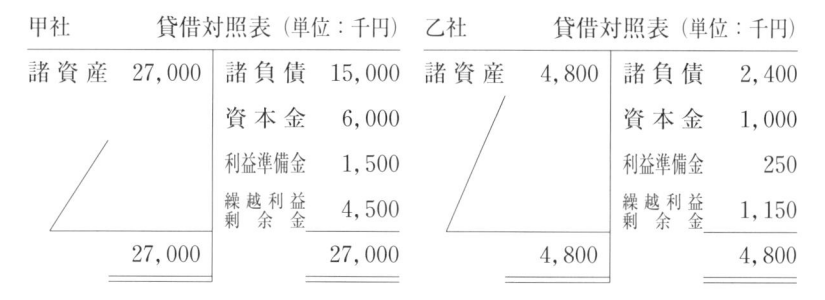

甲社　貸借対照表（単位：千円）

諸資産	27,000	諸負債	15,000
		資本金	6,000
		利益準備金	1,500
		繰越利益剰余金	4,500
	27,000		27,000

乙社　貸借対照表（単位：千円）

諸資産	4,800	諸負債	2,400
		資本金	1,000
		利益準備金	250
		繰越利益剰余金	1,150
	4,800		4,800

第8章 特殊論点

2．その他合併に関する事項
　(1)　発行済株式総数
　　　　甲社：　120株　　　乙社：　　20株
　(2)　1株当たりの平均株式市価
　　　　甲社：　100千円　　乙社：　　80千円

解答

1：0.8

解説（単位：千円）

a　企業評価額
　　甲社：＠100×120株＝12,000　　乙社：＠80×20株＝1,600
b　1株当たりの企業評価額
　　甲社：12,000÷120株＝＠100　　乙社：1,600÷20株＝＠80
c　合併比率
　　甲社：乙社＝＠100：＠80
　　　　　　＝1：0.8

(3)　取得の会計処理

① **取得原価の算定**

　　被取得企業又は取得した事業の取得原価は，原則として，取得の対価（支払対価）となる財の企業結合日における時価で算定する。支払対価が現金以外の資産の引渡し，負債の引受け又は株式の交付の場合には，支払対価となる財の時価と被取得企業又は取得した事業の時価のうち，より高い信頼性をもって測定可能な時価で算定する。

　　市場価格のある取得企業等の株式が取得の対価として交付される場合には，取得の対価となる財の時価は，原則として，企業結合日における株価を基礎にして算定する。

　　取得関連費用（外部のアドバイザー等に支払った特定の報酬・手数料等）は発生した事業年度の費用として処理する。

② 取得原価の配分方法

　取得原価は，被取得企業から受け入れた資産及び引き受けた負債のうち企業結合日時点において識別可能なもの（識別可能資産及び負債）の企業結合日時点の時価を基礎として，当該資産及び負債に対して企業結合日以後1年以内に配分する。

　受け入れた資産に法律上の権利など分離して譲渡可能な無形資産が含まれる場合には，当該無形資産は識別可能なものとして取り扱う。ここでいう「分離して譲渡可能な無形資産」とは，受け入れた資産を譲渡する意思が取得企業にあるか否かにかかわらず，企業又は事業と独立して売買可能なものをいい，そのためには，当該無形資産の独立した価格を合理的に算定できなければならない。分離して譲渡可能な無形資産であるか否かは，対象となる無形資産の実態に基づいて判断すべきであるが，例えば，ソフトウェア，顧客リスト，特許で保護されていない技術，データベース，研究開発活動の途中段階の成果（最終段階にあるものに限らない。）等についても分離して譲渡可能なものがある点に留意する。

　取得後に発生することが予測される特定の事象に対応した費用又は損失であって，その発生の可能性が取得の対価の算定に反映されている場合には，負債（企業結合に係る特定勘定）として認識する。当該負債は，原則として，固定負債として表示し，その主な内容及び金額を連結貸借対照表及び個別貸借対照表に注記する。

　取得原価が，受け入れた資産及び引き受けた負債に配分された純額を上回る場合には，その超過額はのれんとして会計処理し，下回る場合には，その不足額は負ののれんとして会計処理する。

③ 取得企業の増加資本の会計処理

　企業結合の対価として，取得企業が新株を発行した場合には，払込資本（資本金又は資本剰余金）の増加として会計処理する。

　なお，増加すべき払込資本の内訳項目（資本金，資本準備金又はその他資本剰余金）は，会社法の規定に基づき決定する。

　企業結合の対価として，取得企業が自己株式を処分した場合には，増加

すべき株主資本の額（自己株式の処分の対価の額。新株の発行と自己株式の処分を同時に行った場合には，新株の発行と自己株式の処分の対価の額。）から処分した自己株式の帳簿価額を控除した額を払込資本の増加（当該差額がマイナスとなる場合にはその他資本剰余金の減少）として会計処理する。

なお，増加すべき払込資本の内訳項目（資本金，資本準備金又はその他資本剰余金）は，会社法の規定に基づき決定する。

④　仕　　訳（パーチェス法）

（諸　資　産）　×××※2　（諸　負　債）　×××※2
（の　れ　ん）　×××※3　（払 込 資 本）　×××※1

※1　取得原価（内訳は会社法の規定に従う）
※2　識別可能資産・負債の時価
※3　貸借差額

設例98　取得とされた吸収合併の会計処理

以下の取引の仕訳を示しなさい。

前提条件
①　A社は，B社を吸収合併した。
②　当該企業結合は取得とされ取得企業はA社である。
③　A社は，合併の対価としてA社株式1,600株をB社株主に対して交付した。

なお，合併期日（企業結合日）におけるA社の株価は1株あたり500円である。
④　企業結合日におけるB社の識別可能資産及び負債の時価は，900,000円及び200,000円と算定された。
⑤　A社は，増加すべき払込資本の全額を資本金として計上する。

⑥ B社の貸借対照表は次のとおりである。

B社	貸借対照表		(単位：円)
諸　資　産	600,000	諸　負　債	200,000
		資　本　金	300,000
		利益剰余金	100,000
	600,000		600,000

解答　解説（単位：円）

A社の会計処理

（諸　資　産）　900,000※2　（諸　負　債）　200,000※2
（の　れ　ん）　100,000※3　（資　本　金）　800,000※1

※1　@500×1,600株＝800,000
※2　識別可能資産・負債の時価
※3　貸借差額

設例99　新株の発行と自己株式の処分を併用した場合

以下の取引の仕訳を示しなさい。

前提条件

① A社は，B社を吸収合併した。
② 当該企業結合は取得とされ取得企業はA社である。
③ A社は，合併の対価としてA社株式1,600株をB社株主に対して交付した。
　このうち200株は自己株式（帳簿価額80,000円）の処分である。
　なお，企業結合日におけるA社の株価は1株あたり500円である。
④ 企業結合日におけるB社の識別可能資産及び負債の時価は，900,000円及び200,000円と算定された。
⑤ A社は，増加すべき払込資本のうち，50％を資本金，30％を資本準備金，20％をその他資本剰余金として計上する。

解答・解説 (単位:円)

A社の会計処理

(諸　資　産)	900,000 ※5	(諸　負　債)	200,000 ※5
(の れ ん)	100,000 ※6	(資　本　金)	360,000 ※1
		(資本準備金)	216,000 ※2
		(その他資本剰余金)	144,000 ※3
		(自 己 株 式)	80,000 ※4

※1 (@500×1,600株−80,000)×50% = 360,000

※2 (@500×1,600株−80,000)×30% = 216,000

※3 (@500×1,600株−80,000)×20% = 144,000

※4 処分した自己株式の帳簿価額

※5 識別可能資産・負債の時価

※6 貸借差額

(4) 取得が複数の取引により達成された場合

① 概　要

取得が複数の取引により達成された場合(段階取得)における被取得企業の取得原価の算定は,次のように行う。

個別財務諸表上,支配を獲得するに至った個々の取引ごとの原価の合計額をもって,被取得企業の取得原価とする。

連結財務諸表上,支配を獲得するに至った個々の取引すべての企業結合日における時価をもって,被取得企業の取得原価を算定する。

なお,当該被取得企業の取得原価と,支配を獲得するに至った個々の取引ごとの原価の合計額(持分法適用関連会社と企業結合した場合には,持分法による評価額)との差額は,当期の段階取得に係る損益として処理する。

② 個別財務諸表上の会計処理についての留意事項

取得企業(吸収合併存続会社)の株式が交付され,取得企業が吸収合併直前に被取得企業の株式を保有していた場合の取得の対価は,取得企業が

交付する取得企業の株式の時価と合併期日の被取得企業の株式の帳簿価額を合算して算定される。なお，企業結合日直前の被取得企業の株式の帳簿価額については，以下の点に留意する必要がある。
1) 被取得企業の株式をその他有価証券に分類し，期末に時価による評価替えを行っていても，被取得企業の株式の帳簿価額は，時価による評価前の価額となる。ただし，その他有価証券の評価差額の会計処理として部分純資産直入法を採用しており，当該有価証券について評価差損を計上している場合には，時価による評価後の価額となる。
2) 被取得企業の株式を企業結合日前に減損処理している場合には，減損処理後の帳簿価額を基礎とする。

③ **連結財務諸表上の会計処理**

取得企業（吸収合併存続会社）の株式が交付され，取得企業が吸収合併直前に被取得企業の株式を保有していた場合の取得の対価は，取得企業が交付する取得企業の株式の時価と吸収合併直前の被取得企業の株式の時価を合算して算定され，吸収合併直前の被取得企業の株式の帳簿価額と合併期日の時価との差額は，当期の段階取得に係る損益として処理される。また，これに見合う金額は，個別財務諸表において計上されたのれん（又は負ののれん）の修正として処理される。

投資会社が持分法適用関連会社と企業結合した場合には，支配を獲得するに至った個々の取引ごとの原価は持分法による評価額を指すため，その場合には，企業結合日直前の被取得企業の株式（関連会社株式）の持分法による評価額と企業結合日の時価との差額は，当期の段階取得に係る損益とし，これに見合う金額は，のれん（又は負ののれん）の修正として処理される。なお，企業結合日直前の個別財務諸表上の関連会社株式の帳簿価額と持分法による評価額との差額は，のれん（又は負ののれん）の修正として処理される。

第8章 特殊論点

設例100　取得が複数の取引により達成された場合①

下記の【資　料】を参照して，以下の各問に答えなさい。

【資　料】

1．A社は，B社を吸収合併した。
2．当該企業結合は取得とされ取得企業はA社である。
3．A社は，合併の対価としてA社株式1,600株をB社株主に対して交付した。
　　なお，企業結合日におけるA社の株価は1株あたり500円である。
4．企業結合日におけるB社の識別可能資産及び負債の時価は，900,000円及び200,000円と算定された。
5．A社は，過年度にB社株式を64,000円で取得し，その他有価証券としている。合併期日におけるB社株式の時価は67,200円である。
6．合併期日において5,000円を現金で支払う（吸収合併の際，外部のアドバイザーから必要な助言を得ており，その報酬として支払ったものである）。
7．A社は，増加すべき株主資本の全額を資本金として計上する。

問1　A社の個別財務諸表上の会計処理を示しなさい。
問2　A社の連結財務諸表の作成に必要となる連結修正仕訳を示しなさい。

解　答　解　説（単位：円）

問1

A社の個別財務諸表上の会計処理

1．その他有価証券に係る時価評価の振戻し

（その他有価証券評価差額金）　3,200　　（B　社　株　式）　3,200

　　※　67,200 − 64,000 = 3,200

　　　時価評価されているB社株式の時価評価差額を振り戻す。

2．諸資産及び諸負債の受け入れ

(諸　資　産)　900,000※3　(諸　負　債)　200,000※3
(の　れ　ん)　164,000※4　(資　本　金)　800,000※1
　　　　　　　　　　　　　　(B 社 株 式)　 64,000※2

※1　@500×1,600株＝800,000
※2　B社株式の取得原価
※3　識別可能資産・負債の時価
※4　貸借差額

3．取得関連費用の支払い

(取得関連費用)　5,000　(現　　　金)　5,000

問2

連結修正仕訳

(の　れ　ん)　3,200　(段階取得に係る差益)　3,200

※　67,200－64,000＝3,200

A社はB社株式を保有していたため，その時価と適正な帳簿価額との差額を損益とし，これに見合う金額は，のれんの修正として処理する。

設例101　取得が複数の取引により達成された場合②

下記の【資　料】を参照して，以下の各問に答えなさい。

【資　料】

1．A社は，B社を吸収合併した。
2．当該企業結合は取得とされ取得企業はA社である。
3．A社は，合併の対価としてA社株式700株をB社株主に対して交付した。
　なお，企業結合日におけるA社の株価は1株あたり700円である。
4．企業結合日におけるB社の識別可能資産及び負債の時価は，850,000円及び200,000円と算定された。
5．A社は，過年度にB社株式を192,000円で取得し，B社を持分法適用関連会社としている。

第8章 特殊論点

6．合併期日におけるB社株式の時価は210,000円である。また，合併期日直前のB社株式の持分法適用上の評価額は198,000円である。
7．合併期日において5,000円を現金で支払う（吸収合併の際，外部のアドバイザーから必要な助言を得ており，その報酬として支払ったものである）。
8．A社は，増加すべき株主資本の全額を資本金として計上する。

問1 A社の個別財務諸表上の会計処理を示しなさい。
問2 A社の連結財務諸表の作成に必要となる連結修正仕訳を示しなさい。

解答　解説（単位：円）

問1

A社の個別財務諸表上の会計処理

（諸　資　産）	850,000※3	（諸　負　債）	200,000※3
（の　れ　ん）	32,000※4	（資　本　金）	490,000※1
		（B　社　株　式）	192,000※2
（取得関連費用）	5,000	（現　　金）	5,000

※1　@700×700株＝490,000
※2　B社株式の取得原価
※3　識別可能資産・負債の時価
※4　貸借差額

問2

連結修正仕訳

① のれんの修正（持分法による評価額と時価との差額）

（の　れ　ん）	12,000	（段階取得に係る差益）	12,000

※　210,000－198,000＝12,000

A社は持分法適用関連会社B社と企業結合したため，持分法による評価額と合併期日の時価との差額を損益とし，これに見合う金額は，のれんの修正として処理する。

② のれんの修正（個別財務諸表上の帳簿価額と持分法による評価額との差額）

（の れ ん）　6,000　　（B 社 株 式）　6,000

※　198,000 - 192,000 = 6,000

合併期日において消滅することとなる関連会社株式について，合併期日直前における個別財務諸表上の帳簿価額と持分法による評価額との差額を，のれんの修正として会計処理する。

3．株式交換

(1) 取引の概要

株式交換制度は，既存の会社同士が100％の持株関係となることを目的として導入された制度である。

株式交換により，完全子会社となる会社の株主の有する株式は，株式交換の日に完全親会社となる会社に移転し，完全子会社となる会社の株主は，完全親会社となる会社が株式交換に際して発行する株式の割当てを受けて完全親会社の株主となる。手続的にも簡便であり，株式買取のための資金も不要であることから有効な企業再編手続といえる。

〈株式交換〉

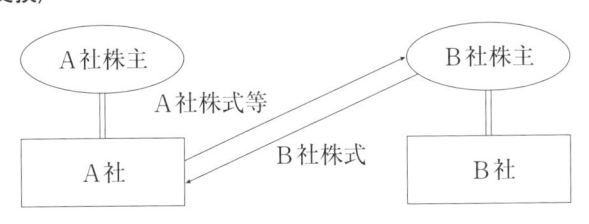

〈株式交換後〉

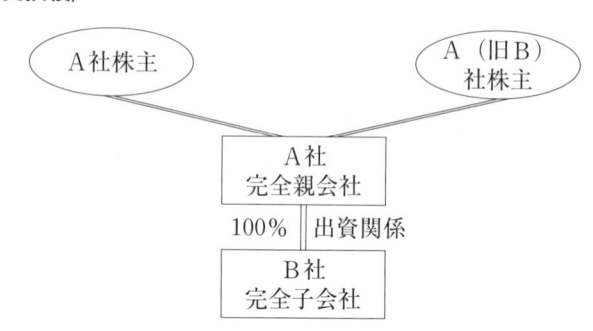

```
        A社株主              A（旧B）
                              社株主
              \    /
               A社
             完全親会社
          100% ‖ 出資関係
               B社
             完全子会社
```

(2) 会計処理（取得＜パーチェス法＞の会計処理）

① 個別財務諸表上の会計処理

株式交換完全親会社が取得する株式交換完全子会社株式の取得原価は，取得の対価に，付随費用を加算して算定する。

取得（パーチェス法）の場合の会計処理

（関係会社株式）　　　××※1　（払　込　資　本）　　　××※2
　-子会社株式-

※1　完全親会社となる会社が交付した株式の時価

※2　払込資本の内訳は，会社法の規定に従う。

設例102　株式交換（新株発行：個別財務諸表上の会計処理）

以下の取引の仕訳を示しなさい。

前提条件

① A社を株式交換完全親会社，B社を株式交換完全子会社とする株式交換（交換比率は1：0.5）を行った。なお，A社及びB社の発行済株式総数は，それぞれ200株である。

② 当該株式交換は取得と判定されA社が取得企業，B社が被取得企業とされた。

③ A社はB社の株主にA社株式を交付した。なお，株式交換日のA社株式の時価は1株あたり12円であり，交付した株式100株の時価総額は1,200円となった。
④ A社は増加すべき株主資本の全額をその他資本剰余金として計上する。
⑤ B社の貸借対照表は次のとおりである。

B社	貸借対照表		(単位：円)
諸 資 産	740	資 本 金	200
		資 本 剰 余 金	200
		利 益 剰 余 金	340
	740		740

解答 解説 （単位：円）

A社の会計処理

当該株式交換は取得と判定されたため，パーチェス法により処理を行う。

（関係会社株式） 1,200 （資本剰余金） 1,200
 －子会社株式－   その他資本剰余金

※ 交付した株式（A社株式）の時価総額

② 連結財務諸表上の会計処理

株式交換による企業結合が取得とされた場合の資本連結手続は，以下の1）と2）を相殺消去し，両者の差額はのれん（又は負ののれん）として処理する。

1）株式交換完全親会社の投資（取得の対価）
2）株式交換完全子会社の資本（株式交換完全子会社において算定された識別可能な資産及び負債の差額）

　　パーチェス法は，受け入れた資産・負債を識別可能な時価により計上し，取得原価との差額をのれん（又は負ののれん）として計上する会計処理方法であるが，株式交換は合併のケースと異なり，資産・負債の合算が個別財務諸表上では行われず連結財務諸表の作成の段階で行われる

ため，連結手続きにおいて，資産・負債の時価評価及びのれん（又は負ののれん）の計上が行われる。

そこで，連結上の仕訳は以下のようになる。つまり，既に学習した連結の支配獲得時の処理と同じものになる。

i 資産・負債の時価評価

（諸　　資　　産）　　××　　（評　価　差　額）　　××

ii 投資と資本の相殺消去

（資　　本　　金）　　×××※１　（関係会社株式）　　××※２
（資 本 剰 余 金）　　×××※１
（利 益 剰 余 金）　　×××※１
（評 価 差 額）　　　××
（の　　れ　　ん）　　×××※３

※１　株式交換完全子会社の株主資本
※２　取得の対価
※３　貸借差額

設例103　株式交換（新株発行：連結財務諸表上の会計処理）

以下の【資　料】を参照して，A社の個別財務諸表上の会計処理及び連結財務諸表上の会計処理を示しなさい。

【資　料】

① A社を株式交換完全親会社，B社を株式交換完全子会社とする株式交換（交換比率は１：０.５）を行った。なお，A社及びB社の発行済株式総数は，それぞれ200株である。

② 当該株式交換は取得と判定されA社が取得企業，B社が被取得企業とされた。

③ A社は，株式交換にあたり，B社の株主にA社株式を交付した。なお，株式交換日のA社株式の時価は１株あたり12円であり，交付した株式100株の時価総額は1,200円である。

④ A社は増加すべき株主資本の全額をその他資本剰余金として計上する。

⑤ A社及びB社の株式交換直前における貸借対照表は次のとおりである。

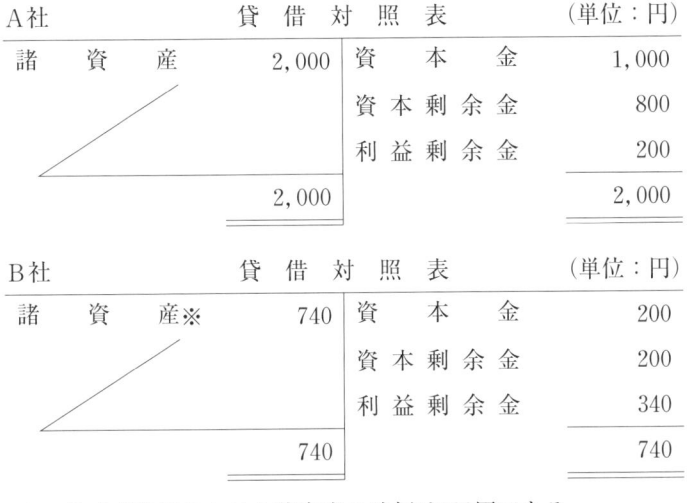

A社　　　　貸　借　対　照　表　　　（単位：円）

諸　資　産	2,000	資　本　金	1,000
		資本剰余金	800
		利益剰余金	200
	2,000		2,000

B社　　　　貸　借　対　照　表　　　（単位：円）

諸　資　産※	740	資　本　金	200
		資本剰余金	200
		利益剰余金	340
	740		740

※　株式交換日における諸資産の時価は800円である。

解答　解説（単位：円）

1．個別財務諸表上におけるA社の会計処理

当該株式交換は取得と判定されたため，パーチェス法により処理を行う。

（B　社　株　式）　1,200　　（資本剰余金）　1,200
　　　　　　　　　　　　　　　－その他資本剰余金－

※　交付した株式（A社株式）の時価総額

2．連結財務諸表上におけるA社の会計処理

当該株式交換は取得と判定されたため，資産・負債は時価により計上し，取得原価との差額をのれんとして計上する。

(1) 資産の時価評価

（諸　資　産）　60　　（評価差額）　60

※　800－740＝60

(2) 投資と資本の相殺消去

（資　本　金）	200※1	（B　社　株　式）　1,200※2
（資本剰余金）	200※1	
（利益剰余金）	340※1	
（評　価　差　額）	60	
（の　れ　ん）	400※3	

※1　株式交換完全子会社の株主資本
※2　取得の対価
※3　貸借差額

3．連結貸借対照表

A社　　　　　　　連 結 貸 借 対 照 表　　　　　（単位：円）

諸　資　産	2,800	資　本　金	1,000
の　れ　ん	400	資本剰余金	2,000
		利益剰余金	200
	3,200		3,200

③　取得が複数の取引により達成された場合

・個別財務諸表上の会計処理

　株式交換完全親会社が，株式交換日の前日に株式交換完全子会社となる企業の株式を保有していた場合，株式交換日の前日の適正な帳簿価額により，子会社株式に振り替える。

1）株式交換取得分

（関係会社株式）　　　×××※1　（払　込　資　本）　　　××※2
　−子会社株式−

※1　完全親会社が交付した株式の時価

※2　払込資本の内訳は会社法の規定に従う。

2）先行持分に関する仕訳

（関係会社株式）　　　××　　　（投資有価証券）　　　××
　−子会社株式−

※　株式交換日の前日の帳簿価額

・連結財務諸表上の会計処理

　株式交換完全親会社が，株式交換日の前日に株式交換完全子会社となる企業の株式を保有していた場合，株式交換日の時価に基づいて子会社株式に振り替えて取得原価に加算し，その時価と適正な帳簿価額との差額は，当期の段階取得に係る損益として処理される。

1）資産・負債の時価評価

　　（諸　資　産）　　××　　（評　価　差　額）　　××

2）投資と資本の相殺消去

　　（資　本　金）　　××※1　（関係会社株式）　　××※2
　　（資本剰余金）　　××※1　（段階取得に係る差益）　××※3
　　（利益剰余金）　　××※1
　　（評　価　差　額）　××
　　（の　れ　ん）　　××※4

※1　株式交換完全子会社の株主資本
※2　取得の対価
※3　完全子会社株式の時価と適正な帳簿価額の差額
※4　貸借差額

4．株式移転

(1) 取引の概要

　株式移転制度は，新たな株式会社の設立により既存の株式会社と新たな株式会社を100％の持株関係にすることを目的として導入された制度である。

　株式移転により，完全子会社となる会社（既存会社）の株主が所有するその（既存会社）株式を，株式移転の日に完全親会社となる会社（新設会社・持株会社）に移転し，完全子会社となる会社の株主は，完全親会社となる会社が株式移転に際して発行する新株の割当てを受けて完全親会社の株主となる。

第8章 特殊論点

〈株式移転〉

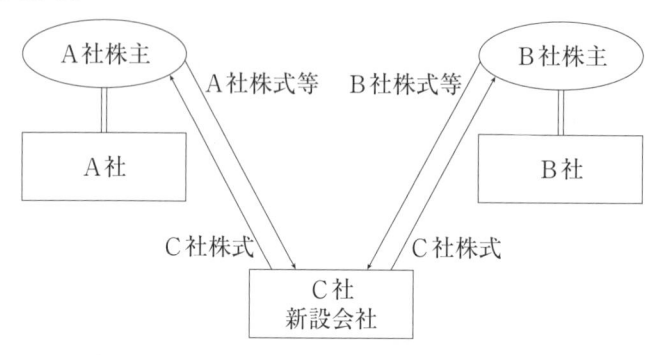

```
    A社株主              B社株主
      ↑   A社株式等  B社株式等  ↑
      │                            │
    A社                           B社
         ↘ C社株式    C社株式 ↙
              C社
            新設会社
```

〈株式移転後〉

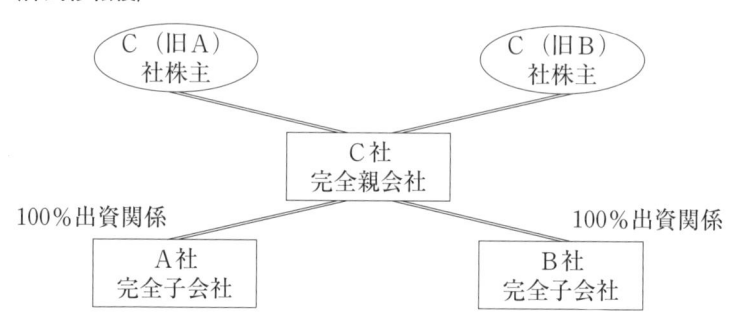

```
     C（旧A）         C（旧B）
     社株主           社株主
         ↘           ↙
            C社
          完全親会社
   100％出資関係    100％出資関係
         ↙           ↘
       A社            B社
     完全子会社      完全子会社
```

(2) 完全親会社の会計処理（取得（パーチェス法）の会計処理）

① 個別財務諸表上の会計処理

　株式移転設立完全親会社が受け入れた株式移転完全子会社株式（取得企業株式及び被取得企業株式）の取得原価は，それぞれ次のように算定する。

　子会社株式（取得企業株式）の取得原価は，原則として，株式移転日の前日における株式移転完全子会社（取得企業）の適正な帳簿価額による株主資本の額に基づいて算定する。

　子会社株式（被取得企業株式）の取得原価は，取得の対価に，付随費用を加算して算定する。ただし，取得の対価となる財の時価は，株式移転完全子会社（被取得企業）の株主が株式移転設立完全親会社（結合後企業）に対する実際の議決権比率と同じ比率を保有するのに必要な数の株式移転

完全子会社（取得企業）の株式を，株式移転完全子会社（取得企業）が交付したものとみなして算定する。

（関係会社株式）　　×××※1　（払　込　資　本）　×××※3
　―子会社株式(取得企業)―
（関係会社株式）　　×××※2
　―子会社株式(被取得企業)―

※1　取得企業の適正な帳簿価額による株主資本の額
※2　被取得企業へ交付した株式数に応じた取得企業株式の時価
※3　払込資本の内訳は，会社法の規定に従う。

設例104　株式移転（個別財務諸表上の会計処理）

以下の取引の仕訳を示しなさい。

前提条件

① A社とB社（A社とB社に資本関係はない。）は，株式移転により株式移転設立完全親会社C社を設立した。

② 当該株式移転は取得とされA社が取得企業，B社が被取得企業とされた。

③ A社の株主には，A社株式1株当たりC社株式が1株交付された。また，B社の株主には，B社株式1株当たりC社株式0.5株が交付された。なお，株式移転日のA社の株価（@12円）により計算したB社株主に交付した株式の時価総額は1,200円であったものとする。また，A社及びB社の発行済株式総数はそれぞれ200株であったものとする。

④ C社は増加すべき株主資本の全額を資本金として計上する。

⑤ 株式移転日の前日のA社及びB社の貸借対照表は次のとおりである。

A社	貸借対照表		（単位：円）
諸　資　産	1,000	資　本　金	700
		利益剰余金	300
	1,000		1,000

第8章 特殊論点

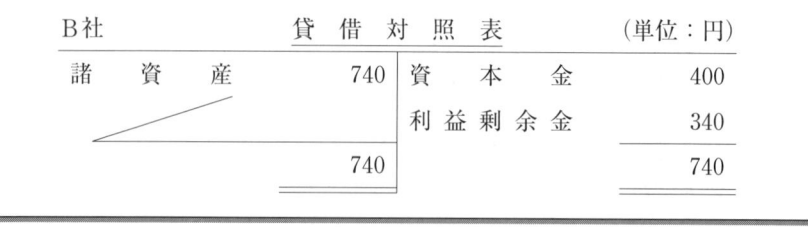

B社	貸借対照表		（単位：円）
諸 資 産	740	資 本 金	400
		利 益 剰 余 金	340
	740		740

解 答　解 説（単位：円）

C社の会計処理

共同持株会社の設立の形式をとる企業結合が取得とされた場合には，A社（取得企業）株式の取得原価は株式移転日の前日におけるA社の適正な帳簿価額による株主資本の額に基づき算定し，B社（被取得企業）株式の取得原価はパーチェス法を適用し算定する。

（関係会社株式）　　2,200　　（資　本　金）　　2,200
　－子会社株式－

※
1．取得企業A社の適正な帳簿価額による株主資本の額　1,000
2．B社株主に交付した株式の時価総額　1,200

① $\dfrac{\underset{\text{B社発行済株式}}{200株 \times 0.5}}{(\underset{\text{A社発行済株式}}{200株 \times 1} + \underset{\text{B社発行済株式}}{200株 \times 0.5})} = \dfrac{1}{3}$

② $(\underset{\text{C社発行済株式}}{300株} \times \dfrac{1}{3}) \times \underset{\text{A社の株式時価}}{@12} = 1,200$

3．1．＋2．＝2,200

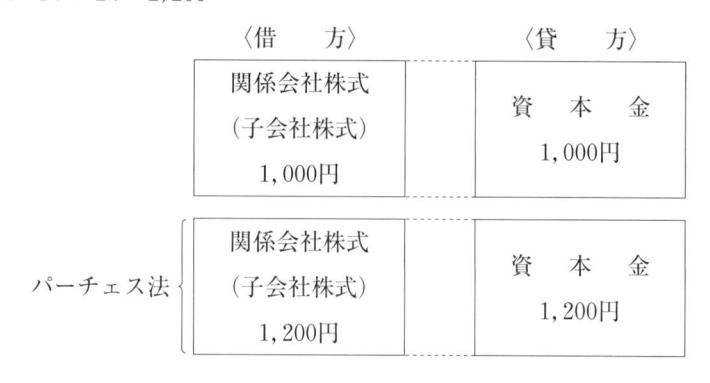

　　　　　　　　　　〈借　　方〉　　　　　〈貸　　方〉

	関係会社株式 （子会社株式） 1,000円	資　本　金 1,000円
パーチェス法	関係会社株式 （子会社株式） 1,200円	資　本　金 1,200円

【参　考】B社株主に交付した株式の時価総額の算出方法の考え方
　　C社の被取得企業株式（B社株式）の取得原価はパーチェス法を適用して算定するが，B社の株主がC社（設立後）に対する実際の議決権比率と同じ比率を保有するのに必要な数のA社株式を，A社がB社株主に交付したものとみなして算定する。

② 連結上の会計処理
　　共同持株会社設立の形式をとる株式移転における株式移転設立完全親会社においては，2つ以上の株式移転完全子会社が存在することになる。そこで，1）取得企業となる子会社と2）それ以外の子会社（被取得企業）に分け，それぞれ会計処理を行う。

1）株式移転完全子会社（取得企業）に関する会計処理
　　　連結財務諸表上，株式移転設立完全親会社は株式移転完全子会社（取得企業）の資産及び負債の適正な帳簿価額を，原則として，そのまま引き継ぐ。
　　　したがって，取得企業の資産・負債については，時価評価を行わず，資産・負債の合算は取得企業における資産・負債の簿価により行われ，**のれん（又は負ののれん）は生じない。**

　ⅰ　投資と資本の相殺消去
　　　個別上計上された取得企業株式と当該取得企業の株主資本を相殺消去する。

　（資　本　金）　　　××※1　（関係会社株式）　　××※2
　（資本剰余金）　　　××※1
　（利益剰余金）　　　××※1

　　※1　取得企業の個別上の株主資本
　　※2　株式移転の前日における取得企業の適正な帳簿価額による株主資本の額

　ⅱ　資本の引継
　　　連結財務諸表上の資本金は株式移転設立完全親会社の資本金とし，これと株式移転直前の株式移転完全子会社（取得企業）の資本金が異

なる場合には，その差額を資本剰余金に振り替える。

2）株式移転完全子会社（被取得企業）に関する会計処理

被取得企業の資産・負債は時価により評価することになる。したがって，投資と資本の相殺消去に先立って，被取得企業の資産・負債を時価評価する。その上で，株式移転設立完全親会社の個別上計上された被取得企業株式と被取得企業の時価評価後資本を相殺し，差額をのれん（又は負ののれん）として処理する。

ⅰ 資産・負債の時価評価

（諸　資　産）　××　（評　価　差　額）　××

ⅱ 投資と資本の相殺消去

（資　本　金）　×××※1　（関係会社株式）　×××※2
（資本剰余金）　×××※1
（利益剰余金）　×××※1
（評　価　差　額）　××
（の　れ　ん）　×××※3

※1　被取得企業の株主資本
※2　取得の対価
※3　貸借差額

設例105　株式移転（連結財務諸表上の会計処理）

以下の【資　料】を参照して，C社の個別財務諸表上の会計処理及び連結財務諸表上の会計処理を示しなさい。

【資　料】

①　A社とB社（A社とB社に資本関係はない。）は，株式移転により株式移転設立完全親会社C社を設立した。

②　当該株式移転は取得とされA社が取得企業，B社が被取得企業とされた。

③ A社の株主には，A社株式1株当たりC社株式が1株交付された。また，B社の株主には，B社株式1株当たりC社株式0.5株が交付された。なお，株式移転日のA社の株価（@12円）により計算したB社株主に交付される株式の時価総額は1,200円であったものとする。また，A社及びB社の発行済株式総数はそれぞれ200株であったものとする。

④ C社は増加すべき株主資本のうち，800円を資本金とし残額をその他資本剰余金として計上する。

⑤ 株式移転日の前日のA社及びB社の貸借対照表は次のとおりである。

A社	貸借対照表		（単位：円）
諸 資 産※	1,000	資 本 金	700
		利益剰余金	300
	1,000		1,000

※ 株式移転日における諸資産の時価は1,200円である。

B社	貸借対照表		（単位：円）
諸 資 産※	740	資 本 金	400
		利益剰余金	340
	740		740

※ 株式移転日における諸資産の時価は800円である。

解答 解説 （単位：円）

1．C社の個別上の会計処理

共同持株会社の設立の形式をとる企業結合が取得とされた場合には，A社（取得企業）株式の取得原価は株式移転日の前日におけるA社の適正な帳簿価額による株主資本に基づき算定し，B社（被取得企業）株式の取得原価はパーチェス法を適用し算定する。

（A 社 株 式）	1,000※1	（資　　本　　金）	800
（B 社 株 式）	1,200※2	（資 本 剰 余 金）	1,400※3

－その他資本剰余金－

※1　取得企業A社の適正な帳簿価額による株主資本　1,000

375

※2　B社株主に交付した株式の時価総額　1,200（下記算式参照）

① $\dfrac{\underset{\text{B社発行済株式}}{200株 \times 0.5}}{(\underset{\text{A社発行済株式}}{200株 \times 1} + \underset{\text{B社発行済株式}}{200株 \times 0.5})} = \dfrac{1}{3}$

② $(\underset{\text{C社発行済株式}}{300株} \times \dfrac{1}{3}) \times \underset{\text{A社の株式時価}}{@12} = 1,200$

※3　貸借差額

2．C社の連結上の会計処理

(1) 株式移転完全子会社A社(取得企業)に関する会計処理

① 投資と資本の相殺消去

（資　本　金）　　　700　　（A　社　株　式）　　1,000
（利 益 剰 余 金）　　300

② 資本の引継

取得企業の資本が，連結財務諸表上そのまま計上されるように修正仕訳を行う。ただし，資本金の金額は親会社が計上した資本金となるため，差額は資本剰余金となる。

（資 本 剰 余 金）　　300　　（利 益 剰 余 金）　　300
　-その他資本剰余金-

・上記の仕訳について

　C社の個別上計上された払込資本の合計2,200（800＋1,400）には，A社の株主資本に相当する金額が含まれている。そこで，取得企業であるA社の資本構成をC社の連結財務諸表上引き継ぐために修正仕訳が必要となる。

10 企業結合会計

```
        A社                          C社
┌─────────────────┐         ┌─────────────────┐
│ 資 本 金    700 │合計1,000│ 資 本 金    800 │
│ 利益剰余金  300 │─────────│                 │
└─────────────────┘         │ 資本剰余金 1,400│
         ⇩                  └─────────────────┘
┌─────────────────┐                  ⇩
│連結上,この資本構成│         ┌─────────────────┐
│を引き継ぐ        │         │この中にはA社の資本│
└─────────────────┘         │金700,利益剰余金300│
                            │が含まれている    │
                 (修正)     └─────────────────┘
                    ↓
```

(資本剰余金)　1,000　　(資 本 金)　　700
　　　　　　　　　　　　(利益剰余金)　 300

> 連結財務諸表上の資本金は親会社C社の資本金が計上される。
> →上記の引継仕訳によりA社の資本金が計上されることになり,その金額だけ,連結財務諸表上の資本金が超過することになる。

そこで,超過した資本金を資本剰余金へ振り替える。

(資 本 金)　　700　　(資本剰余金)　　700

この2つの仕訳をまとめると上記②の仕訳となる。

(2) 株式移転完全子会社B社(被取得企業)に関する会計処理

① 資産の時価評価

(諸 資 産)　　60　　(評 価 差 額)　　60

※ 800−740=60

② 投資と資本の相殺消去

(資 本 金)　　　400※1　(B 社 株 式)　1,200※2
(利益剰余金)　　340※1
(評 価 差 額)　　60
(の れ ん)　　　400※3

※1 株式移転完全子会社(B社)の株主資本

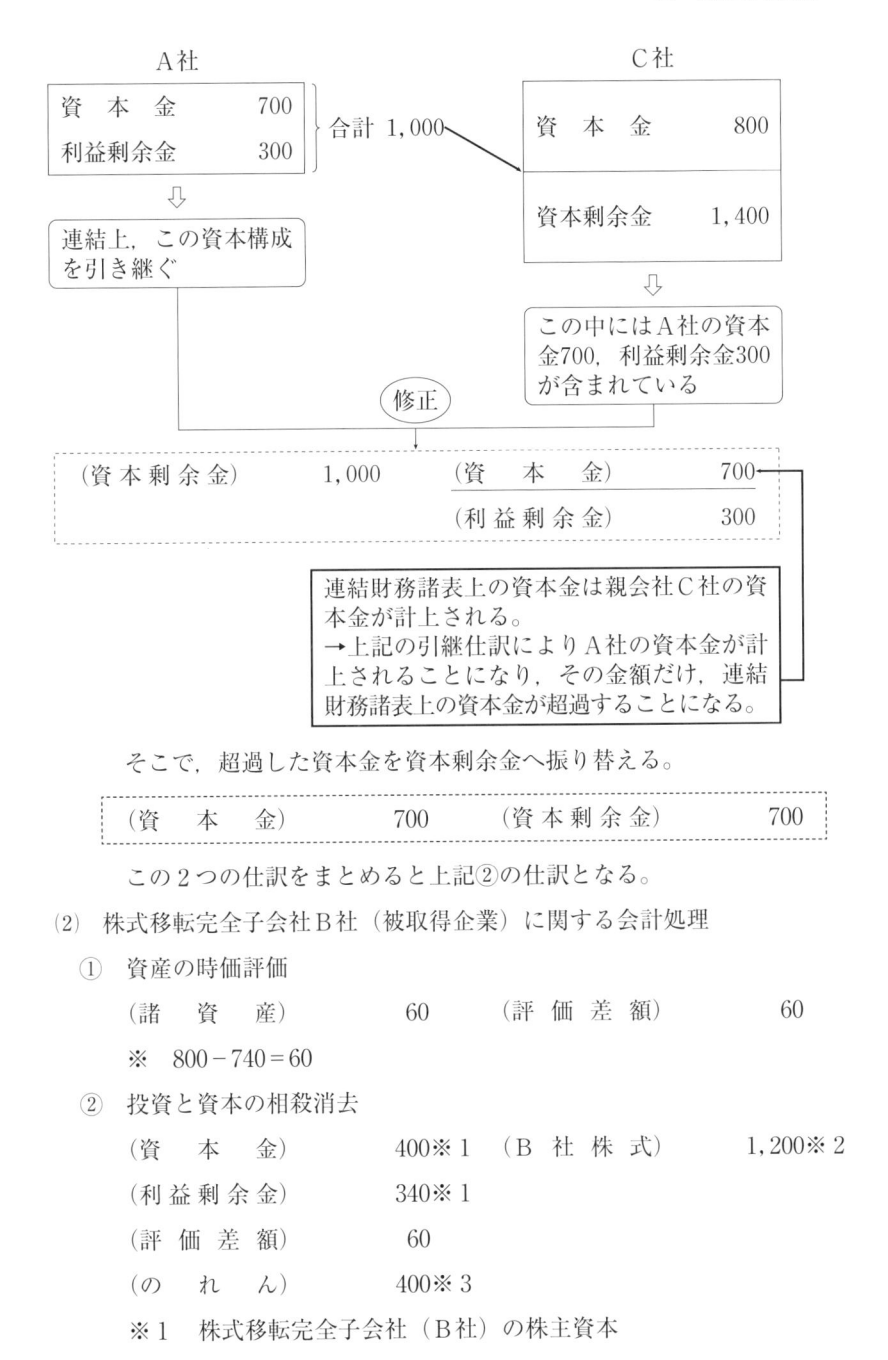

377

※2　取得の対価

※3　貸借差額

3．C社の連結貸借対照表

C社	連結貸借対照表		（単位：円）
諸　資　産	1,800	資　本　金	800
の　れ　ん	400	資本剰余金	1,100
		利益剰余金	300
	2,200		2,200

5．共通支配下の取引等

(1) 概　要

「共通支配下の取引」とは，結合当事企業（又は事業）のすべてが，企業結合の前後で同一の株主により最終的に支配され，かつ，その支配が一時的ではない場合の企業結合をいう。すなわち，企業集団内における企業結合取引が共通支配下の取引に該当する。

共通支配下の取引等に該当する具体的な例としては，親会社と子会社の合併及び子会社同士の合併などがある。

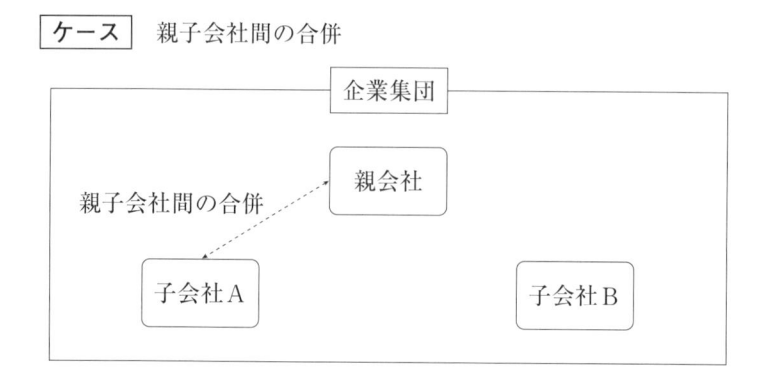

ケース　親子会社間の合併

企業集団

親会社

親子会社間の合併 ← 子会社A　　子会社B

(2) 会計処理の概要
　① 共通支配下の取引
　　1) 個別財務諸表上の会計処理
　　　・共通支配下の取引により企業集団内を移転する資産及び負債は，原則として，移転直前に付されていた適正な帳簿価額により計上する。
　　　・移転された資産及び負債の差額は，純資産として処理する。
　　　・移転された資産及び負債の対価として交付された株式の取得原価は，当該資産及び負債の適正な帳簿価額に基づいて算定する。
　　2) 連結財務諸表上の会計処理
　　　共通支配下の取引は，内部取引としてすべて消去する。
　② 非支配株主との取引
　　1) 個別財務諸表上の会計処理
　　　非支配株主から追加取得する子会社株式の取得原価は，追加取得時における当該株式の時価とその対価となる財の時価のうち，より高い信頼性をもって測定可能な時価で算定する。
　　2) 連結財務諸表上の会計処理
　　　非支配株主との取引については，連結会計基準における子会社株式の追加取得及び一部売却等の取扱いに準じて処理する。

(3) 親会社が子会社を吸収合併する場合
　① 資産及び負債の会計処理
　　親会社と子会社が合併する場合には，親会社の個別財務諸表では，原則として，子会社の適正な帳簿価額により資産及び負債を受け入れるが，親会社が作成する連結財務諸表において，当該子会社の資産及び負債の帳簿価額を修正しているときは，個別財務諸表上も，連結財務諸表上の金額である修正後の帳簿価額（のれんを含む。）により計上する。
　　「子会社の資産及び負債の帳簿価額を修正しているとき」の具体例及びその会計処理は，次のとおりである。
　　資本連結にあたり子会社の資産及び負債を時価評価している場合には，親会社の個別財務諸表上，時価評価後の金額により受け入れる。また，連

結財務諸表上，子会社株式の取得に係るのれんの未償却残高が計上されている場合には，親会社の個別財務諸表上も当該金額をのれんとして引き継ぐ。

② 増加資本の会計処理

親会社は，子会社から受け入れた資産と負債との差額のうち株主資本の額を合併期日直前の持分比率に基づき，親会社持分相当額と非支配株主持分相当額に按分し，それぞれ次のように処理する。

ア．親会社持分相当額の会計処理

親会社が合併直前に保有していた子会社株式（抱合せ株式）の適正な帳簿価額との差額を，特別損益に計上する。

（諸　資　産）	×××※1	（諸　負　債）	×××※1
（の　れ　ん）	×××※2	（関係会社株式）	×××※3
		（抱合せ株式消滅差益） －特別利益－	×××※4

※1　時価評価修正後子会社貸借対照表価額×合併直前親会社持分比率

※2　合併直前未償却残高

※3　取得原価

※4　貸借差額又は過年度取得後剰余金

イ．非支配株主持分相当額の会計処理

非支配株主持分相当額と，取得の対価（非支配株主に交付した親会社株式の時価）との差額をその他資本剰余金とする。なお，合併により増加する親会社の株主資本の額は，払込資本とする。

（諸　資　産）	×××※1	（諸　負　債）	×××※1
（その他資本剰余金）	×××※3	（払　込　資　本）	×××※2

※1　時価評価修正後子会社貸借対照表価額×合併直前非支配株主持分比率

※2　親会社が非支配株主に交付した株式の時価総額

※3　貸借差額

設例106　親会社による子会社の吸収合併

以下の【資　料】に基づき，P社のX2年4月1日の合併仕訳を示しなさい。

【資　料】

① P社はX1年3月末にS社の株式の80％を720円で取得し，連結子会社とした。

② X1年3月末における各社の貸借対照表は以下のとおりである。

貸借対照表　　　　　　　　（単位：円）

借　　方	P社	S社	貸　　方	P社	S社
諸　資　産	750	1,300	諸　負　債	570	1,000
土　　　地	—	※400	資　本　金	500	500
S　社　株　式	720	—	利益剰余金	400	200
合　計	1,470	1,700	合　計	1,470	1,700

※　S社の土地の時価は500円である。

③ X2年3月末における各社の貸借対照表は以下のとおりである。

貸借対照表　　　　　　　　（単位：円）

借　　方	P社	S社	貸　　方	P社	S社
諸　資　産	850	1,550	諸　負　債	570	1,050
土　　　地	—	400	資　本　金	500	500
S　社　株　式	720	—	利益剰余金	500	400
合　計	1,570	1,950	合　計	1,570	1,950

④ 合併直前におけるS社の発行済株式総数は10株であった。

⑤ X2年4月1日にP社はS社を吸収合併した。

⑥ 合併比率は1：1であり，P社はS社の非支配株主に2株発行し，増加すべき払込資本は全額その他資本剰余金とした。

⑦ 合併期日のP社の株価は@110円である。

⑧ のれんは発生の翌年度より5年で償却するものとする。

⑨ 各社とも，利益剰余金の増加は当期純利益によるものである。

第8章 特殊論点

【取引の概要】

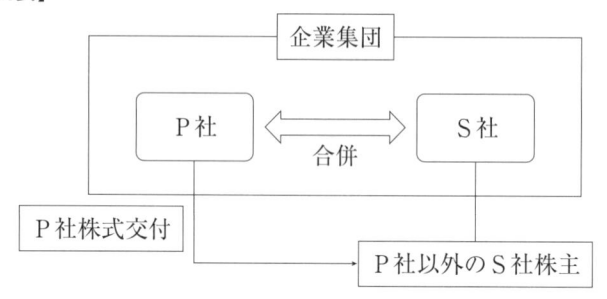

```
          ┌──── 企業集団 ────┐
          │                    │
        ┌─P社─┐ ⇔ ┌─S社─┐
          │      合併      │
          │                │
    P社株式交付              │
          └──→ P社以外のS社株主
```

解答

1．P社持分に関する合併仕訳

（諸　資　産）	1,240※1	（諸　負　債）	840※1
（土　　　地）	400※1	（S　社　株　式）	720※3
（の　れ　ん）	64※2	（抱合せ株式消滅差益）−特別利益−	144※4

※1　（評価差額計上後）S社貸借対照表価額×80％

※2　X2年3月末における連結財務諸表上ののれんの未償却残高

※3　S社株式の取得原価

※4　貸借差額又は（400−200）×80％ − 16 ＝ 144
　　　　　　　　　　利益剰余金の増加　　のれん償却

2．非支配株主との取引に関する合併仕訳

（諸　資　産）	310※1	（諸　負　債）	210※1
（土　　　地）	100※1	（資 本 剰 余 金）	220※2
（資 本 剰 余 金）	20※3		

※1　（評価差額計上後）S社貸借対照表価額×20％

※2　＠110×2株＝220（取得の対価）

※3　貸借差額

解説

1．親会社持分

　　親会社の持分に関しては，合併前と合併後では変化はない。なぜならば，共通支配下の取引においては，内部取引と考えられるからである。したがって，合併前連結貸借対照表と合併後貸借対照表の金額が変わらないように仕訳を行う。

10 企業結合会計

・X1年3月末

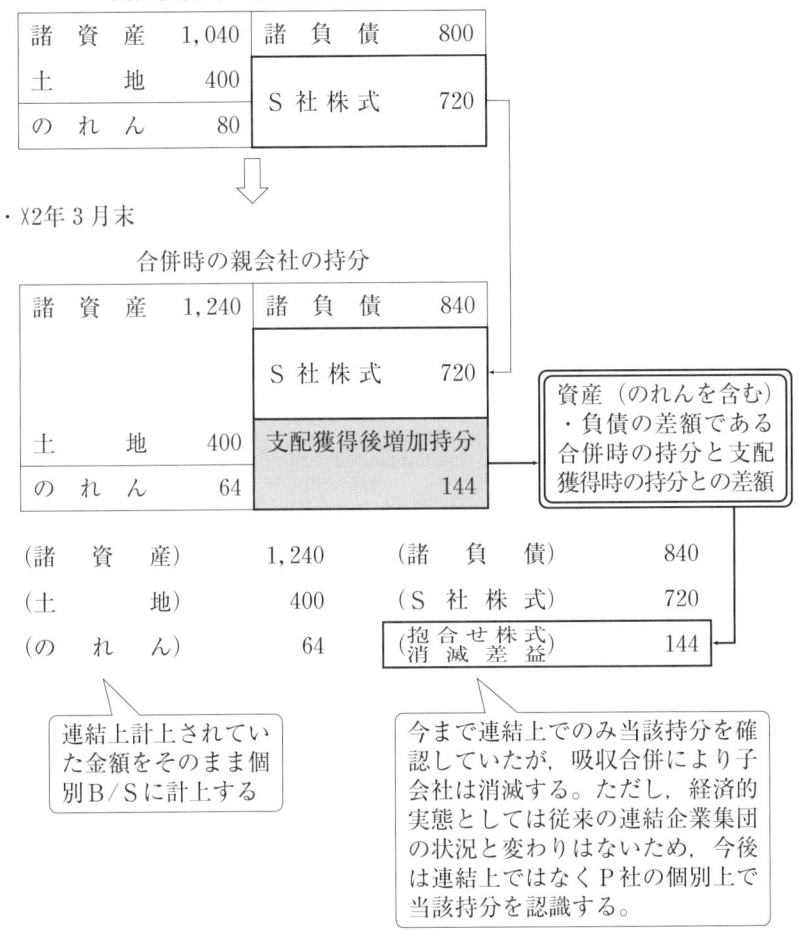

支配獲得時の親会社の持分

諸 資 産	1,040	諸 負 債	800
土 地	400	S 社 株 式	720
の れ ん	80		

・X2年3月末

合併時の親会社の持分

諸 資 産	1,240	諸 負 債	840
		S 社 株 式	720
土 地	400	支配獲得後増加持分	
の れ ん	64		144

資産(のれんを含む)・負債の差額である合併時の持分と支配獲得時の持分との差額

(諸 資 産)	1,240	(諸 負 債)	840
(土 地)	400	(S 社 株 式)	720
(の れ ん)	64	(抱合せ株式消滅差益)	144

連結上計上されていた金額をそのまま個別B/Sに計上する

今まで連結上でのみ当該持分を確認していたが,吸収合併により子会社は消滅する。ただし,経済的実態としては従来の連結企業集団の状況と変わりはないため,今後は連結上ではなくP社の個別上で当該持分を認識する。

第8章 特殊論点

2．クウィック・メソッド

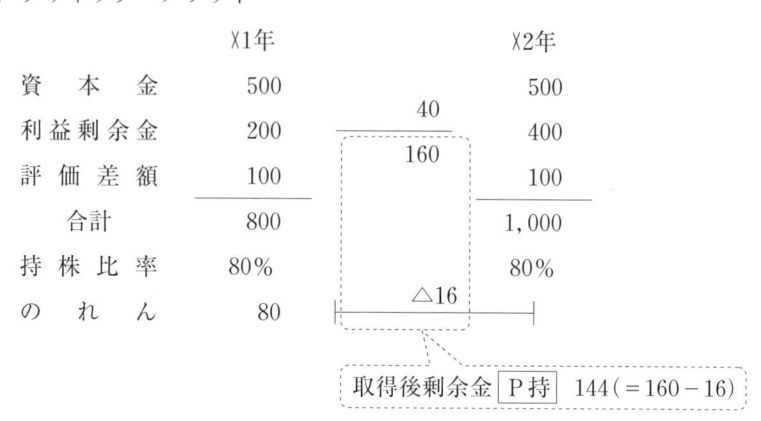

	X1年		X2年
資　本　金	500		500
利益剰余金	200	40	400
評 価 差 額	100	160	100
合計	800		1,000
持 株 比 率	80%	△16	80%
の　れ　ん	80		

取得後剰余金 P持 144（＝160－16）

3．非支配株主持分

　合併前に非支配株主が有していた持分（非支配株主持分）は，合併により親会社の持分となる。したがって，当該合併により親会社は対価を支払って当該非支配株主持分を購入したと考え，取得の対価と購入した持分との差額はその他資本剰余金として処理される。

合併時の非支配株主持分

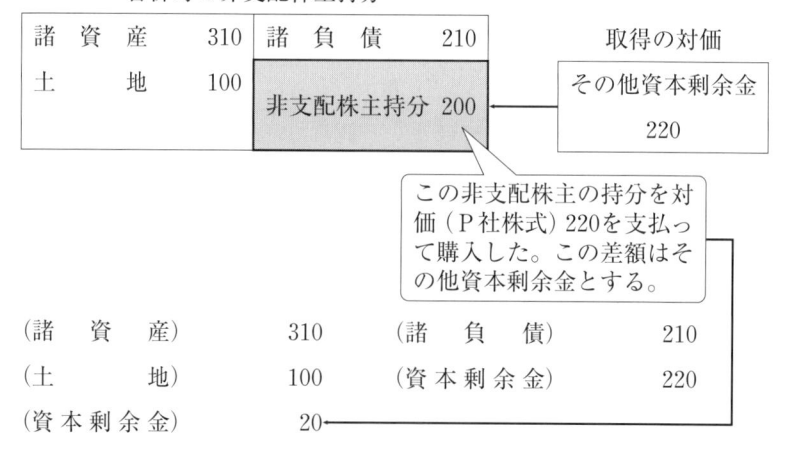

諸　資　産	310	諸　負　債	210
土　　　地	100	非支配株主持分	200

取得の対価

その他資本剰余金 220

この非支配株主の持分を対価（P社株式）220を支払って購入した。この差額はその他資本剰余金とする。

（諸　資　産）	310	（諸　負　債）	210
（土　　　地）	100	（資本剰余金）	220
（資本剰余金）	20		

4．合併貸借対照表（**太字**は合併直前の連結財務諸表との相違点）

P社　　　　　　　　　合　併　貸　借　対　照　表　　　　（単位：円）

諸　資　産　　2,400	諸　　負　　債	1,620
土　　地　　　　500	資　　本　　金	500
の　れ　ん　　　　64	**資　本　剰　余　金**	**200**
	利　益　剰　余　金	644
2,964		2,964

> 　合併貸借対照表とX2年3月末連結貸借対照表【参考1】を比較すると，企業集団外部者である非支配株主との取引により発生した払込資本（今回は資本剰余金）以外変化がない。
> 　これは，企業集団ベースでみると，親子会社間の合併のうち，親会社持分は内部取引に過ぎず，企業集団外部者である非支配株主との取引部分を除き合併貸借対照表では従来の連結財務諸表と同じ金額が計上されるよう会計処理が行われるからである。

【参考1】X2年3月における連結修正

1．連結修正仕訳

(1) 土地の時価評価

　　　（土　　　地）　　100　　（評　価　差　額）　　100

　　　※　500－400＝100

(2) 開始仕訳

　　　（資　本　金）　　500　　（S　社　株　式）　　720
　　　　　当期首残高
　　　（利　益　剰　余　金）　200　　（非支配株主持分）　160※1
　　　　　当期首残高　　　　　　　　　　当期首残高
　　　（評　価　差　額）　100
　　　（の　れ　ん）　　　80※2

　　　※1　（500＋200＋100）×（1－80％）＝160
　　　※2　720－（500＋200＋100）×80％＝80

第8章 特殊論点

(3) のれんの償却

| （のれん償却額） | 16 | （の れ ん） | 16 |

※ 80÷5年＝16

(4) 当期純利益の非支配株主持分への振替

| （非支配株主に帰属する当期純損益） | 40 | （非支配株主持分）当期変動額 | 40 |

※ （400－200）×（1－80％）＝40

2．X2年3月末における連結貸借対照表

P社　　　　　　　連 結 貸 借 対 照 表　　　　（単位：円）

諸　資　産	2,400	諸　負　債	1,620
土　　地	500	資　本　金	500
の れ ん	64	利 益 剰 余 金	644
		非支配株主持分	200
	2,964		2,964

【参考2】未実現利益がある場合

　合併前に親会社が子会社に資産を売却し未実現利益がある場合，上記の仕訳に加え未実現利益を消去する仕訳を追加することになる。その結果，合併後において親会社の個別財務諸表上，未実現利益控除後の金額が資産として計上され，結果的に合併以前に連結財務諸表に計上されていた金額が計上されることになる。また，当該修正に伴う差額は，特別損益に計上することになる。

　例えば，親会社が子会社へ土地を売却していた場合の仕訳は以下の通りである。

| （土地売却益修正損） | ×× | （土　　地） | ×× |

【参考3】X2年4月1日における連結修正

　本問において，連結企業集団にP社とS社しかない場合は，X2年4月から始まる会計期間では連結財務諸表を作成する必要はないが，仮にS社以外に連結子会社があるものとして，S社の合併に伴う連結除外の処理を示す。

(1) 開始仕訳

(資　本　金)_{当期首残高}	500	(S　社　株　式)	720
(利 益 剰 余 金)_{当期首残高}	256※1	(非支配株主持分)_{当期首残高}	200※2
(評　価　差　額)	100		
(の　　れ　　ん)	64※3		

※1　200＋16＋40＝256

※2　(500＋400＋100)×(1－80％)＝200

※3　80－16＝64

(2) 連結除外仕訳

① 開始仕訳の振り戻し

(S　社　株　式)	720	(資　本　金)_{連結除外}	500
(非支配株主持分)_{連結除外}	200	(利 益 剰 余 金)_{連結除外}	256
		(評　価　差　額)	100
		(の　　れ　　ん)	64

② 抱合せ株式消滅損益の修正

| (抱合せ株式消滅差益)_{特別利益} | 144 | (利益剰余金)_{連結除外} | 144 |

　　吸収合併が行われた後も引き続き親会社が連結財務諸表を作成する場合には，特別損益に計上された抱合せ株式消滅損益は，連結財務諸表上，過年度に認識済みの損益となるため利益剰余金と相殺消去する。

(4) 子会社同士が合併する場合の会計処理

① 個別財務諸表上の会計処理

1) 吸収合併存続会社の会計処理

　　吸収合併存続会社である子会社が吸収合併消滅会社である子会社から受け入れる資産及び負債は，合併期日の前日に付された適正な帳簿価額により計上する。

また，受け入れた資産及び負債の差額は払込資本として処理し，内訳は会社法の規定に基づき決定する。

（諸　資　産）	×× ※1	（諸　負　債）	×× ※1
		（払 込 資 本）	×× ※2

※1　合併期日前日に付された適正な帳簿価額
※2　内訳は会社法の規定に従う

なお，対価が株式のみの場合は，吸収合併消滅会社の資本金，資本準備金，その他資本剰余金，利益準備金及びその他利益剰余金の内訳科目を，抱合せ株式等の会計処理を除き，そのまま引き継ぐことができる。株主資本以外の項目は，吸収合併消滅会社のその他の包括利益累計額及び新株予約権の適正な帳簿価額を引き継ぐ。

2）結合当事企業の株主（親会社）に係る会計処理

吸収合併消滅会社の株主（親会社）が受け取った吸収合併存続会社の株式（子会社株式）の取得原価は，引き換えられた吸収合併消滅会社の株式（子会社株式）に係る企業結合日直前の適正な帳簿価額に基づいて計上する。

（関係会社株式）　　××　　（関係会社株式）　　××
　吸収合併存続会社株式　　　　　　　　吸収合併消滅会社株式

※　吸収合併消滅会社の株式に係る企業結合日直前の適正な帳簿価額

② 連結財務諸表上の会計処理

吸収合併消滅会社の株主（親会社）は，連結財務諸表上，吸収合併存続会社に係る当該株主（親会社）の持分の増加額（吸収合併消滅会社の株主としての持分比率が増加する場合は，吸収合併消滅会社に係る当該株主（親会社）の持分の増加額）と吸収合併消滅会社に係る株主（親会社）の持分減少額（吸収合併存続会社の株主としての持分比率が減少する場合は，吸収合併存続会社に係る当該株主（親会社）の持分の減少額）との間に生じる差額を，資本剰余金に計上する。

1）増加する子会社持分の会計処理

(非支配株主持分)　　　×××※1　(関係会社株式)　　×××※2
(資本剰余金)　　　　　×××※3

※1　吸収合併存続会社の資本×追加取得持分比率
※2　吸収合併存続会社の時価×追加取得持分比率
※3　貸借差額

2）減少する子会社持分の会計処理

(払　込　資　本)　　　×××※1　(関係会社株式)　　×××※2
　　　　　　　　　　　　　　　　(非支配株主持分)　×××※3
　　　　　　　　　　　　　　　　(利　益　剰　余　金)　×××※4
　　　　　　　　　　　　　　　　(資　本　剰　余　金)　×××※5

※1　吸収合併消滅会社に係る帳簿価額による株主資本額
※2　吸収合併存続会社株式の取得原価（＝吸収合併消滅会社株式の帳簿価額）－吸収合併存続会社株式の新規取得に要した額
※3　吸収合併消滅会社の資本×非支配株主持分比率
※4　吸収合併消滅会社を連結していたことにより生じていた親会社に係る取得後剰余金
※5　貸借差額

設例107　子会社同士の合併の会計処理

以下の【資　料】に基づき，P社・A社のX1年4月1日の合併に伴う個別財務諸表上の会計処理及び連結財務諸表上の会計処理を示しなさい。

【資　料】

(1) P社は，子会社A社（60％）と子会社B社（80％）を設立時から連結子会社としている。

(2) X1年4月1日に親会社P社の子会社A社及びB社が合併した。なお，存続会社はA社であり，消滅会社はB社である。

(3) X1年3月期のP社の連結精算表は以下のとおりである。

(単位:円)

	P 社	A 社	B 社	合 算	連結修正 A 社	連結修正 B 社	連 結 財務諸表
諸 資 産	23,400	6,000	9,000	38,400			38,400
A 社 株 式	1,200			1,200	(1,200)		0
B 社 株 式	2,400			2,400		(2,400)	0
合 計	27,000	6,000	9,000	42,000	(1,200)	(2,400)	38,400
諸 負 債	(15,000)	(3,000)	(4,000)	(22,000)			(22,000)
資 本 金	(4,000)	(2,000)	(3,000)	(9,000)	2,000	3,000	(4,000)
利益剰余金	(8,000)	(1,000)	(2,000)	(11,000)	400	400	(10,200)
非支配株主持分					(1,200)	(1,000)	(2,200)
合 計	(27,000)	(6,000)	(9,000)	(42,000)	1,200	2,400	(38,400)

(4) 合併前におけるA社・B社の発行済株式総数と親会社及び非支配株主が保有する株式数は以下のとおりである(単位:株)。

	A社株式	B社株式
P 社	600	1,200
A社の非支配株主	400	──
B社の非支配株主	──	300
合 計	1,000	1,500

(5) 合併時におけるA社・B社の企業の時価は,4,000円・6,000円であり,合併比率は1:1であった。A社はB社株主に株式を交付し,増加すべき払込資本は全額その他資本剰余金とする。

(6) 各社とも,利益剰余金の増加は当期純利益によるものである。

10 企業結合会計

解 答（単位：円）

1. 個別財務諸表上の会計処理
   (1) 結合当事企業の株主（親会社）の会計処理

   （関係会社株式）　2,400　　（関係会社株式）　2,400
   　吸収合併存続会社株式　　　　　　　吸収合併消滅会社株式

   ※ 引き換えられた吸収合併消滅会社の株式に係る企業結合直前の適正な帳簿価額

   (2) 吸収合併存続会社の会計処理

   （諸　資　産）　9,000※1　（諸　負　債）　4,000※1
   　　　　　　　　　　　　　（その他資本剰余金）5,000※2

   ※1　合併期日直前に付された適正な帳簿価額
   ※2　貸借差額

2. 連結財務諸表上の会計処理
   (1) A社に関する開始仕訳

   （資　本　金）　2,000　　（関係会社株式）　1,200
   （利益剰余金）　 400　　（非支配株主持分）1,200※

   ※　$(2,000+1,000) \times 40\% = 1,200$

   (2) B社に関する開始仕訳

   （資　本　金）　3,000　　（関係会社株式）　2,400
   （利益剰余金）　 400　　（非支配株主持分）1,000※

   ※　$(3,000+2,000) \times 20\% = 1,000$

   (3) 子会社B社に関する開始仕訳の振戻し

   （関係会社株式）　　2,400　（資　本　金）　3,000
   （非支配株主持分）　1,000　（利益剰余金）　 400

   ※　B社はA社に合併されているため開始仕訳を振り戻す。

   (4) 増加する子会社持分の会計処理

   （非支配株主持分）　360※2　（関係会社株式）480※1
   （資本剰余金）　　　120※3

   ※1　$4,000 \times (72\% - 60\%) = 480$
   ※2　$(2,000 + 1,000) \times (72\% - 60\%) = 360$

391

第8章 特殊論点

※3　貸借差額

(5) 減少する子会社持分の会計処理

（その他資本剰余金）	5,000※1	（関係会社株式）	1,920※2
		（非支配株主持分）	1,400※3
		（利益剰余金）	1,600※4
		（資本剰余金）	80※5

※1　吸収合併消滅会社に係る帳簿価額による株主資本額

※2　$2,400 - 4,000 \times (72\% - 60\%) = 1,920$

※3　$(3,000 + 2,000) \times (1 - 72\%) = 1,400$

※4　$2,000 - 400 = 1,600$

※5　貸借差額

解説

1．本問における企業結合前後の状況

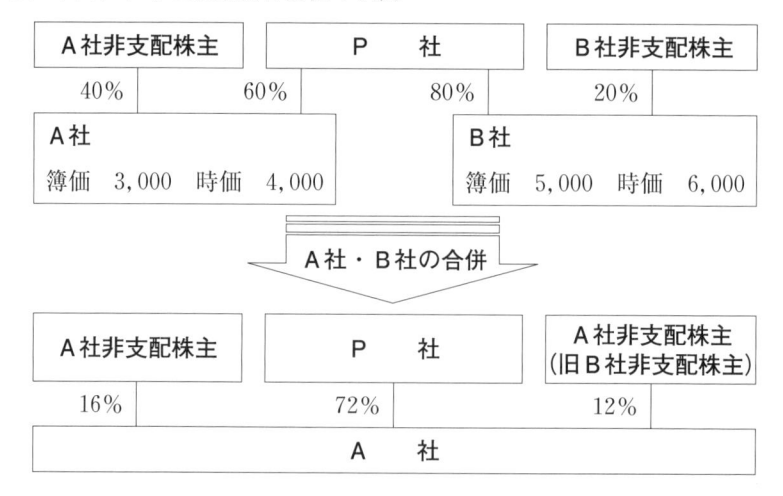

```
┌──────────────┐┌──────────────┐┌──────────────┐
│ A社非支配株主 ││     P　社     ││ B社非支配株主 │
└──────────────┘└──────────────┘└──────────────┘
      40%        60%        80%        20%
┌──────────────────────┐┌──────────────────────┐
│         A社          ││         B社          │
│ 簿価 3,000 時価 4,000││ 簿価 5,000 時価 6,000│
└──────────────────────┘└──────────────────────┘
                    ▽ A社・B社の合併 ▽

┌──────────────┐┌──────────────┐┌──────────────┐
│ A社非支配株主 ││     P　社     ││ A社非支配株主 │
│              ││              ││(旧B社非支配株主)│
└──────────────┘└──────────────┘└──────────────┘
      16%              72%              12%
┌──────────────────────────────────────────────┐
│                    A社                       │
└──────────────────────────────────────────────┘
```

A社におけるB社の資産・負債の受け入れは，共通支配下の取引であるため適正な帳簿価額によるが，非支配株主との取引は時価による等価交換であることを前提とする。親会社にとって，A社持分の増加はB社持分の減少を対価とする持分の追加取得であり，B社持分の減少はA社持分の増加を対価とする持分の譲渡と考えることができる。

なお，合併後持分比率は以下のように計算される。

※ $\dfrac{600株+1,200株}{1,000株+1,500株}=72\%$

2．増加する子会社持分の会計処理

合併の前後で，A社に対する持分比率が60％から72％に増加したので12％増加部分について追加取得の会計処理を行い，資本剰余金を計上する。

（非支配株主持分）　　　　360※2　（関係会社株式）　　　　480※1
（資 本 剰 余 金）　　　　120※3

※1　4,000×12％＝480

※2　3,000×12％＝360

※3　貸借差額

3．減少する子会社持分の会計処理

(1) B社の株主資本項目の振替

（その他資本剰余金）　　　5,000　（資　本　金）　　　　3,000
　　　　　　　　　　　　　　　　（利 益 剰 余 金）　　　2,000

共通支配下の取引における資本取引は内部取引にあたるので元の項目に戻す。

(2) B社に対する投資と資本の相殺消去（企業結合前の部分）

（資　本　金）　　　　3,000　（関係会社株式）　　　　2,400
（利 益 剰 余 金）　　　400※1　（非支配株主持分）　　　1,000※2

※1　2,000×20％＝400

※2　(3,000+2,000)×20％＝1,000

(3) P社におけるB社持分の一部減少

（関係会社株式）　　　　480※1　（非支配株主持分）　　　400※2
　　　　　　　　　　　　　　　　（資 本 剰 余 金）　　　80※3

※1　6,000×8％＝480

　　B社の持分と交換されたとみなされる額＝A社株式の取得原価（2．の仕訳参照）

※2　5,000×8％＝400

※3　貸借差額

以上(1)から(3)の仕訳を合算すると，以下の仕訳になる。

（その他資本剰余金）	5,000	（関係会社株式）	1,920
		（非支配株主持分）	1,400
		（利益剰余金）	1,600
		（資本剰余金）	80

(5) 親会社が子会社を株式交換完全子会社とする場合の会計処理

① 個別財務諸表上の会計処理

1）株式交換完全子会社株式の取得原価の算定

親会社が追加取得する株式交換完全子会社株式の取得原価は，取得の対価（非支配株主に交付した株式交換完全親会社株式の時価）に付随費用を加算して算定する。

2）株式交換完全親会社の増加すべき株主資本の会計処理

株式交換により増加する株式交換完全親会社の資本は，払込資本（資本金又は資本剰余金）として処理する。増加すべき払込資本の内訳項目（資本金，資本剰余金又はその他資本剰余金）は，会社法の規定に基づき決定する。

（関係会社株式）　　×× 　　（払込資本）　　××

※　親会社が非支配株主に交付した株式の時価

② 連結財務諸表上の会計処理

追加取得した子会社株式の取得原価と追加取得により増加する親会社の持分（追加取得持分）又は減少する非支配株主持分の金額との差額は，資本剰余金に計上する。

（非支配株主持分）　　×××※1 　　（関係会社株式）　　××
（資本剰余金）　　　　×××※2

※1　子会社資本合計×追加取得持分比率

※2　貸借差額

設例108　親会社と子会社の株式交換

以下の【資　料】に基づき，P社のX2年4月1日の株式交換に伴う個別財務諸表上の会計処理及び連結財務諸表上の会計処理を示しなさい。

【資　料】

① P社はX1年3月末にS社の株式の80％を720円で取得し，連結子会社とした。

② X1年3月末における各社の貸借対照表は以下のとおりである。

貸借対照表　　　　　　（単位：円）

借　　方	P 社	S 社	貸　　方	P 社	S 社
諸　資　産	750	1,300	諸　負　債	570	1,000
土　　　地	—	※400	資　本　金	500	500
S 社 株 式	720	—	利 益 剰 余 金	400	200
合　計	1,470	1,700	合　計	1,470	1,700

※　S社の土地の時価は500円である。

③ X2年3月末における各社の貸借対照表は以下のとおりである。

貸借対照表　　　　　　（単位：円）

借　　方	P 社	S 社	貸　　方	P 社	S 社
諸　資　産	850	1,550	諸　負　債	570	1,050
土　　　地	—	400	資　本　金	500	500
S 社 株 式	720	—	利 益 剰 余 金	500	400
合　計	1,570	1,950	合　計	1,570	1,950

④ 株式交換直前におけるS社の発行済株式総数は10株であった。
⑤ X2年4月1日にP社は株式交換を行い，S社を完全子会社とした。
⑥ 交換比率は1：1であり，P社はS社の非支配株主に2株発行し，増加すべき払込資本は全額その他資本剰余金とした。
⑦ 株式交換日におけるP社の株価は@110円である。
⑧ のれんは発生の翌年度より5年で償却するものとする。
⑨ 各社とも，利益剰余金の増加は当期純利益によるものである。

第8章 特殊論点

解答 解説（単位：円）

1. 個別上におけるP社の会計処理（X2年4月1日）

　　（S　社　株　式）　　220　　（資本剰余金）　　220

　　※　2株×@110＝220

2. 連結上におけるP社の会計処理

　(1) 土地の時価評価

　　　（土　　　　地）　　100　　（評　価　差　額）　100

　　　※　500－400＝100

　(2) 開始仕訳

　　　（資　本　　金）　　500　　（S　社　株　式）　720
　　　（利　益　剰　余　金）　200　　（非支配株主持分）　160※1
　　　（評　価　差　額）　100
　　　（の　れ　ん）　　　80※2

　　　※1　（500＋200＋100）×（1－80％）＝160
　　　※2　720－（500＋200＋100）×80％＝80

　(3) のれんの償却

　　　（のれん償却額）　　16　　（の　れ　ん）　　16

　　　※　80÷5年＝16

　(4) 当期純利益の非支配株主持分への振替

　　　（非支配株主に帰属する当期純損益）　40　　（非支配株主持分）　40

　　　※　（400－200）×（1－80％）＝40

なお，株式交換直前の連結貸借対照表は以下のとおりである。

P社　　　　　　　　連結貸借対照表　　　　（単位：円）

諸　資　産	2,400	諸　負　債	1,620
土　　　地	500	資　本　金	500
の　れ　ん	64	利益剰余金	644
		非支配株主持分	200
	2,964		2,964

(5) 追加取得（株式交換）に関する連結修正（X2年4月1日）

(非支配株主持分)　　　　200※1　（S　社　株　式）　　　220
(資 本 剰 余 金)　　　　 20※2

※1　（500＋400＋100）×（1－80％）＝200
※2　貸借差額

なお，X2年4月1日における株式交換後の連結貸借対照表は以下のとおりである。

P社	連 結 貸 借 対 照 表		(単位：円)
諸　　資　　産	2,400	諸　　負　　債	1,620
土　　　　　地	500	資　　本　　金	500
の　　れ　　ん	64	**資　本　剰　余　金**	**200**
		利　益　剰　余　金	644
	2,964		2,964

> 上記の連結貸借対照表は，【設例106】におけるP社の合併貸借対照表と同じものとなっている。
>
> 共通支配下の取引において，非支配株主との取引における対価がどうなるのかにより，結果が相違することになる。逆に親会社の持分については，共通支配下の取引が行われても変化がないということになる。

(6) **親会社と子会社が株式移転設立完全親会社を設立する場合の会計処理**
① **個別財務諸表上の会計処理**
1) **株式移転完全子会社株式（旧親会社の株式）の取得原価の算定**

株式移転完全子会社株式（旧親会社の株式）の取得原価は，株式移転完全子会社（旧親会社）の株式移転日の前日における適正な帳簿価額による株主資本の額に基づいて算定する。

第8章 特殊論点

2）株式移転完全子会社株式（旧子会社の株式）の取得原価の算定

株式移転完全子会社株式（旧子会社の株式）の取得原価は，株式移転完全子会社（旧子会社）の株式移転日の前日における持分比率に基づき，旧親会社持分相当額と非支配株主持分相当額に区分し，次の合計額として算定する。

i 旧親会社持分相当額

旧親会社持分相当額については，株式移転完全子会社（旧子会社）の株式移転日の前日における適正な帳簿価額による株主資本の額に基づいて算定する。

ii 非支配株主持分相当額

非支配株主持分相当額については，取得の対価（旧子会社の非支配株主に交付した株式移転設立完全親会社の株式の時価相当額）に付随費用を加算して算定する。株式移転設立完全親会社の株式の時価相当額は，株式移転完全子会社（旧子会社）の株主が株式移転設立完全親会社に対する実際の議決権比率と同じ比率を保有するのに必要な株式移転完全子会社（旧親会社）の株式の数を，株式移転完全子会社（旧親会社）が交付したものとみなして算定する。

3）株式移転設立完全親会社の増加すべき株主資本の会計処理

株式移転設立完全親会社の増加すべき株主資本は，払込資本（資本金又は資本剰余金）として処理する。増加すべき払込資本の内訳項目（資本金，資本準備金又はその他資本剰余金）は，会社法の規定に基づき決定する。

（関係会社株式） －旧親会社株式－	×××※1	（払込資本）	×××※4
（関係会社株式） －旧親会社が保有 する子会社株式－	×××※2		
（関係会社株式） －非支配株主が保有 する子会社株式－	×××※3		

※1 旧親会社の株式移転日の前日における適正な帳簿価額による株主資本の額

※2 旧子会社の株式移転日の前日における適正な帳簿価額による株主資本の額×旧親会社持分比率
※3 旧子会社の非支配株主に交付した完全親会社株式の時価相当額
※4 借方合計

4）**旧親会社が取得する株式移転設立完全親会社株式（旧親会社の会計処理）**

親子会社間の株式移転においては，旧親会社が保有する旧子会社株式について株式移転設立完全親会社の株式が割り当てられることになる。そこで，旧子会社株式を，株式移転に際して取得した株式移転設立完全親会社の株式（親会社株式）に振り替える。

(親 会 社 株 式)　　　××　　　(関係会社株式)　　　××
　　　　　　　　　　　　　　　　－旧子会社株式－

※ 旧親会社における旧子会社株式の株式移転直前の適正な帳簿価額

② **連結財務諸表上の会計処理**

1）**投資と資本の相殺消去**

i **株式移転完全子会社（旧親会社）への投資**

株式移転完全子会社（旧親会社）の株式の取得原価と株式移転完全子会社（旧親会社）の株主資本を相殺する。

(資　本　金)　　　×××※1　(関係会社株式)　　×××※2
(資 本 剰 余 金)　　×××※1
(利 益 剰 余 金)　　×××※1

※1 旧親会社の株主資本の額
※2 株式移転設立完全親会社において計上された旧親会社株式の金額

ii **株式移転完全子会社（旧子会社）への投資**

株式移転完全子会社（旧子会社）の株式の取得原価と株式移転完全子会社（旧子会社）の株主資本を相殺し，消去差額は資本剰余金に計上する。

(資　本　金)	×× ※1	(関係会社株式)	×× ※2
(資本剰余金)	×× ※1		
(利益剰余金)	×× ※1		
(資本剰余金)	×× ※3		

※1　旧子会社の株主資本の額
※2　株式移転設立完全親会社において計上されていた旧子会社株式の金額
※3　貸借差額

2 ）連結上の自己株式への振替

株式移転完全子会社（旧親会社）が株式移転完全子会社（旧子会社）の株式との交換により受け入れた株式移転設立完全親会社株式は，連結財務諸表上，自己株式に振り替える。

(自　己　株　式)	××	(親 会 社 株 式)	××

※　旧親会社における旧子会社株式の適正な帳簿価額

3 ）株主資本項目の調整

株式移転設立完全親会社の株主資本の額は，株式移転直前の連結財務諸表上の株主資本項目に非支配株主との取引により増加した払込資本の額を加算する。すなわち，株式移転後の連結財務諸表には，直前の連結財務諸表に計上されていた利益剰余金が計上されることになる。

(資 本 剰 余 金)	××	(利 益 剰 余 金)	××
		－直前連結F/S 利益剰余金－	

設例109　親会社と子会社による株式移転

以下の【資　料】に基づき，X社及びP社のX2年4月1日の株式移転に伴う個別財務諸表上の会計処理及びX社の連結財務諸表上の会計処理を示しなさい。

【資　料】

① P社はX1年3月末にS社の株式の80％を560円で取得し，連結子会社とした。

② X1年3月末における各社の貸借対照表は以下のとおりである。

貸借対照表　　　　　　　（単位：円）

借　　方	P　社	S　社	貸　　方	P　社	S　社
諸　資　産	910	1,300	諸　負　債	570	1,000
土　　　地	—	400	資　本　金	500	500
S　社　株　式	560	—	利益剰余金	400	200
合　計	1,470	1,700	合　計	1,470	1,700

③ X2年3月末における各社の貸借対照表は以下のとおりである。

貸借対照表　　　　　　　（単位：円）

借　　方	P　社	S　社	貸　　方	P　社	S　社
諸　資　産	1,010	1,550	諸　負　債	570	1,050
土　　　地	—	400	資　本　金	500	500
S　社　株　式	560	—	利益剰余金	500	400
合　計	1,570	1,950	合　計	1,570	1,950

④ P社とS社はX2年4月1日に株式移転により，X社を設立した。

⑤ X社は新株を10株発行し，P社の株主に5株，S社の株主に5株（うち，P社に4株，S社の非支配株主に1株）割り当てた。株式移転日のP社株式の株価により算定した，S社の非支配株主に交付したX社株式の時価総額は300円であった。

⑥ X社は新株発行に伴う増加資本のうち，500円を資本金とし，残額をその他資本剰余金とした。

⑦ のれんは発生の翌年度より5年で償却するものとする。

⑧ 各社とも，利益剰余金の増加は当期純利益によるものである。

第8章 特殊論点

解答 解説（単位：円）

1．個別財務諸表上の会計処理

(1) X社の会計処理

（P 社 株 式）	1,000※1	（資 本 金）	500
－旧親会社株式－			
（S 社 株 式）	720※2	（資本剰余金）	1,520※4
－P社が保有するS社株式－			
（S 社 株 式）	300※3		
－S社非支配株主が保有するS社株式－			

※1　500＋500＝1,000

※2　(500＋400)×80％＝720

※3　交付した株式の時価

※4　貸借差額

(2) P社の会計処理

（X 社 株 式）　560　　（S 社 株 式）　560

※　S社株式の適正な帳簿価額

2．連結財務諸表上の会計処理

株式移転直前の連結貸借対照表は以下のとおりである。

P社　　　　　　連結貸借対照表　　　　（単位：円）

諸　資　産	2,560	諸　負　債	1,620
土　　　地	400	資　本　金	500
		利益剰余金	660※1
		非支配株主持分	180※2
	2,960		2,960

※1　500＋(400－200)×80％＝660

※2　900×(1－80％)＝180

(1) P社に関する投資と資本の相殺消去

（資　本　金）	500	（P 社 株 式）	1,000
（利益剰余金）	500		

(2) S社に関する投資と資本の相殺消去
(資　本　金)　　　　500※1　(S　社　株　式)　　　1,020※2
(利 益 剰 余 金)　　　400※1
(資 本 剰 余 金)　　　120※3
※1　S社の株主資本
※2　720＋300＝1,020
※3　貸借差額

(3) 連結上の自己株式への振り替え（P社が保有するX社株式）
(自 己 株 式)　　　560　　　(X 社 株 式)　　　560

(4) 株主資本項目の調整
(資 本 剰 余 金)　　　660　　　(利 益 剰 余 金)　　　660
※　上記連結貸借対照表の利益剰余金

なお，X2年4月1日における株式移転後の連結貸借対照表は以下のとおりである。

X社	連結貸借対照表		(単位：円)
諸　　資　　産	2,560	諸　　負　　債	1,620
土　　　　　地	400	資　　本　　金	500
		資 本 剰 余 金	740
		利 益 剰 余 金	660
		自 己 株 式	△560
	2,960		2,960

6．事業分離等

(1) 概　　要

「事業分離」とは，ある企業を構成する事業を他の企業（新設される企業を含む。）に移転することをいう。なお，複数の取引が1つの事業分離を構成している場合には，それらを一体として取り扱う。

また,「分離元企業」とは,事業分離において,当該企業を構成する事業を移転する企業をいい,「分離先企業」とは,事業分離において,分離元企業からその事業を受け入れる企業(新設される企業を含む。)をいう。

事業分離の形態を示すと以下のようになる。

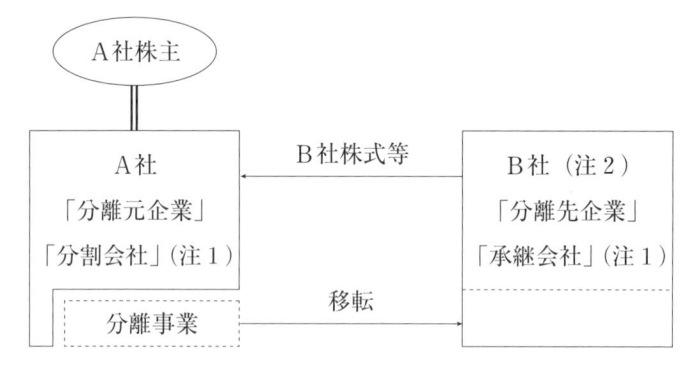

```
           A社株主
              ‖
    ┌─────────────┐   B社株式等   ┌─────────────┐
    │    A社      │ ←──────────  │  B社(注2)  │
    │「分離元企業」│              │「分離先企業」│
    │「分割会社」(注1)│          │「承継会社」(注1)│
    │  ┌─────┐  │    移転      │             │
    │  │分離事業│──┼─────────→ │             │
    │  └─────┘  │              │             │
    └─────────────┘              └─────────────┘
```

(注1) 事業分離の法的形式には,会社分割の場合や事業譲渡の場合がある。なお,会社分割の場合,営業の全部または一部を他の会社に移転する会社を「分割会社」といい,分割会社の営業の全部または一部を承継する会社を「承継会社」という。

(注2) 分離元企業から移転された事業と分離先企業とが1つの報告単位に統合されることになる場合の事業分離は,企業結合でもある。

(2) 分離元企業の会計処理

分離元企業は,事業分離日に,次のように会計処理する。

① 移転した事業に関する投資が清算されたとみる場合

移転した事業に関する投資が清算されたとみる場合には,その事業を分離先企業に移転したことにより受け取った対価となる財の時価と,移転した事業に係る株主資本相当額(移転した事業に係る資産及び負債の移転直前の適正な帳簿価額による差額から,当該事業に係るその他の包括利益累計額及び新株予約権を控除した額をいう。以下同じ。)との差額を移転損益として認識するとともに,改めて当該受取対価の時価にて投資を行ったものとする。

現金など，移転した事業と明らかに異なる資産を対価として受け取る場合には，投資が清算されたとみなされる。ただし，事業分離後においても，分離元企業の継続的関与（分離元企業が，移転した事業又は分離先企業に対して，事業分離後も引き続き関与すること）があり，それが重要であることによって，移転した事業に係る成果の変動性を従来と同様に負っている場合には，投資が清算されたとみなされず，移転損益は認識されない。

② **移転した事業に関する投資がそのまま継続しているとみる場合**

移転した事業に関する投資がそのまま継続しているとみる場合，移転損益を認識せず，その事業を分離先企業に移転したことにより受け取る資産の取得原価は，移転した事業に係る株主資本相当額に基づいて算定するものとする。

子会社株式や関連会社株式となる分離先企業の株式のみを対価として受け取る場合には，当該株式を通じて，移転した事業に関する事業投資を引き続き行っていると考えられることから，当該事業に関する投資が継続しているとみなされる。

(3) 受取対価が分離先企業の株式のみである場合

① **分離先企業が子会社となる場合（投資の継続）**

事業分離前に分離元企業は分離先企業の株式を有していないが，事業分離により分離先企業が新たに分離元企業の子会社となる場合，分離元企業（親会社）は次の処理を行う。

個別財務諸表上，移転損益は認識せず，当該分離元企業が受け取った分離先企業の株式（子会社株式）の取得原価は，移転した事業に係る株主資本相当額に基づいて算定する。

仕訳の形式を示すと，以下のようになる。

(諸　負　債)　　×××※1　(諸　資　産)　　×××※1
(関係会社株式)　×××※2

※1　移転した資産・負債の帳簿価額
※2　貸借差額

② **分離先企業が関連会社となる場合（投資の継続）**

事業分離前に分離元企業は分離先企業の株式を有していないが，事業分離により分離先企業が新たに分離元企業の関連会社となる場合（共同支配企業の形成の場合は含まれない。），分離元企業は次の処理を行う。

個別財務諸表上，移転損益は認識せず，当該分離元企業が受け取った分離先企業の株式（関連会社株式）の取得原価は，移転した事業に係る株主資本相当額に基づいて算定する。

仕訳の形式を示すと，以下のようになる。

（諸　負　債）　　×××※1　（諸　資　産）　　×××※1
（関係会社株式）　×××※2

※1　移転した資産・負債の帳簿価額
※2　貸借差額

③ **分離先企業が子会社や関連会社以外となる場合（投資の清算）**

分離先企業の株式のみを受取対価とする事業分離により分離先企業が子会社や関連会社以外となる場合（共同支配企業の形成の場合を除く。），分離元企業の個別財務諸表上，原則として，移転損益が認識される。また，分離先企業の株式の取得原価は，移転した事業に係る時価又は当該分離先企業の株式の時価のうち，より高い信頼性をもって測定可能な時価に基づいて算定される。

仕訳の形式を示すと，以下のようになる。

（諸　負　債）　　×××※1　（諸　資　産）　　×××※1
（投資有価証券）　×××※2　（移　転　損　益）　×××※3

※1　移転した資産・負債の帳簿価額
※2　受け入れた株式の時価等
※3　貸借差額

10 企業結合会計

設例110　受取対価が分離先企業の株式のみ（子会社）

以下の取引に係るＡ社の会計処理を示しなさい。

前提条件

① 分離元企業Ａ社（吸収分割会社）は，分離先企業Ｂ社（吸収分割承継会社）へ，ａ事業（ａ事業に係る諸資産の時価540円）を移転した（Ａ社とＢ社に資本関係はない）。

② Ｂ社はＡ社にＢ社株式を350株（交付後のＢ社発行済株式の70％）交付し，Ｂ社はＡ社の子会社となった。なお，事業分離日のＢ社株式の時価は１株あたり２円であり，交付した株式の時価総額は700円となった。

③ 分離先企業Ｂ社にとって，当該企業結合はＡ社が取得企業，Ｂ社が被取得企業とされた（逆取得）。なお，Ｂ社は増加すべき株主資本の全額を資本金として計上する。

④ Ａ社の分割期日前日の貸借対照表は次のとおりである。

Ａ社　　　　　　　　　貸　借　対　照　表　　　　　　（単位：円）

ａ　事　業	480	資　本　金　　400
ｂ　事　業	320	利益剰余金　　400
	800	800

解答（単位：円）

Ａ社の会計処理

（関係会社株式）　　　480　　（ａ　事　業）　　　480
　－子会社株式－

解説（単位：円）

当該事業分離により分離先企業が子会社となり，移転した事業に関する投資がそのまま継続していると判断される。

（関係会社株式）　　　480　　（ａ　事　業）　　　480
　－子会社株式－

※　ａ事業の帳簿価額

407

第8章 特殊論点

〈借　方〉	〈貸　方〉
関係会社株式 （子会社株式） 480円	a　事　業 480円

【参　考】B社の会計処理

当該企業結合は本来ならばパーチェス法を採用し処理すべきものであるが，A社が『取得企業』，B社が『被取得企業』となる『逆取得』に該当することになるため，B社の増加資本の金額はA社の資産及び負債の移転直前の適正な帳簿価額により計上する。

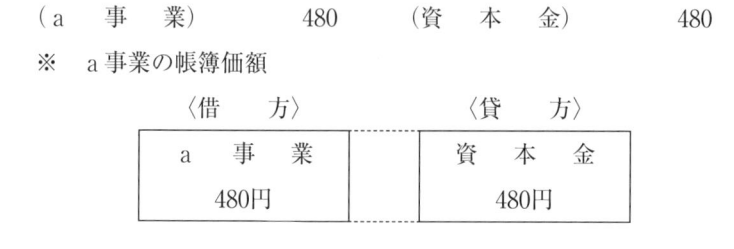

（a　事　業）　　480　　（資　本　金）　　480

※　a事業の帳簿価額

〈借　方〉	〈貸　方〉
a　事　業 480円	資　本　金 480円

設例111　受取対価が分離先企業の株式のみ（関連会社）

以下の取引に係るA社の会計処理を示しなさい。

前提条件

① 分離元企業A社（吸収分割会社）は，分離先企業B社（吸収分割承継会社）へ，a事業（a事業に係る諸資産の時価160円）を移転した（A社とB社に資本関係はない）。

② B社はA社にB社株式を100株（交付後のB社発行済株式の20％）交付した。

なお，事業分離日のB社株式の時価は1株あたり2円であり，交付した株式の時価総額は200円となった。

また，A社は当該B社株式を関連会社株式として保有する。

③ 分離先企業B社にとって当該企業結合はB社が取得企業，A社が被取得企業とされた。なお，B社は増加すべき株主資本の全額を資本金として計上する。
④ A社の分割期日前日の貸借対照表は次のとおりである。

A社	貸借対照表		（単位：円）
a 事 業	120	資 本 金	100
b 事 業	80	利 益 剰 余 金	100
	200		200

解答（単位：円）

A社の会計処理

　（関係会社株式）　　　120　　　（a　事　業）　　　120
　－関連会社株式－

解説（単位：円）

当該事業分離により分離先企業が関連会社となり，移転した事業に関する投資がそのまま継続していると判断される。

　（関係会社株式）　　　120　　　（a　事　業）　　　120
　－関連会社株式－

　　※　a事業の帳簿価額

〈借　方〉	〈貸　方〉
関係会社株式 （関連会社株式） 120円	a　事　業 120円

【参　考】B社の会計処理

当該事業分離はパーチェス法により処理を行う。

　（a　事　業）　　160※2　　（資　本　金）　　200※1
　（の　れ　ん）　　 40※3

　※1　交付株式の時価総額
　※2　受け入れた資産の時価

※3　貸借差額

〈借　　方〉	〈貸　　方〉
a　事　業　160円	資　本　金　200円
の　れ　ん　40円	

設例112　受取対価が分離先企業の株式のみ（子会社や関連会社以外）

以下の取引に係るA社の会計処理を示しなさい。

前提条件

① 分離元企業A社（吸収分割会社）は，分離先企業B社（吸収分割承継会社）へ，a事業（a事業に係る諸資産の時価80円）を移転した（A社とB社に資本関係はない）。

② B社はA社にB社株式を50株（交付後のB社発行済株式の10％）交付した。

　　なお，事業分離日のB社株式の時価は1株あたり2円であり，交付した株式の時価総額は100円であった。

③ 分離先企業にとって，当該企業結合はB社が取得企業，A社が被取得企業とされた。なお，B社は増加すべき株主資本の全額を資本金として計上する。

④ A社の分割期日前日の貸借対照表は次のとおりである。

A社	貸　借　対　照　表		（単位：円）
a　事　業	60	資　本　金	50
b　事　業	40	利　益　剰　余　金	50
	100		100

解答（単位：円）

A社の会計処理

(投資有価証券)　　　100　　（a　事　業）　　60
　　　　　　　　　　　　　　（移　転　損　益）　40

解説（単位：円）

当該事業分離により分離先企業が子会社又は関連会社以外となり、移転した事業に関する投資が清算されたと判断される。

(投資有価証券)　　　100※2　（a　事　業）　　60※1
　　　　　　　　　　　　　　（移　転　損　益）　40※3

※1　a事業の帳簿価額
※2　B社株式の時価総額
※3　貸借差額

〈借　方〉	〈貸　方〉
投資有価証券 100円	a　事　業 60円
	移　転　損　益 40円

【参　考】B社の会計処理

当該事業分離はパーチェス法により処理を行う。

（a　事　業）　　80※2　（資　本　金）　　100※1
（の　れ　ん）　　20※3

※1　交付株式の時価総額
※2　受け入れた資産の時価
※3　貸借差額

第8章 特殊論点

〈借　方〉	〈貸　方〉
a　事　業　　80円	資　本　金　　100円
の　れ　ん　　20円	

④　分離先企業が子会社となる場合（連結上の処理）

　　子会社（分離先企業）に係る分離元企業（親会社）の持分の増加額と移転した事業に係る分離元企業（親会社）の持分の減少額との差額は，親会社の持分変動による差額とのれん（又は負ののれん）に区分して会計処理する。

1）のれん（又は負ののれん）の計上＝事業の移転前の分離先企業の資本に関する持分変動

　　次の差額をのれん（又は負ののれん）として計上する。

> ア．分離先企業に対して投資したとみなされる額（子会社となる分離先企業（被取得企業）の事業分離直前の時価に事業分離により増加する親会社の持分比率を乗じた額）。
> イ．これに対応する分離先企業の事業分離直前の資本（子会社となる分離先企業（被取得企業）の企業結合日における識別可能資産及び負債の時価に事業分離に関して生じた親会社の持分比率を乗じた額）

　i　事業分離直前の分離先企業が保有する資産・負債の時価評価

　　（諸　資　産）　　　××　　　（評　価　差　額）　　　××

ⅱ　投資と資本の相殺消去

（資　本　金）	×× ※1	（関係会社株式）	×× ※2
（資本剰余金）	×× ※1	（非支配株主持分）	×× ※3
（利益剰余金）	×× ※1		
（評　価　差　額）	××		
（の　れ　ん）	×× ※4		

※1　分離先企業における事業分離直前の株主資本の額

※2　事業分離直前の分離先企業の事業の時価×親会社持分比率

※3　事業分離直前の分離先企業の時価評価後資本×事業分離後の非支配株主持分比率

※4　貸借差額

・事業分離直前の分離先企業の事業（㊇＝分離元企業，㊈＝分離先企業）

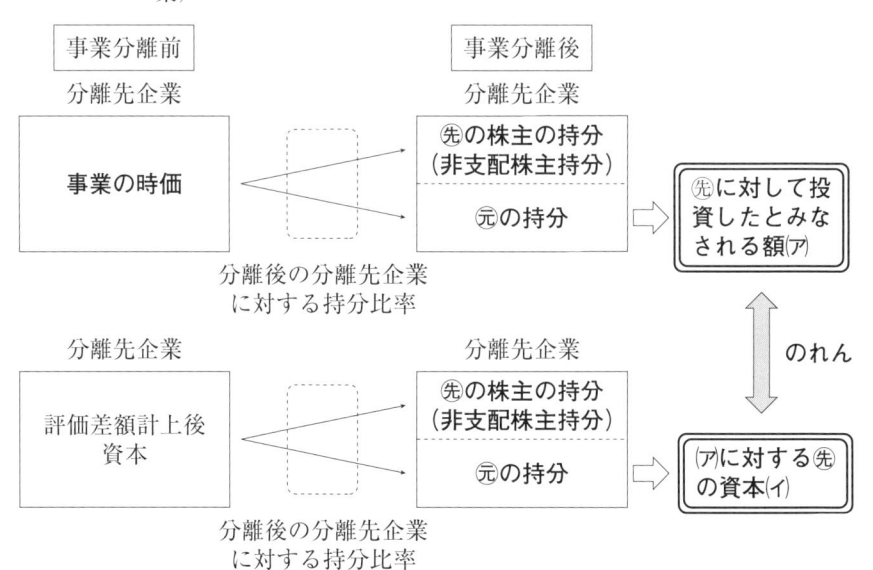

413

2）親会社の持分変動による差額の計上

次の差額を親会社の持分変動による差額とし，原則として事業分離日の属する事業年度に資本剰余金に計上する。

> ア．移転した事業に係る分離元企業（親会社）の持分の減少額（移転事業に係る株主資本相当額に移転した事業に係る減少した親会社の持分比率を乗じた額）
> イ．分離元企業（親会社）の事業が移転されたとみなされる額（移転した事業の事業分離直前の時価に移転した事業に係る減少した親会社の持分比率を乗じた額）

(払 込 資 本)	××※1	(関係会社株式)	××※2
		(非支配株主持分)	××※3
		(資 本 剰 余 金)	××※4

※1　分離先企業において個別上計上された払込資本（＝移転した事業の株主資本相当額）

※2　個別上の取得原価－移転した事業の時価×減少した親会社持分比率

※3　移転事業に係る株主資本相当額×減少した親会社持分比率（＝非支配株主取得持分比率）

※4　貸借差額

・移転した事業（元＝分離元企業，先＝分離先企業）

```
事業分離前
 分離元企業
  簿価
 （株主資本相当額）
  すべて元の持分
```
→
```
事業分離後
 分離先企業
  先の株主の持分
  （非支配株主持分）
  ‾‾‾‾‾‾‾‾‾‾‾‾‾
  元の持分
```
→ 事業分離により減少した持分(ア)

分離後の分離先企業に対する持分比率

⇅ 資本剰余金

```
 分離元企業
  事業の時価
```
→
```
 分離先企業
  先の株主の持分
  （非支配株主持分）
  ‾‾‾‾‾‾‾‾‾‾‾‾‾
  元の持分
```
→ 分離元企業の事業が移転されたとみなされる額(イ)

分離後の分離先企業に対する持分比率

設例113　受取対価が分離先企業の株式のみ（連結上の処理①）

以下の【資　料】に基づいて，A社及びB社の個別財務諸表上の会計処理及びA社の連結財務諸表上の会計処理を示しなさい。

【資　料】
1．A社とB社は，A社を分離元企業（吸収分割会社），B社を分離先企業（吸収分割承継会社）とする会社分割を行った（A社とB社に資本関係はない）。
2．当該会社分割に伴い，A社のa事業（資産の時価640円，a事業の時価800円）をB社に移転した。
3．当該会社分割はA社が取得企業，B社が被取得企業とされた（逆取得）。
4．B社はA社にB社株式を400株（交付後のB社発行済株式の80％）交付し，B社はA社の子会社となった。
5．B社は増加すべき資本の全額を資本金として計上する。

415

第8章 特殊論点

6．各社の会社分割直前の貸借対照表は次のとおりである。

貸借対照表　　　　　　　　（単位：円）

借　　方	A社	B社	貸　　方	A社	B社
a　事　業	480	—	資　本　金	400	100
b　事　業	320	—	利 益 剰 余 金	400	50
c　事　業	—	※150			
合　計	800	150	合　計	800	150

※　会社分割時のc事業に含まれる資産の時価は180円であり，c事業の時価は200円である。

解答　解説（単位：円）

(1)　個別上の会計処理

①　A社の会計処理

当該事業分離により分離先企業が子会社となるため，移転した事業に関する投資がそのまま継続していると判断される。

（B 社 株 式）　　　480　　（a　事　業）　　　480

※　a事業の帳簿価額

②　B社の会計処理

当該会社分割は本来ならばパーチェス法を採用し処理すべきものであるが，A社が『取得企業』，B社が『被取得企業』となる『逆取得』に該当するため，B社の増加資本の金額はA社の資産及び負債の移転直前の適正な帳簿価額により計上する。

（a　事　業）　　　480　　（資　本　金）　　　480

※　a事業の帳簿価額

〈借　　方〉	〈貸　　方〉
a　事　業 480円	資　本　金 480円

(2) 連結上の会計処理
　① のれんの計上
　　　i　資産の時価評価
　　　　（ c 事 業 ）　　　　　30　　（評 価 差 額）　　　　30
　　　　※　180－150＝30
　　　ii　投資と資本の相殺消去
　　　　（資　本　金）　　100※1　（B 社 株 式）　　160※2
　　　　（利 益 剰 余 金）　　50※1　（非支配株主持分）　　36※3
　　　　（評 価 差 額）　　　30
　　　　（の　れ　ん）　　　16※4
　　　※1　事業分離直前のB社の株主資本
　　　※2　200×80％＝160
　　　※3　(100＋50＋30)×(1－80％)＝36
　　　※4　貸借差額

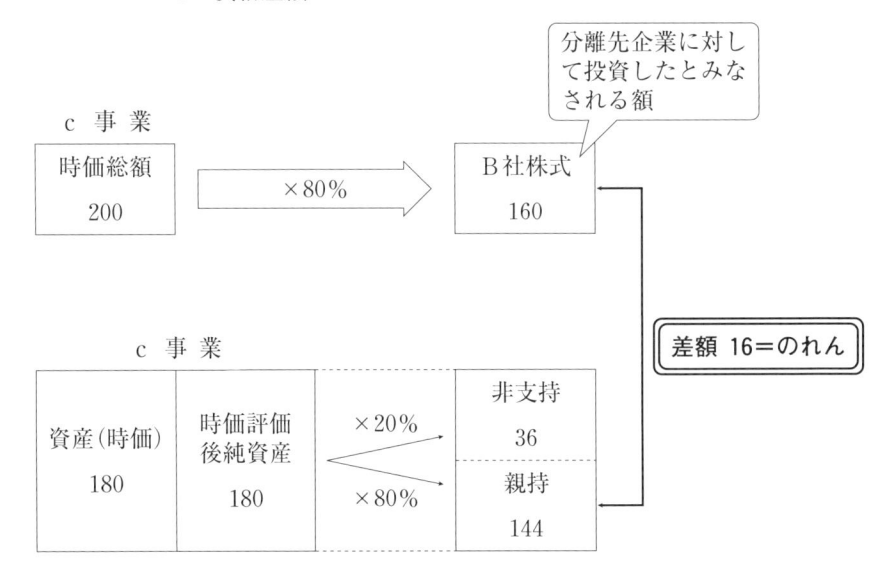

```
　c 事 業                                    ┌──────────────┐
┌──────────┐                                  │分離先企業に対し│
│時価総額  │  ═══×80%═══▶   ┌──────┐       │て投資したとみな│
│  200     │                 │B社株式│◀──  │される額        │
└──────────┘                 │  160  │       └──────────────┘
                             └──────┘──┐
                                         │
                                         │
　c 事 業                                 │      ┌─────────────┐
┌───────┬──────┐                         │      │差額 16＝のれん│
│資産(時価)│時価評価 │  ×20%▶ ┌──────┐    │      └─────────────┘
│   180    │後純資産 │         │非支持│    │
│          │  180    │         │  36  │    │
│          │         │  ×80%▶ ├──────┤◀──┘
│          │         │         │親持  │
│          │         │         │ 144  │
└───────┴──────┘         └──────┘
```

417

第8章　特殊論点

② 親会社の持分変動による差額の計上

　（資　本　金）　　480※1　（B　社　株　式）　　320※2
　　　　　　　　　　　　　　（非支配株主持分）　　96※3
　　　　　　　　　　　　　　（資本剰余金）　　　　64※4

※1　B社において計上された払込資本
※2　480 −（800×20％）= 320
※3　480×20％ = 96
※4　貸借差額

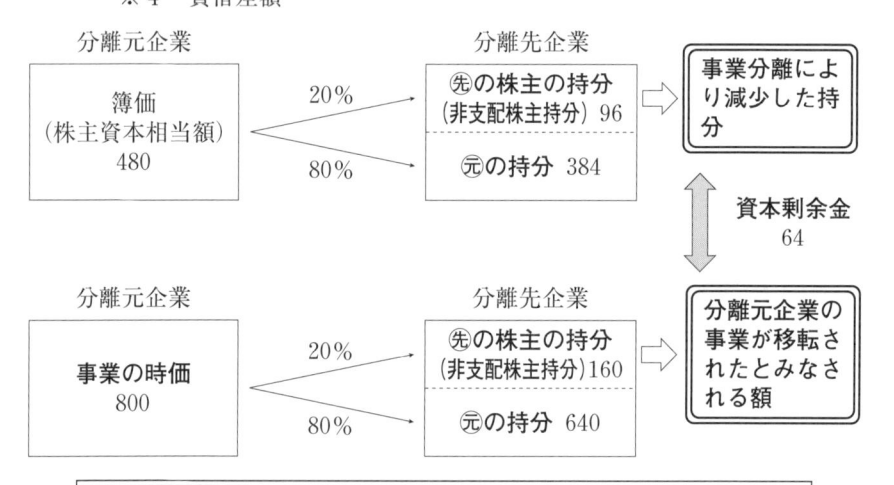

```
分離元企業                          分離先企業
┌─────────┐                   ┌──────────────┐        ┌──────────┐
│  簿価   │──20％──→│先の株主の持分    │        │事業分離によ│
│(株主資本相当額)│         │(非支配株主持分) 96│ ⇒ │り減少した持│
│  480    │                  │──────────────│        │  分       │
└─────────┘──80％──→│元の持分　　384  │        └──────────┘
                                    └──────────────┘
                                                             ⇕  資本剰余金
                                                                    64
分離元企業                          分離先企業
┌─────────┐                   ┌──────────────┐        ┌──────────┐
│         │──20％──→│先の株主の持分    │        │分離元企業の│
│事業の時価│                 │(非支配株主持分)160│ ⇒ │事業が移転さ│
│  800    │                  │──────────────│        │れたとみなさ│
│         │──80％──→│元の持分　　640  │        │れる額     │
└─────────┘                   └──────────────┘        └──────────┘
```

　上記①の仕訳で出てくるB社株式（160円）と②の仕訳で出てくるB社株式（320円）を合算すると，個別上計上された480円となる。

　したがって，個別上計上されたB社株式480円は，分離元企業のa事業を分離先企業に対して売却した対価と分離先企業が分離前に有していた資産・負債の購入代価という2つの性質を有していると考えることができる。

10 企業結合会計

設例114　受取対価が分離先企業の株式のみ（連結上の処理②）

以下の【資　料】に基づいて，A社及びB社の個別財務諸表上の会計処理及びA社の連結財務諸表上の会計処理を示しなさい。

【資　料】
1．A社とB社は，A社を分離元企業（吸収分割会社），B社を分離先企業（吸収分割承継会社）とする会社分割を行った。なお，当該会社分割前に，A社はB社株式10株（B社の発行済株式の10％）を18円（市場価格なし）で取得し，その他有価証券として保有している。
2．当該会社分割に伴い，A社のa事業（a事業に係る諸資産の適正な帳簿価額は800円（株主資本相当額800円），a事業に係る諸資産の時価900円，a事業の時価1,050円）をB社（諸資産の適正な帳簿価額200円（内訳は，資本金150円，利益剰余金50円），諸資産の時価240円，企業（事業）の時価300円）に移転した。
3．当該会社分割はA社が取得企業，B社が被取得企業とされた（逆取得）。
4．B社はA社にB社株式を350株交付し，B社はA社の80％子会社となった。
5．B社は増加すべき資本の全額を資本金として計上する。

解　答　解　説　（単位：円）

(1)　個別上の会計処理

①　A社の会計処理

（関係会社株式）　　　818※　　（a　事　業）　　800
　－B社株式－
　　　　　　　　　　　　　　　（投資有価証券）　　18
　　　　　　　　　　　　　　　　　－B社株式－
　※　a事業の帳簿価額＋B社株式先行取得分

②　B社の会計処理
（a　事　業）　　800　　（資　本　金）　　800
　※　a事業の帳簿価額

419

第8章 特殊論点

(2) 連結上の会計処理

① のれんの計上

　ⅰ　B社における諸資産の時価評価

　　（諸　資　産）　　40　　（評　価　差　額）　　40

　　※　240（諸資産の時価）－ 200（諸資産の簿価）＝ 40

　ⅱ　先行取得分の時価評価

　　（関係会社株式）　　12　　（段階取得に係る差益）　　12
　　　－B社株式－

　　※　連結財務諸表上，分離元企業が保有していた分離先企業の株式の事業分離日の時価を加算することになるが，B社株式には市場価格がないため，B社の事業に係る時価300円の10％である30円を時価とする。よって，その時価と適正な帳簿価額18円との差額は当期の段階取得に係る損益として処理する。

　ⅲ　投資と資本の相殺消去

　　（資　本　金）　　150※1　（関係会社株式）　　240※2
　　　　　　　　　　　　　　　　－B社株式－
　　（利益剰余金）　　 50※1　（非支配株主持分）　 48※3
　　（評　価　差　額）　40
　　（の　れ　ん）　　 48※4

　　※1　会社分割直前のB社の株主資本
　　※2　18＋12＋300×70％＝240
　　※3　(150＋50＋40)×(1－80％)＝48
　　※4　貸借差額

② 親会社の持分変動による差額の計上

　　（資　本　金）　　800※1　（関係会社株式）　　590※2
　　　　　　　　　　　　　　　　－B社株式－
　　　　　　　　　　　　　　　（非支配株主持分）　160※3
　　　　　　　　　　　　　　　（資本剰余金）　　　50※4

　　※1　B社において計上された払込資本
　　※2　818＋12－240＝590
　　※3　800×20％＝160

※4　貸借差額

⑤　**分離先企業が関連会社となる場合（連結上の処理）**

　　事業分離前に分離元企業は分離先企業の株式を有し関連会社株式としており，事業分離により分離先企業の株式（関連会社株式）を追加取得した場合，分離元企業は次の処理を行う。

　　連結財務諸表上，持分法適用において，追加取得により，関連会社に係る分離元企業の持分の増加額（追加取得持分）と，移転した事業に係る分離元企業の持分の減少額との間に生じる差額は，次のように処理する。

1）分離先企業に対して追加投資したとみなされる額と，これに対応する分離先企業の事業分離直前の資本（追加取得持分）との間に生じる差額については，のれん（又は負ののれん）として処理する。

2）分離元企業の事業が移転されたとみなされる額と，移転した事業に係る分離元企業の持分の減少額との間に生じる差額については，持分変動差額とし，原則として事業分離日の属する事業年度の特別損益に計上する。

設例115　受取対価が分離先企業の株式のみ（連結上の処理③）

以下の【資　料】に基づいて，A社及びB社の個別財務諸表上の会計処理及びA社の連結財務諸表上の会計処理を示しなさい。

【資　料】

1．A社とB社は，A社を分離元企業（吸収分割会社），B社を分離先企業（吸収分割承継会社）とする会社分割を行った（A社とB社に資本関係はない）。

2．当該会社分割に伴い，A社のa事業（a事業に係る諸資産の適正な帳簿価額は400円（株主資本相当額400円），a事業に係る諸資産の時価500円，a事業の時価600円）をB社（諸資産の適正な帳簿価額1,800円（内訳は，資本金1,000円，利益剰余金800円），諸資産の時価2,000円，企業（事業）の時価2,400円）に移転した。

第8章 特殊論点

3．当該会社分割に伴い，B社はA社にB社株式100株（当該会社分割考慮後のB社発行済株式総数の20％に相当し，時価600円）のみを交付したため，B社はA社の持分法適用関連会社となった。
4．B社は増加すべき資本の全額を資本金として計上する。

解答 解説（単位：円）

(1) 個別上の会計処理
　① A社の会計処理
　　（B 社 株 式）　　　400　　（a 事 業）　　　400
　　※ a事業の株主資本相当額
　② B社の会計処理（取得）
　　（a 事 業）　　500※1　（資　本　金）　600※2
　　（の れ ん）　　100※3
　　※1　a事業に係る諸資産の時価
　　※2　交付したB社株式の時価
　　※3　貸借差額

(2) 連結上の会計処理
　① B社株式20％の取得
　　仕訳なし
　　i　分離先企業に対して投資したとみなされる額：$2,400 \times 20\% = 480$
　　ii　関連会社に係る分離元企業の持分の増加額：
　　　$1,800 \times 20\% + (2,000 - 1,800) \times 20\% = 400$
　　iii　i － ii ＝ 80（のれん）
　② 持分変動差額の計上
　　（B 社 株 式）　　　160　　（持分変動差額）　　　160
　　i　分離元企業のa事業が移転されたとみなされる額：
　　　　$\underset{\text{a事業の時価}}{600} \times 80\% = 480$
　　ii　移転したa事業に係る分離元企業の持分の減少額：
　　　　$\underset{\text{a事業の株主資本相当額}}{400} \times 80\% = 320$

iii　i − ii = 160（持分変動差額）

(4) 受取対価が現金等の財産のみである場合
　① **子会社を分離先企業として行われた事業分離の場合**
　　現金等の財産のみを受取対価とする事業分離において，子会社へ事業分離する場合，分離元企業（親会社）は次の処理を行う。
　　個別財務諸表上，共通支配下の取引として，分離元企業が受け取った現金等の財産は，移転前に付された適正な帳簿価額により計上する。この結果，当該価額と移転した事業に係る株主資本相当額との差額は，原則として，移転損益として認識する。
　② **関連会社を分離先企業として行われた事業分離の場合**
　　現金等の財産のみを受取対価とする事業分離において，関連会社へ事業分離する場合，分離元企業は次の処理を行う。
　　個別財務諸表上，分離元企業が受け取った現金等の財産は，原則として，時価により計上する。この結果，当該時価と移転した事業に係る株主資本相当額との差額は，原則として，移転損益として認識する。
　③ **子会社や関連会社以外を分離先企業として行われた事業分離の場合**
　　現金等の財産のみを受取対価とする事業分離において，子会社や関連会社以外へ事業分離する場合，分離元企業が受け取った現金等の財産は，原則として，時価により計上し，移転した事業に係る株主資本相当額との差額は，原則として，移転損益として認識する。

第8章 特殊論点

設例116 受取対価が現金等の財産のみ（子会社）

以下の【資　料】を参照して，P社の会計処理を示しなさい。

【資　料】
　分離元企業P社（親会社）は，p事業（適正な帳簿価額100千円）を分離先企業S社（子会社）に移転し，現金200千円（S社における適正な帳簿価額200千円）を受け取った。

解　答　解　説（単位：千円）

（現　　　金）	200	（p　事　業）	100
		（移　転　損　益）	100※

※　P社は，S社から受け取った現金等の財産を移転前に付された適正な帳簿価額により計上し，当該価額とp事業に係る帳簿価額との差額は，原則として移転損益として認識する。

設例117 受取対価が現金等の財産のみ（関連会社）

以下の【資　料】を参照して，A社の会計処理を示しなさい。

【資　料】
　分離元企業A社は，a事業（適正な帳簿価額100千円）を分離先企業B社（関連会社）に移転し，他社の株式（B社における帳簿価額150千円，時価200千円）を受け取った。

解　答　解　説（単位：千円）

（投資有価証券）	200	（a　事　業）	100
		（移　転　損　益）	100※

※　A社は，B社から受け取った現金等の財産を時価により計上し，当該価額とa事業に係る帳簿価額との差額は，原則として移転損益として認識する。

10 企業結合会計

設例118 受取対価が現金等の財産のみ（子会社及び関連会社以外）

以下の【資　料】を参照して，A社の会計処理を示しなさい。

【資　料】

分離元企業A社は，a事業（適正な帳簿価額100千円）を分離先企業B社（子会社及び関連会社以外）に移転し，他社の株式（B社における帳簿価額150千円，時価200千円）を受け取った。

解　答　解　説（単位：千円）

(投資有価証券)	200	（a　事　業）	100
		（移 転 損 益）	100※

※　A社は，B社から受け取った現金等の財産を時価により計上し，当該価額とa事業に係る帳簿価額との差額は，原則として移転損益として認識する。

(5) 共通支配下の取引等

① 受取対価が分離先企業の株式のみである場合

1）個別財務諸表上の会計処理

ⅰ　親会社の会計処理

親会社が会社分割により追加取得する子会社株式の取得原価は，移転事業に係る株主資本相当額に基づいて算定する。したがって，当該会社分割により移転損益は生じない。

（諸　負　債）	××	（諸　資　産）	××
（関係会社株式）	××※		

※　貸借差額

ⅱ　子会社の会計処理

イ　受け入れた資産及び負債の会計処理

子会社が親会社から受け入れる資産及び負債は，分割期日の前日に付された適正な帳簿価額により計上する。

第8章 特殊論点

ロ 増加資本の会計処理

移転事業に係る株主資本相当額は払込資本として処理する。

(諸 資 産)	×××※1	(諸 負 債)	××※1
		(払 込 資 本)	×××※2

※1 親会社における分割期日の前日に付されていた適正な帳簿価額

※2 貸借差額

2）連結財務諸表上の会計処理

i 内部取引の消去

事業の移転取引及び子会社の増資に関する取引は，内部取引として消去する。

ii 親会社の持分変動による差額の計上

親会社は，会社分割により追加取得した子会社に係る親会社の持分の増加額（追加取得持分）と移転した事業に係る親会社の持分の減少額との差額を，資本剰余金に計上する。

イ 持分の増加

次の差額を資本剰余金として計上する。

> a．分離先企業に対して追加投資したとみなされる額（分離先企業（子会社）の時価に会社分割により増加する親会社の持分比率を乗じた額）
>
> b．これに対応する分離先企業の事業分離直前の資本（追加取得持分）

(非支配株主持分)	×××※1	(関係会社株式)	××※2
(資 本 剰 余 金)	×××※3		

※1 分離先企業における事業分離直前の株主資本の額×追加取得比率

※2 分離先企業（子会社）の時価×追加取得比率

※3 貸借差額

ロ 持分の減少

次の差額を親会社の持分変動による差額とし,原則として分割期日の属する事業年度に資本剰余金に計上する。

> a．移転した事業に係る親会社の持分の減少額（移転事業に係る株主資本相当額に,移転した事業に係る減少した親会社の持分比率を乗じた額）
> b．分離元企業（親会社）の事業が移転されたとみなされる額（移転した事業の時価に,移転した事業に係る減少した親会社の持分比率を乗じた額）

(払 込 資 本)　　×× ※1　(関係会社株式)　　×× ※2
　　　　　　　　　　　　　　(非支配株主持分)　　×× ※3
　　　　　　　　　　　　　　(資 本 剰 余 金)　　×× ※4

※1　分離先企業において個別上計上された払込資本（＝移転した事業の株主資本相当額）

※2　個別上の取得原価－移転した事業の時価×減少した親会社持分比率

※3　移転事業に係る株主資本相当額×非支配株主追加取得持分比率

※4　貸借差額

第8章 特殊論点

設例119 共通支配下の取引等（分離先企業の株式のみである場合）

以下の【資　料】に基づき，P社及びS社のX2年3月31日の事業分離に伴う個別財務諸表上の会計処理とP社の連結財務諸表上の会計処理を示しなさい。

【資　料】

1．P社は，S事業を営むS社の株式の60％を保有し，従来より連結子会社としている。なお，当該支配獲得時に10円が評価差額として計上されている。
2．X2年3月31日に吸収分割により，分離元企業P社は，P事業を分離先企業S社に移転し，S社株式を受け取った。なお，当該株式の取得によりP社のS社に対する持分比率は80％となった。
3．S社は増加すべき資本をすべて資本金として計上した。
4．移転されたP事業は以下のとおりである。

	適正な帳簿価額 (株主資本相当額)	資産の時価	事業の時価
P　事　業	200円	220円	250円

5．当該会社分割直前のS社の貸借対照表は以下のとおりである。

S社	貸借対照表		（単位：円）
S　事　業	200※	資　本　金	100
		利益剰余金	100
	200		200

※　S事業に含まれる資産の時価は230円であり，S事業の時価は250円である。

解答　解説（単位：円）

1．個別上の会計処理

(1) P社

(S 社 株 式)　　　200　　（P　事　業）　　　200

※　P事業に係る株主資本相当額
(2)　S社
(P　事　業)　　　200　　（資　本　金）　　　200
※　適正な帳簿価額
2．連結上の会計処理
(1)　持分の増加
（非支配株主持分）　　　42※1　（S　社　株　式）　　　50※2
（資　本　剰　余　金）　　8※3
※1　(100＋100＋10)×20％＝42
※2　250×20％＝50
※3　貸借差額
(2)　持分の減少
（資　本　金）　　　200※1　（S　社　株　式）　　　150※2
（非支配株主持分）　　40※3
（資　本　剰　余　金）　　10※4
※1　上記1.(2)参照
※2　200－250×20％＝150
※3　200×20％＝40
※4　貸借差額

7．共同支配企業の形成

(1)　概　　　要

　　共同支配企業の形成とは，複数の独立した企業が契約等に基づき，共同で支配する企業を形成する企業結合をいう。

　　なお，本節では，吸収合併による共同支配企業の形成に関する会計処理を確認する。

第8章 特殊論点

〈吸収合併〉

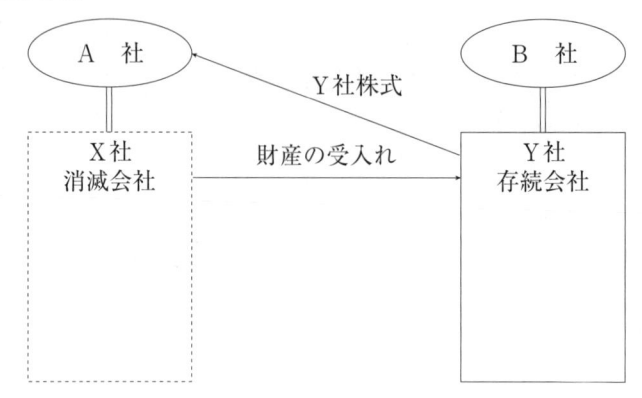

〈吸収合併後〉

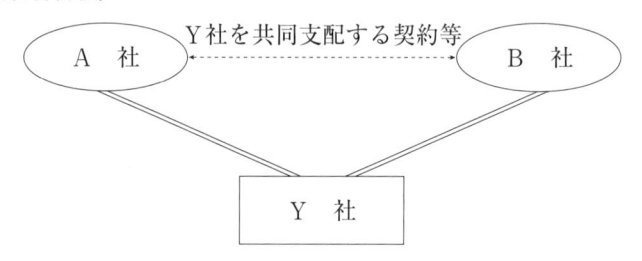

(2) 共同支配企業の形成の判定

企業結合のうち，次の要件をすべて満たすものは共同支配企業の形成と判定される。

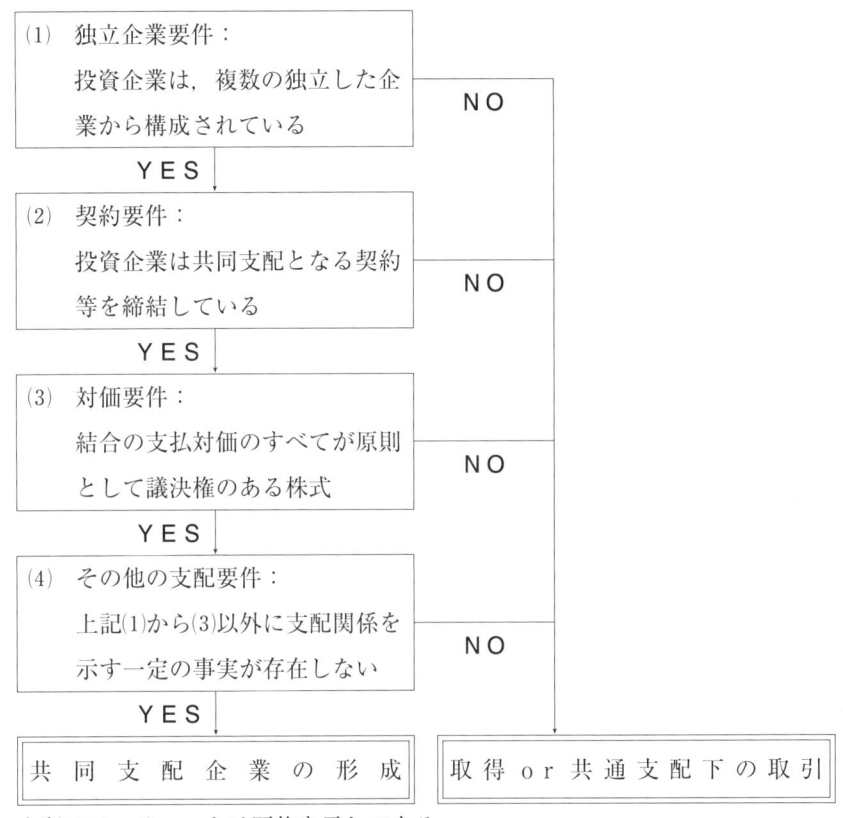

```
(1) 独立企業要件：
    投資企業は，複数の独立した企       NO
    業から構成されている        ────────┐
         │YES                          │
(2) 契約要件：                          │
    投資企業は共同支配となる契約    NO  │
    等を締結している           ────────┤
         │YES                          │
(3) 対価要件：                          │
    結合の支払対価のすべてが原則   NO   │
    として議決権のある株式      ───────┤
         │YES                          │
(4) その他の支配要件：                  │
    上記(1)から(3)以外に支配関係を  NO  │
    示す一定の事実が存在しない  ───────┤
         │YES                          │
┌──────────────────┐        ┌──────────────────────┐
│ 共同支配企業の形成 │        │ 取得 or 共通支配下の取引 │
└──────────────────┘        └──────────────────────┘
```

上記フローチャートは要約を示してある。

(3) 会計処理

① 個別財務諸表上の会計処理

1) 共同支配企業（吸収合併存続会社）の会計処理

親会社を異にする子会社同士の吸収合併による共同支配企業の形成にあたり，吸収合併存続会社（共同支配企業）は，移転された資産及び負債を企業結合日の前日における吸収合併消滅会社の適正な帳簿価額により計上する。

第8章 特殊論点

・新株発行のケース

(諸　資　産)　　×××※1　(諸　負　債)　　×××※1
　　　　　　　　　　　　　　(払　込　資　本)　×××※2

※1　受け入れた資産・負債の帳簿価額
※2　払込資本の内訳は，会社法の規定に従う。

　なお，合併が共同支配企業の形成と判定される場合には，合併の対価は原則として自社の株式のみであり，吸収合併存続会社は，吸収合併消滅会社の合併期日の前日の資本金，資本準備金，その他資本剰余金，利益準備金及びその他利益剰余金の内訳科目を，抱合せ株式等の会計処理を除き，そのまま引き継ぐことができる。

・株主資本以外の項目の引継ぎについて

　吸収合併存続会社は，吸収合併消滅会社の合併期日の前日のその他の包括利益累計額及び新株予約権の適正な帳簿価額を引き継ぐ。したがって，例えば，吸収合併消滅会社のその他有価証券評価差額金や土地再評価差額金の適正な帳簿価額もそのまま引き継ぐことになる。

・新株の発行と自己株式処分の併用のケース

(諸　資　産)　　×××※1　(諸　負　債)　　×××※1
　　　　　　　　　　　　　　(払　込　資　本)　×××※2
　　　　　　　　　　　　　　(自　己　株　式)　×××※3

※1　受け入れた資産・負債の帳簿価額
※2　貸借差額
※3　帳簿価額

　なお，吸収合併消滅会社の合併期日の前日の株主資本の構成をそのまま引き継ぎ，処分した自己株式の帳簿価額をその他資本剰余金から控除することができる。

・株主資本以外の項目の引継ぎについて

　上記新株発行の場合に準じて処理する。

・吸収合併存続会社（共同支配企業）のその他の会計処理

　吸収合併存続会社（共同支配企業）の個別財務諸表におけるその他の会計処理は，逆取得となる吸収合併の会計処理に準じて会計処理する。

2）共同支配投資企業（合併会社の株主）の会計処理

　子会社株式の適正な帳簿価額に基づいて，共同支配企業に対する投資の取得原価を算定する。したがって，合併会社の個別財務諸表上，交換損益は認識されないことになる。

　　（関係会社株式）　　×××　　（関係会社株式）　　×××
　　 －共同支配企業株式－　　　　　　　　　　　 －子会社株式－

　※　保有している子会社株式の帳簿価額

　（注）　共同支配契約を締結しているため単独支配ができない。よって，子会社株式ではなく，共同支配企業株式（関連会社株式）として保有することとなる。

② **共同支配投資企業（消滅会社の株主）の連結財務諸表上の会計処理**

1）持分法の適用

　連結財務諸表上，これまで連結していた子会社については，共同支配企業の形成時点の持分法による投資評価額にて共同支配企業株式へ振替処理し，持分法を適用する。つまり，子会社株式に関する開始仕訳とその振戻しを行うとともに，100％子会社として子会社に対して連結上計上していた取得後剰余金を持分法による取得後剰余金として認識する。

　　（関係会社株式）　　×××　　（利益剰余金）　　×××
　　 －共同支配企業株式－

2）共同支配企業に係るのれんの算定

　持分法適用上，吸収合併存続会社に対して投資したとみなされる額※1と吸収合併存続会社に係る持分の増加額※2との差額をのれんとして算定する。

　　仕訳なし

　※1　吸収合併存続会社の時価×吸収合併存続会社に対する持分の増加割合

　※2　吸収合併存続会社の諸資産の時価×吸収合併存続会社に対する持分の増加割合

3) 持分変動差額の認識

吸収合併消滅会社の事業が移転されたとみなされる額※1と吸収合併消滅会社の事業に係る持分の減少額※2との差額を持分変動差額として算定する。

（関係会社株式）　　×××　　（持分変動差額）　×××
　-共同支配企業株式-

※1　吸収合併消滅会社の時価×吸収合併消滅会社に対する持分の減少割合

※2　吸収合併消滅会社の株主資本×吸収合併消滅会社に対する持分の減少割合

③　共同支配投資企業（存続会社の株主）の連結財務諸表上の会計処理

1) 持分法の適用

連結財務諸表上，これまで連結していた子会社については，共同支配企業の形成時点の持分法による投資評価額にて共同支配企業株式へ振替処理し，持分法を適用する。つまり，子会社株式に関する開始仕訳とその振戻しを行うとともに，100％子会社として子会社に対して連結上計上していた取得後剰余金を持分法による取得後剰余金として認識する。

（関係会社株式）　　×××　　（利　益　剰　余　金）　×××
　-共同支配企業株式-

2) 共同支配企業に係るのれんの算定

持分法適用上，吸収合併消滅会社に対して投資したとみなされる額※1と吸収合併消滅会社に係る持分の増加額※2との差額をのれんとして算定する。

仕訳なし

※1　吸収合併消滅会社の時価×吸収合併消滅会社に対する持分の増加割合

※2　吸収合併消滅会社の諸資産の時価×吸収合併消滅会社に対する持分の増加割合

3）持分変動差額の認識

吸収合併存続会社の事業が移転されたとみなされる額※1と吸収合併存続会社の事業に係る持分の減少額※2との差額を持分変動差額として算定する。

（関係会社株式）　　×××　　（持分変動差額）　　×××
－共同支配企業株式－

※1　吸収合併存続会社の時価×吸収合併存続会社に対する持分の減少割合

※2　吸収合併存続会社の株主資本×吸収合併存続会社に対する持分の減少割合

設例120　共同支配企業の形成

以下の取引について，個別財務諸表上の会計処理及び連結財務諸表上の会計処理を示しなさい。

前提条件

① B社の100％子会社Y社（発行済株式数400株）はA社の100％子会社X社を吸収合併した。

② A社はX社を前期末に設立している。また，B社はY社を前期末に設立している。

③ Y社は，合併の対価としてY社の株式600株をX社の株主（A社）に対し交付した。

④ A社とB社はY社を共同支配する契約を締結し，当該吸収合併は共同支配企業の形成と判定されたものとする。

⑤ 合併後のY社（発行済株式数1,000株）に対する持分比率は，A社が60％（600株），B社が40％（400株）となった。

⑥ Y社は，増加すべき株主資本の全額をその他資本剰余金として計上する。

⑦ A社の子会社X社とB社の子会社Y社の企業結合直前の貸借対照表は，それぞれ次のとおりである。

<table>
<tr><td colspan="4">X社　　　　貸　借　対　照　表　　　　（単位：円）</td></tr>
<tr><td>諸　資　産</td><td>800</td><td>資　本　金</td><td>600</td></tr>
<tr><td></td><td></td><td>利 益 剰 余 金</td><td>200</td></tr>
<tr><td></td><td>800</td><td></td><td>800</td></tr>
</table>

※　X社の諸資産の時価は1,000円，X社の企業の時価は1,200円である。

<table>
<tr><td colspan="4">Y社　　　　貸　借　対　照　表　　　　（単位：円）</td></tr>
<tr><td>諸　資　産</td><td>360</td><td>資　本　金</td><td>300</td></tr>
<tr><td></td><td></td><td>利 益 剰 余 金</td><td>60</td></tr>
<tr><td></td><td>360</td><td></td><td>360</td></tr>
</table>

※　Y社の諸資産の時価は600円，Y社の企業の時価は800円である。

なお，A社の保有するX社株式の適正な帳簿価額は600円，B社の保有するY社株式の適正な帳簿価額は300円であった。

解答　解説（単位：円）

1．Y社（共同支配企業）の会計処理

　　（諸　資　産）　　800　　（その他資本剰余金）　　800

　　※　X社の帳簿価額

2．A社（共同支配投資企業）の会計処理

(1) 個別財務諸表上の会計処理

　　（Y　社　株　式）　　600　　（X　社　株　式）　　600
　　　－共同支配企業株式－　　　　　　　　－子会社株式－

　　※　A社におけるX社株式の適正な帳簿価額

　　Y社に対する持株比率自体は60％であるが，B社と共同支配契約を締結しているため関連会社株式としてY社株式を受け入れる。

(2) A社の連結財務諸表上の会計処理

① 開始仕訳

（資　本　金）　　　600　　　（X 社 株 式）　　　600
　－当期首残高－　　　　　　　　　－子会社株式－

② 開始仕訳の振戻し

（X 社 株 式）　　　600　　　（資　本　金）　　　600
　－子会社株式－　　　　　　　　　－当期変動額－

X社が連結子会社ではなくなっているため，開始仕訳の振戻しを行い，連結除外する。

③ Y社に対する持分法の適用

（Y 社 株 式）　　　200　　　（利 益 剰 余 金）　　　200
　－共同支配企業株式－

連結財務諸表上，Y社に対する投資の取得原価を共同支配企業の形成時点における持分法による評価額に修正する（X社に対して計上していた取得後剰余金200を持分法による取得後剰余金として認識する）。

④ Y社に対する60％についてののれんの認識

仕訳なし

Y社に係るA社の持分の増加額60％について持分法適用上，のれんを算定する。

　　Y社に対して投資したとみなされる額： 800 ×60％＝480
　　　　　　　　　　　　　　　　　　　　Y社の時価

　　Y社に係るA社の持分の増加額： 600 ×60％＝360
　　　　　　　　　　　　　　　　Y社諸資産の時価

　　Y社に対するのれん：480－360＝120

のれんは投資勘定に含まれるため投資勘定の変動は生じない。よって，『仕訳なし』となる。

⑤ 消滅したX社の事業に係る持分変動差額の認識

（Y 社 株 式）　　　160　　　（持分変動差額）　　　160
　－共同支配企業株式－

X社の事業に係るA社の持分の減少（40％）により生じた持分変動差額を認識する。

　　X社の事業が移転されたとみなされる額： 1,200 ×40％＝480
　　　　　　　　　　　　　　　　　　　　　　X社の時価

　　X社の事業に係るA社の持分の減少額： 800 ×40％＝320
　　　　　　　　　　　　　　　　　　　X社諸資産の簿価

X社に対する持分変動差額：480－320＝160

持分変動差額は投資勘定を変動させるため，投資勘定を変動させる仕訳を行う。

3．B社（共同支配投資企業）の会計処理

(1) 個別財務諸表上の会計処理

　　（Ｙ　社　株　式）　　　300　　　（Ｙ　社　株　式）　　　300
　　　－共同支配企業株式－　　　　　　　　　　　　－子会社株式－

　　※　B社におけるY社株式の適正な帳簿価額

(2) 連結財務諸表上の会計処理

① 開始仕訳

　　（資　本　金）　　　　300　　　（Ｙ　社　株　式）　　　300
　　　－当期首残高－　　　　　　　　　　　　　　　－子会社株式－

② 開始仕訳の振戻し

　　（Ｙ　社　株　式）　　　300　　　（資　本　金）　　　　300
　　　－子会社株式－　　　　　　　　　　　　　　　－当期変動額－

Y社が連結子会社ではなくなっているため，開始仕訳の振戻しを行い，連結除外する。

③ Y社に対する持分法の適用

　　（Ｙ　社　株　式）　　　60　　　（利　益　剰　余　金）　　　60
　　　－共同支配企業株式－

連結財務諸表上，Y社に対する投資の取得原価を共同支配企業の形成時点における持分法による評価額に修正する（Y社に対して計上していた取得後剰余金60を持分法による取得後剰余金として認識する）。

④ X社に対する40％についてののれんの認識

　　仕訳なし

X社に係るB社の持分の増加額40％について持分法適用上，のれんを算定する。

　　X社に対して投資したとみなされる額：　1,200　×40％＝480
　　　　　　　　　　　　　　　　　　　　　X社の時価

　　X社に係るB社の持分の増加額：　1,000　×40％＝400
　　　　　　　　　　　　　　　　　X社諸資産の時価

　　X社に対するのれん：480－400＝80

⑤ Y社の事業に係る持分変動差額の認識

（Y 社 株 式） 264 （持分変動差額） 264
　－共同支配企業株式－

　Y社の事業に係るB社の持分の減少（60％）により生じた持分変動差額を認識する。

　　　Y社の事業が移転されたとみなされる額： 800 ×60％＝480
　　　　　　　　　　　　　　　　　　　　　Y社の時価
　　　Y社の事業に係るB社の持分の減少額： 360 ×60％＝216
　　　　　　　　　　　　　　　　　　　　Y社諸資産の簿価
　　　Y社に対する持分変動差額：480－216＝264

　持分変動差額は投資勘定を変動させるため，投資勘定を変動させる仕訳を行う。

索　引

あ
アップ・ストリーム……………………171, 224

い
一時差異………………………………………231

え
永久差異………………………………………231
営業活動によるキャッシュ・フロー………253

お
親会社持分相当額消去方式…………………170
親会社株式……………………………………293

か
株式交換………………………………………363
開始仕訳…………………………………………36
合併……………………………………………351
株式移転………………………………………369
株式取得日………………………………………18
株式取得日後における連結財務諸表の
　作成…………………………………………36
株式保有比率…………………………………127
株主割当有償増資………………………………88
間接所有………………………………………126
間接法……………………………………255, 256
簡便法…………………………………………258
関連会社………………………………………202

き
期間差異………………………………………232
期首棚卸資産に係る未実現利益の調整……168
キャッシュ・フロー計算書…………………251

く
繰延税金資産…………………………………235
繰延税金負債…………………………………235
繰延法…………………………………………235

け
原則法…………………………………………258

こ
購入取得…………………………………………60
公募発行増資……………………………………98
子会社の決算日が親会社の決算日と異なる
　場合…………………………………………13
子会社の資産及び負債の評価…………………32
固定資産の使用途中での売却と未実現
　利益の消去………………………………191
個別財務諸表の組替……………………………15

さ
債権・債務の相殺消去に伴う貸倒引当金
　の調整……………………………………143
財務活動によるキャッシュ・フロー
　………………………………………………254
債務超過に係る連結処理……………………302
差額補充法……………………………………143

し
事業分離………………………………………403
自己株式………………………………………293
資産負債法……………………………………235
実現仕訳………………………………………167
実質的な連結会社間取引と未実現利益の
　消去………………………………………195
支配獲得後の追加購入…………………………60
支配獲得日………………………………………18
支配力基準………………………………………4
資本準備金の資本組入…………………………90
資本連結手続……………………………………18
資本連結の本質…………………………………21
出資取得…………………………………………88
取得後剰余金………………………………39, 41
取得後剰余金の分析……………………………44
取得前剰余金………………………………39, 41
償却性資産に係る未実現利益の消去………179
償却性資産に係る未実現利益の消去と
　アップ・ストリーム……………………189
剰余金の配当……………………………………44

せ
税効果会計の適用……………………………231
全額消去・親会社負担方式…………………170

440

索引

全額消去・持分按分負担方式 …………… 170
前期末棚卸資産に係る開始仕訳と
　実現仕訳 …………………………………… 167

そ
増資 ……………………………………………… 88

た
第三者割当増資 …………………………………… 92
耐用年数到来時と未実現利益の消去 ……… 186
ダウン・ストリーム ………………… 171, 223
棚卸資産に係る未実現利益の消去 ………… 164

ち
直接減額法 …………………………………… 151
直接法 ………………………………………… 255

て
手形取引の消去 ……………………………… 147

と
当期純利益の按分 ……………………………… 41
投資活動によるキャッシュ・フロー
　……………………………………………… 254
投資勘定と資本勘定の相殺消去 ……………… 19

な
内部取引の相殺消去 ………………………… 142

の
のれん ………………………………………… 24
のれんの償却 ………………………………… 41

は
配当権利落ち株式 …………………………… 287
配当権利落ち株式の取得 …………………… 287
配当権利落ち株式の一部売却 ……………… 291

ひ
非支配株主に帰属する当期純損益 …………… 41
非支配株主持分 ……………………………… 26
非償却性資産（固定資産）に係る未実現
　利益の消去 ………………………………… 176
評価差額 ……………………………………… 32
評価勘定法 …………………………………… 151
評価差額の実現時の処理 …………………… 121

ふ
不可避の付随費用 …………………………… 195

ま
孫会社 ………………………………………… 127

み
未実現損失の消去 …………………………… 301
未実現利益の消去 …………………………… 163
未実現利益の消去方法と負担方法 ………… 170
未達商品がある場合の会社間取引の消去… 159
みなし取得日法 ……………………………… 69
未払配当金 …………………………………… 287

も
持株基準 ………………………………………… 4
持分の一部売却 ……………………………… 73
持分の追加購入 ……………………………… 60
持分法適用会社（関連会社）の
　債務超過 ………………………………… 309
持分法における未実現利益と税効果会計… 249
持分法による投資損益 ……………………… 206
持分法の意義 ………………………………… 202
持分法の適用対象 …………………………… 204

り
利益剰余金期首残高 ………………………… 38

れ
連結会社から持分法適用会社への販売…… 223
連結会社間で裏書があるケース …………… 150
連結会社間で裏書がないケース …………… 148
連結会社を対象として引当てた引当金の
　調整 ……………………………………… 161
連結株主資本等変動計算書 ………………… 99
連結キャッシュ・フロー計算書
　……………………………………………… 258
連結クウィック・メソッド ………………… 56
連結継続 ……………………………………… 73
連結子会社の債務超過 ……………………… 302
連結除外 ……………………………………… 73
連結精算表の作成 …………………………… 52
連結第1年度における開始仕訳 …………… 36
連結第2年度における開始仕訳 …………… 43
連結における未実現利益と税効果会計…… 238
連結の範囲 …………………………………… 4
連結持分比率 ………………………………… 127

大原の会計士受験シリーズ

短答式対策

改訂版 毎年2月発刊！

財務会計論（計算）
定価 本体 **2,000** 円+税

財務会計論（理論）
定価 本体 **2,000** 円+税

管理会計論
定価 本体 **2,000** 円+税

監査論
定価 本体 **2,000** 円+税

企業法
定価 本体 **2,000** 円+税

過去問集
定価 本体 **2,500** 円+税

短答式対策問題集

企業法肢別チェック
定価 本体 **2,500** 円+税

至極の一冊

簿記バイブル
定価 本体 **3,000** 円+税

※法改正の影響により、改訂時期は異なります。

本書内容に関する正誤及びシラバス等の改訂に伴う修正については，資格の大原書籍販売サイト大原ブックストア**http://www.o-harabook.jp/**のトピックス（改訂・正誤情報）をご覧ください。

上記サイトに掲載されていない事項に関するお問い合わせや，本書内容に関する詳細な解説及び指導は行っておりません。あらかじめご了承ください。

大原の会計士受験シリーズ
連結バイブル

平成28年2月25日　初版発行
平成29年8月5日　　2版発行

- ■著　　者——資格の大原　公認会計士講座
- ■発　行　所——大原出版株式会社
  　　　　　　　〒101-0065
  　　　　　　　東京都千代田区西神田2-4-11
  　　　　　　　TEL 03-3292-6654
- ■印刷・製本——株式会社メディオ

落丁本，乱丁本はお取り替えいたします。定価はカバーに表示してあります。
ISBN978-4-86486-352-0　C3033

本書の全部または一部を無断で転記，複写（コピー）することは，著作権法で定められた例外を除き禁止されており，権利侵害となります。転記，複写（コピー）する際は，あらかじめ許諾を求めてください。